2025年春受験用 解答集

愛媛県 愛光中学校

2019～2013年度の7年分

本書は，実物をなるべくそのままに，プリント形式で年度ごとに収録しています。
問題用紙を教科別に分けて使うことができるので，本番さながらの演習ができます。

■ 収録内容

・解答集（この冊子です）

　　書籍ID番号，この問題集の使い方，リアル過去問の活用，解答例と解説，
　　ご使用にあたってのお願い・ご注意，お問い合わせ

・2019(平成31)年度 ～ 2013(平成25)年度　学力検査問題

JN131985

○は収録あり	年度	'19	'18	'17	'16	'15	'14	'13
■ 問題収録		○	○	○	○	○	○	○
■ 解答用紙（算数は書き込み式）		○	○	○	○	○	○	○
■ 解答		○	○	○	○	○	○	○
■ 解説		○	○	○	○	○	○	○
■ 配点								

☆問題文等の非掲載はありません

もっと過去問！シリーズ

K 教英出版

■ 書籍ID番号

入試に役立つダウンロード付録や学校情報などを随時更新して掲載しています。
教英出版ウェブサイトの「ご購入者様のページ」画面で，書籍ID番号を入力してご利用ください。

 書籍ID番号 **194038** ▶

（有効期限：2025年9月30日まで）

【入試に役立つダウンロード付録】
「中学合格への道」

■ この問題集の使い方

年度ごとにプリント形式で収録しています。針を外して教科ごとに分けて使用します。①片側，②中央
のどちらかでとじてありますので，下図を参考に，問題用紙と解答用紙に分けて準備をしましょう（解答
用紙がない場合もあります）。

針を外すときは，けがをしないように十分注意してください。また，針を外すと紛失しやすくなります
ので気をつけましょう。

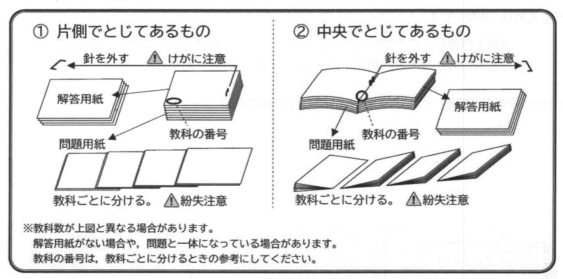

リアル過去問の活用

~リアル過去問なら入試本番で力を発揮することができる~

❀ 本番を体験しよう！

問題用紙の形式（縦向き／横向き），問題の配置や余白など，実物に近い紙面構成なので本番の臨場感が味わえます。まずはパラパラとめくって眺めてみてください。「これが志望校の入試問題なんだ！」と思えば入試に向けて気持ちが高まることでしょう。

❀ 入試を知ろう！

同じ教科の過去数年分の問題紙面を並べて，見比べてみましょう。

① 問題の量

毎年同じ大問数か，年によって違うのか，また全体の問題量はどのくらいか知っておきましょう。どのくらいのスピードで解けば時間内に終わるのか，大問ひとつにかけられる時間を計算してみましょう。

② 出題分野

よく出題されている分野とそうでない分野を見つけましょう。同じような問題が過去にも出題されていることに気がつくはずです。

③ 出題順序

得意な分野が毎年同じ大問番号で出題されていると分かれば，本番で取りこぼさないように先回りして解答することができるでしょう。

④ 解答方法

記述式か選択式か（マークシートか），見ておきましょう。記述式なら，単位まで書く必要があるかどうか，文字数はどのくらいかなど，細かいところまでチェックしておきましょう。計算過程を書く必要があるかどうかも重要です。

⑤ 問題の難易度

必ず正解したい基本問題，条件や指示の読み間違いといったケアレスミスに気をつけたい問題，後回しにしたほうがいい問題などをチェックしておきましょう。

❀ 問題を解こう！

志望校の入試傾向をつかんだら，問題を何度も解いていきましょう。ほかにも問題文の独特な言いまわしや，その学校独自の答え方を発見できることもあるでしょう。オリンピックや環境問題など，話題になった出来事を毎年出題する学校だと分かれば，日頃のニュースの見かたも変わってきます。

こうして志望校の入試傾向を知り対策を立てることこそが，過去問を解く最大の理由なのです。

❀ 実力を知ろう！

過去問を解くにあたって，得点はそれほど重要ではありません。大切なのは，志望校の過去問演習を通して，苦手な教科，苦手な分野を知ることです。苦手な教科，分野が分かったら，教科書や参考書に戻って重点的に学習する時間をつくりましょう。今の自分の実力を知れば，入試本番までの勉強の道すじが見えてきます。

❀ 試験に慣れよう！

入試では時間配分も重要です。本番で時間が足りなくなってあわてないように，リアル過去問で実戦演習をして，時間配分や出題パターンに慣れておきましょう。教科ごとに気持ちを切り替える練習もしておきましょう。

❀ 心を整えよう！

入試は誰でも緊張するものです。入試前日になったら，演習をやり尽くしたリアル過去問の表紙を眺めてみましょう。問題の内容を見る必要はもうありません。どんな形式だったかな？受験番号や氏名はどこに書くのかな？…ほんの少し見ておくだけでも，志望校の入試に向けて心の準備が整うことでしょう。

そして入試本番では，見慣れた問題紙面が緊張した心を落ち着かせてくれるはずです。

※まれに入試形式を変更する学校もありますが，条件はほかの受験生も同じです。心を整えてあせらずに問題に取りかかりましょう。

算 数

平成 ③① 年度 解答例・解説

《解答例》

1 (1) 2　(2) $\frac{1}{4}$　(3)①100　②$21\frac{9}{11}$　③$54\frac{6}{11}$　(4)① $7\frac{7}{11}$　②32.2　(5)①40　②260　(6)①46　② 6

(7)①200　②25　(8)①20　② 8　(9)① 9　②28

※2 (1) 9 : 14　(2)3.3 リットル

※3 (1)毎分 64m　(2)2040m　(3)2264m

4 (1) 2 : 1　※(2)17500 円　※(3)490 円

※の式と計算は解説を参照してください。

《解 説》

1 (1) 与式＝$(\frac{7}{2}-\frac{25}{11})\div\frac{3}{4}+2\div\frac{11}{2}=(\frac{77}{22}-\frac{50}{22})\times\frac{4}{3}+2\times\frac{2}{11}=\frac{27}{22}\times\frac{4}{3}+\frac{4}{11}=\frac{18}{11}+\frac{4}{11}=\frac{22}{11}=2$

(2) 与式より，$\frac{5}{2}-(\square\div\frac{3}{2}+\frac{13}{6})=1\div 6$　$\square\div\frac{3}{2}+\frac{13}{6}=\frac{5}{2}-\frac{1}{6}$　$\square\div\frac{3}{2}=\frac{14}{6}-\frac{13}{6}$　$\square=\frac{1}{6}\times\frac{3}{2}=\frac{1}{4}$

(3) 午後 7 時のときに長針と短針がつくる角度は，$360\times\frac{7}{12}=210$(度)である。長針は 1 分間に$\frac{360}{60}=6$ (度)進み，

短針は 1 分間に$\frac{30}{60}=\frac{1}{2}$(度)進むから，長針の方が 1 分間に $6-\frac{1}{2}=\frac{11}{2}$(度)多く進む。したがって，午後 7 時 20 分

に長針と短針がつくる角度は，$210-\frac{11}{2}\times20=$①$100$(度)である。

このあと最初に 90 度になるためには，あと 100－90＝10(度)小さくなればよいから，午後 7 時 20 分の $10\div\frac{11}{2}=$

$\frac{20}{11}=1\frac{9}{11}$(分後)の午後 7 時②$21\frac{9}{11}$分に 90 度になる。

次に 90 度になるのは，長針が短針よりさらに 180 度多く進んだときだから，午後 7 時 $21\frac{9}{11}$分の $180\div\frac{11}{2}=\frac{360}{11}=$

$32\frac{8}{11}$(分後)である。$21\frac{9}{11}+32\frac{8}{11}=54\frac{6}{11}$(分)より，求める時刻は午後 7 時③$54\frac{6}{11}$分である。

(4) AとBの底面積の比と，水の高さが同じになるまでにかかる時間の比は等しい。

B 側に水が入り始めてから，水の高さが 12 ㎝になるまでにかかる時間は，$16.8\times\frac{12}{6}=$

33.6(秒)だから，AとBの底面積の比は，12.6 : 33.6＝3 : 8 である。したがって，

右図のように，AとBの高さ 6 ㎝分の容積をそれぞれ ③，⑧ とする。しきりがないと

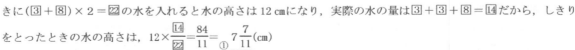

きに(③＋⑧)×2＝㉒の水を入れると水の高さは 12 ㎝になり，実際の水の量は③＋③＋⑧＝⑭だから，しきり

をとったときの水の高さは，$12\times\frac{⑭}{㉒}=\frac{84}{11}=$①$7\frac{7}{11}$(㎝)

底面積が同じとき，かかる時間の比は水の高さの比に等しい。入っている水の高さと容器の高さの比は，

$7\frac{7}{11}$: 16＝21 : 44 だから，入っている水の高さと満水にするのに入れる水の高さの比は，21 : (44－21)＝21 : 23

である。よって，求める時間は，$(12.6+16.8)\times\frac{23}{21}=$②$32.2$(秒)である。

(5) 正三角形の周の長さを 12 と 15 の最小公倍数より ⑥⓪ とすると，P は 1 秒間に，⑥⓪÷12＝⑤進み，Q は 1 秒

間に，⑥⓪÷15＝④進む。したがって，同時に頂点 A を出発してから 1 回目に出会うまでにかかる時間は，

⑥⓪÷(⑤＋④)＝$\frac{20}{3}$(秒後)だから，6 回目に出会うのは，$\frac{20}{3}\times 6=$①$40$(秒後)である。

同時に頂点 A を出発してから，P が最初に頂点 C を通るのは，$12\times\frac{2}{3}=8$ (秒後)で，これ以降は 12 秒ごとに頂点

Cを通るから，8秒後，20秒後，32秒後，…であり，Qが最初に頂点Cを通るのは，$15 \times \frac{1}{3} = 5$（秒後）で，これ以降は15秒ごとに頂点Cを通るから，5秒後，20秒後，35秒後，…である。したがって，PとQがはじめて頂点Cで出会うのは，20秒後とわかる。これ以降は，12と15の最小公倍数の60秒ごとに，PとQは頂点Cで出会うから，求める時間は，$20 + 60 \times (5 - 1) = \underline{260}_{②}$（秒後）である。

(6) 分母と分子に同じ整数を加えても，分母と分子の数の差は変わらず，$134 - 89 = 45$ である。約分すると $\frac{4}{3}$ になるから，分子と分母の数の比は $4 : 3$ となり，この比の数の差である $4 - 3 = 1$ が45に等しい。したがって，分子の数が $45 \times \frac{4}{1} = 180$，分母の数が $45 \times \frac{3}{1} = 135$ となればよく，加えた整数は $180 - 134 = \underline{46}_{①}$ である。

約分すると整数になるとき，約分する前は，分子は分母の倍数であり，分子は分母より45大きいから，45も分母の倍数である。つまり，分母は45の約数である。45の約数は，1，3，5，9，15，45の6個あるから，求める整数の個数も $\underline{6}_{②}$ 個である。

(7) 正方形をひし形として面積を求める。ひし形の面積は，(対角線)×(対角線)÷2で求められるから，正方形ABCDの面積は，$20 \times 20 \div 2 = \underline{200}_{①}$（cm²）である。

右のように作図し，記号をおく。おうぎ形EAOと三角形EBOの面積の和から，おうぎ形BGOの面積を引いて求める。OE＝EBだから，四角形EBFOは正方形である。

おうぎ形EAOの(半径)×(半径)は，OE×EBに等しい。正方形EBFOの面積は正方形ABCDの面積の $\frac{1}{4}$ だから，$200 \times \frac{1}{4} = 50$（cm²）である。したがって，(おうぎ形EAOの面積)＝$50 \times 3.14 \times \frac{1}{4} = \frac{25}{2} \times 3.14$（cm²）である。三角形EBOの面積は正方形EBFOの面積の半分だから，$50 \div 2 = 25$（cm²）である。BO＝$20 \div 2 = 10$（cm）で，角ABD＝45度だから，(おうぎ形BGOの面積)＝$10 \times 10 \times 3.14 \times \frac{45}{360} = \frac{25}{2} \times 3.14$（cm²）である。よって，求める面積は，$\frac{25}{2} \times 3.14 + 25 - \frac{25}{2} \times 3.14 = \underline{25}_{②}$（cm²）である。

(8) 右の「1つの角を共有する三角形の面積」を利用する。三角形ABCの面積を1とすると，

$(三角形ADHの面積) = 1 \times \frac{AD}{AB} \times \frac{AH}{AC} = 1 \times \frac{1}{5} \times \frac{1}{4} = \frac{1}{20}$

$(三角形AFJの面積) = 1 \times \frac{AF}{AB} \times \frac{AJ}{AC} = 1 \times \frac{3}{5} \times \frac{3}{4} = \frac{9}{20}$

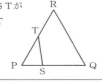

1つの角を共有する三角形の面積
右図のように三角形PQRと三角形PSTが1つの角を共有するとき，三角形PSTの面積は，
$(三角形PQRの面積) \times \frac{PS}{PQ} \times \frac{PT}{PR}$
で求められる。

したがって，$(四角形DFJHの面積) = \frac{9}{20} - \frac{1}{20} = \frac{2}{5}$ であり，

これが8cm²にあたるから，三角形ABCの面積は，$8 \div \frac{2}{5} = \underline{20}_{①}$（cm²）

また，8cm²という面積は三角形ABCの面積の $\frac{2}{5}$ 倍である。辺AB上に長さがABの $\frac{2}{5}$ 倍の辺をとり，頂点Cと結ぶと，8cm²の三角形ができる。このような三角形は，三角形CAE，CDF，CEG，CFBの4個ある。

次に，$\frac{\bigcirc}{5}$ と $\frac{\triangle}{4}$ をかけあわせて $\frac{2}{5}$ になる組み合わせを探すと，$\frac{4}{5}$ と $\frac{2}{4}$ だけが見つかる。$\frac{AG}{AB} = \frac{4}{5}$，$\frac{AI}{AC} = \frac{2}{4}$ だから，三角形AIGの面積は8cm²である。三角形AIGの辺AGを長さを変えずに右にずらすと，三角形DIBが見つかり，三角形AIGの辺AIを長さを変えずに右にずらすと，三角形HJG，ICGが見つかる。よって，面積が8cm²の三角形は下線部の $\underline{8}_{②}$ 個できる。

(9) 3つの数をそれぞれ素数の積で表したときにふくまれる2の個数の合計が，3つの数の積を2で割り切れる回数である。例えば，2，3，4のとき，2に1個，4＝2×2に2個の2がふくまれるから，1＋2＝3(回)割り切れるとわかる。1から20までの数を素数の積で表したときに，2がふくまれる数は偶数（ぐうすう）であり，それぞれ2の個数は右表のようになる。表より，3つの数の2の個数の和が最も多くなるとき，その個数は4＋3＋2＝9(個)だから，割り切れる回数が最も多いときは①9(回)となる。ちょうど7回で割り切れるとき，その3つの数にふくまれる2の個数の選び方は，0個と3個と4個，1個と2個と4個，2個と2個と3個の3種類ある。0個は奇数の10通り，表より，1個は5通り，2個は3通り，3個は1通り，4個は1通りである。

数	素数の積	2の個数
2		1個
4	2×2	2個
6	2×3	1個
8	2×2×2	3個
10	2×5	1個
12	2×2×3	2個
14	2×7	1個
16	2×2×2×2	4個
18	2×3×3	1個
20	2×2×5	2個

0個と3個と4個の場合，$10 \times 1 \times 1 = 10$(通り)，1個と2個と4個の場合，$5 \times 3 \times 1 = 15$(通り)ある。2個と2個と3個の場合，$3 \times 2 \times 1 = 6$(通り)だが，同じ選び方である(4，12，8)と(12，4，8)などを2回と数えているので，$6 \div 2 = 3$(通り)となる。

よって，求める3つの数の選び方は，$10 + 15 + 3 = $②$28$(通り)ある。

2 (1) Aの容積の$\frac{5}{6} \times \frac{2}{5} = \frac{1}{3}$が，Bの容積の$\frac{1}{2} - \frac{2}{7} = \frac{3}{14}$に等しいから，Aの容積の$\frac{1}{3} \times 3 = 1$(倍)はBの容積の$\frac{3}{14} \times 3 = \frac{9}{14}$(倍)に等しい。よって，AとBの容積の比は，$\frac{9}{14} : 1 = 9 : 14$である。

(2) (1)より，Aの容積を⑨，Bの容積を⑭とすると，AとBをちょうど満水にするのに必要な追加する水の量は，$⑨ + \frac{⑭}{2} = ⑯$であり，これが4.4Lに等しい。また，$⑨ \times \frac{5}{6} \times (1 - \frac{2}{5}) = \frac{⑨}{2}$が，Cの容積の$1 - \frac{5}{8} = \frac{3}{8}$に等しいから，Cの容積は$\frac{⑨}{2} \div \frac{3}{8} = ⑫$となる。よって，Cの容積は，$4.4 \times \frac{⑫}{⑯} = 3.3$(L)である。

3 (1) A君がC君に追いつくまでの時間と，A君がB君に追いつくまでの時間の比は，5：3である。A君がC君に追いつくのにかかる時間は，$(120 + 240) \div (74 - 56) = 20$(分)だから，A君がB君に追いつくのにかかる時間は，$20 \times \frac{3}{5} = 12$(分)である。A君は12分間でB君より120m多く歩いたから，A君の歩く速さはB君の歩く速さより毎分$(120 \div 12)$m＝毎分10m速い。よって，B君の歩く速さは，毎分$(74 - 10)$m＝毎分64mである。

(2) B君がC君に追いつくのにかかる時間は，$240 \div (64 - 56) = 240 \div 8 = 30$(分)だから，追いついた地点は，B君の家から$64 \times 30 = 1920$(m)の地点である。よって，A君の家から，$120 + 1920 = 2040$(m)である。

(3) B君が学校に着いた30秒後＝$\frac{1}{2}$分後にC君が学校に着いたから，B君が学校に着いたとき，C君は学校の$56 \times \frac{1}{2} = 28$(m)手前の地点にいる。B君がC君を追いぬいてから，2人の間の距離が28mになるのにかかる時間は，$28 \div 8 = \frac{7}{2}$(分)だから，B君がC君を追いぬいてから，B君は$64 \times \frac{7}{2} = 224$(m)歩いて学校に着いた。よって，A君の家から学校までの距離は，$2040 + 224 = 2264$(m)である。

4 (1) R店でA君，B君，C君が使った金額を⑤，③，②とする。3人の最後の所持金は等しく，Q店で使った金額も等しいから，Q店で買い物をする前(つまり，P店で買い物を終えた後)のA君とB君の所持金の差は，$⑤ - ③ = ②$，B君とC君の所持金の差は$③ - ② = ①$となる。よって，求める比は，$② : ① = 2 : 1$である。

(2) (1)の解説をふまえる。P店で買い物を終えた後の3人の所持金は，多い順にA君，B君，C君であり，A君の所持金は，C君の所持金より$① + ② = ③$多く，B君の所持金は，C君の所持金より①多い。また，このときの3人の所持金の合計は，$42000 - 3360 - 1120 = 37520$(円)，C君の所持金は11200(円)である。したがって，$③ + ① = ④$は，$37520 - 11200 \times 3 = 3920$(円)に等しいから，$① = 3920 \div 4 = 980$(円)となり，P店で買い物を終えた後のA君の所持金は，$11200 + 980 \times 3 = 14140$(円)である。よって，A君の最初の所持金は，$14140 + 3360 = 17500$(円)である。

(3) (1), (2)の解説をふまえる。3人の最後の所持金は，それぞれ17500÷2＝8750(円)であり，R店でC君が使った金額は，980×2＝1960(円)である。よって，Q店で使った金額は，11200－8750－1960＝490(円)である。

平成 ㉚ 年度 解答例・解説

=《解答例》=

$\boxed{1}$ (1)$\frac{1}{3}$　(2)①12.5　②30　(3)①291　②5　(4)①11　②42　(5)①3.1　②28　(6)①15　②135

(7)①5.7　②25.7　(8)①67　②8　(9)①102726　②429

$\boxed{2}$ (1)式と計算…値段の比は $\frac{1}{5}:\frac{1}{8}:\frac{1}{10}=8:5:4$ となるので，A，B，Cの値段は⑧，⑤，④とおける。

⑧×4－160＝⑤×7－280　③＝120　①＝40　よって，40×4－40＝120

答…120円

(2)式と計算…前の日のBの値段は40×5－40＝160(円)である。

160×13－⑬＝120×18－⑱　⑤＝2160－2080　⑤＝80　⇔①＝16

答…16円

$\boxed{3}$ (1)式と計算…A地点からB地点まで，太郎君は12時－7時＝5時間

次郎君は11時－8時5分＝2時間55分＝$2\frac{11}{12}$時間かかる

かかる時間の比は，$5:2\frac{11}{12}=5:\frac{35}{12}=60:35=12:7$　12－7＝5

8時5分－7時＝1時間5分＝$1\frac{1}{12}$時間　$1\frac{1}{12}×\frac{7}{5}=\frac{91}{60}=1\frac{31}{60}$時間＝1時間31分

8時5分＋1時間31分＝9時36分

答…9時36分

(2)式と計算…9時36分－7時＝2時間36分＝156分　$54.6×\frac{300}{156}=105$

答…105km

(3)式と計算…太郎君の自転車は時速(105÷5)km＝時速21km

自転車とバスで移動した合計時間は $4-\frac{1}{4}-\frac{1}{4}=3\frac{1}{2}$(時間)　自転車とバスで移動した合計の距離は

$51×3\frac{1}{2}=\frac{357}{2}=178\frac{1}{2}$　$178\frac{1}{2}-104=74\frac{1}{2}$　$74\frac{1}{2}÷(51-21)=\frac{149}{2}×\frac{1}{30}=2\frac{29}{60}$時間＝2時間29分

7時＋2時間29分＝9時29分

答…9時29分

$\boxed{4}$ (1)式と計算…$A+B=\frac{1}{30}$，$B+C=\frac{1}{35}$，$C+A=\frac{1}{42}$ より $(A+B+C)×2=\frac{1}{30}+\frac{1}{35}+\frac{1}{42}=\frac{7+6+5}{210}=\frac{3}{35}$

$A+B+C=\frac{3}{70}$ となるので　$70÷3=23+\frac{1}{3}$

答…23時間20分

(2)(ア)式と計算…3時間で$\frac{3}{35}$　$1-\frac{3}{35}×11=\frac{2}{35}$　$\frac{2}{35}-\frac{1}{30}=\frac{5}{210}$　$\frac{5}{210}÷\frac{1}{35}=\frac{5}{6}$

よって，$3×11+1+\frac{5}{6}=34+\frac{5}{6}$

答…34時間50分

(4)

(イ)式と計算…Bを1つだけで1時間に $\dfrac{3}{70}-\dfrac{1}{42}=\dfrac{9-5}{210}=\dfrac{2}{105}$

$\dfrac{2}{105}\times(22+1+\dfrac{5}{6})\times100=\dfrac{2}{105}\times\dfrac{143}{6}\times100=\dfrac{2860}{63}=45.39\cdots$

答…45.4%

《解　説》

1 (1) 与式より， $\dfrac{11}{4}-\dfrac{11}{13}=2\dfrac{3}{4}\div(\dfrac{16}{9}-\square)$ 　　 $\dfrac{143}{52}-\dfrac{44}{52}=\dfrac{11}{4}\div(\dfrac{16}{9}-\square)$ 　　 $\dfrac{99}{52}\times(\dfrac{16}{9}-\square)=\dfrac{11}{4}$ 　　 $\dfrac{16}{9}-\square=\dfrac{11}{4}\div\dfrac{99}{52}$

$\dfrac{16}{9}-\square=\dfrac{11}{4}\times\dfrac{52}{99}$ 　　 $\square=\dfrac{16}{9}-\dfrac{13}{9}=\dfrac{3}{9}=\dfrac{1}{3}$

(2) Ａ地点からＢ地点に行くときを⑦とし，Ｂ地点からＡ地点に行くときを④とする。⑦と④のかかる時間の比は，２：３である。このとき道のりは同じなので，⑦と④の速さの比は，時間の比の逆比の，３：２である。川の流れの速さが毎時 2.5 km なので，⑦は，船の静水での速さに川の流れの速さを足した速さで移動していて，④は，船の静水での速さから川の流れの速さを引いた速さで移動している。つまり，⑦と④の移動する速さの差は，毎時 (2.5＋2.5)km＝毎時 5 km である。これは速さの比の差の３－２＝１なので，⑦の移動する速さは毎時（5×3）km＝毎時 15 km である。よって，船の静水での速さは，毎時(15−2.5)km＝毎時①12.5 km である。このときＡ地点からＢ地点までの距離は，15×2＝②30(km) である。

(3) ９個ずつ配ったとき，9×4＋（9−3）＝42(個)足りない。１人７個ずつ配った後に，さらに２個ずつ配り９個ずつにしようとしたときに，必要なアメの数は，32＋42＝74(個)である。

よって，生徒の人数は 74÷2＝37(人) とわかり，アメの数は 7×37＋32＝①291(個)とわかる。８個ずつ配ると，291÷8＝36 余り３なので，8−3＝②5(個)足りない。

(4) ６年前の３人の年れいの和は，86−6×3＝68(歳)である。このとき，父の年れいは母と太郎君の年れいの和と同じなので，６年前の父の年れいは 68÷2＝34(歳)，母と太郎君の年れいの和は 34 歳とわかる。よって，現在の母と太郎君の年れいの和は，34＋6×2＝46(歳)である。現在の太郎君の年れいを３倍して２を足した数が，母の年れいなので，太郎君の年れいは，(46−2)÷4＝①11(歳)とわかる。

現在の父と母の年れいの和は，86−11＝75(歳)である。太郎君の年れいの３倍は，１年に３歳ずつ増え，父と母の年れいの和は，１年に２歳ずつ増える。よって，１年に１歳ずつ縮まるので，父と母の年れいの和が太郎君の年れいの３倍になるのは，(75−11×3)÷1＝②42(年後)とわかる。

(5) 50 人の合計の点数は，1×5＋2×9＋3×16＋4×9＋5×6＋6×3＝5＋18＋48＋36＋30＋18＝155(点)である。よって，平均は 155÷50＝①3.1(点)である。得点と正解した問題の組み合わせを右表に表した。３点の人の正解の組み合わせは２通りあり，ア＋イ＝16(人)である。

得点	0点	1点	2点	3点	3点	4点	5点	6点
A	×	○	×	○	×	○	×	○
B	×	×	○	○	×	×	○	○
C	×	×	×	×	○	○	○	○
人数	2人	5人	9人	ア	イ	9人	6人	3人

表より，２問だけ正解した人は，アと４点，５点の人である。よって，アの人数は，21−9−6＝6(人)である。よって，イの人数は，16−6＝10(人)とわかる。したがって，Ｃを正解した人は，10＋9＋6＋3＝②28(人)である。

(6) 三角形ＡＥＦは長方形ＡＥＦＧの半分の面積である。また三角形ＡＢＣは長方形ＡＢＣＤの半分の面積である。２つの長方形の面積は等しいので，三角形ＡＥＦと三角形ＡＢＣの面積は等しい。三角形ＡＥＨが重なっているので，三角形ＡＨＦと台形ＨＥＢＣの面積も等しい。よって，台形ＨＥＢＣの面積は，60 ㎠なので，三角形ＣＨＥの面積は 60−10×9÷2＝①15(㎠)である。三角形ＣＨＥの底辺をＨＥとしたとき，高さは 10 ㎝なので，ＨＥ＝15×2÷10＝3 (㎝)とわかる。三角形ＡＥＨと三角形ＡＢＣは同じ形の三角形なので，ＨＥ：ＢＣ＝ＡＥ：ＡＢである。ＨＥ：ＢＣは３：９＝１：３なので，ＡＥ：ＡＢ＝１：３である。よって，ＡＥ：ＥＢ＝１：（3−1)＝

$1：2$ なので，$ＡＥ＝10×\frac{1}{2}＝5$（cm）である。したがって，$ＡＢ＝5＋10＝15$（cm）なので，長方形ＡＢＣＤの面積は，$15×9＝_{②}\underline{135}$（cm²）である。

(7) ㋐の面積を求めるのに，右図のように点線をひく。半径6cmの円の $\frac{1}{4}$ のおうぎ形の面積から，半径4cmの円の $\frac{1}{4}$ のおうぎ形と色付き部分の面積を引けばよい。色付き部分の面積は，上底4cm，下底6cm，高さ $6－4＝2$（cm）の台形の面積なので，$(4＋6)×2÷2＝10$（cm²）である。よって，㋐の面積は，$6×6×3.14×\frac{1}{4}－4×4×3.14×\frac{1}{4}－10＝$
$(9－4)×3.14－10＝_{①}\underline{5.7}$（cm²）である。

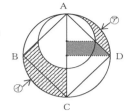

㋑の面積は，半径6cmの半円の面積から，半径4cmの半円と㋐の面積を引けばよいので，
$6×6×3.14÷2－4×4×3.14÷2－5.7＝(18－8)×3.14－5.7＝_{②}\underline{25.7}$（cm²）である。

(8) 3で割ると1余る数は1，4，7，10，…であり，5で割ると2余る数は一の位が2または7になる。したがって，条件に当てはまる数のうち最も小さい数は7とわかり，条件に当てはまる数を小さい順に並べると，7から3と5の最小公倍数である15ずつ増えるとわかる。条件に当てはまる数で最も大きい数を探すと，$(1000－7)÷15＝66$ 余り3より，$7＋15×66＝997$ が見つかる。7に15の倍数を加えた数は $(997－7)÷15＝66$（個）あり，7も合わせると，条件に当てはまる数は $_{①}\underline{67}$ 個とわかる。条件に当てはまる数の一の位は7，2，7，2，7，2…とくり返していて，かけた数の一の位は，1個目から，7，4，8，6，2，4，8，6…と並んでいる。1個目から4つずつに区切ると，1区切り目だけ，7，4，8，6となり，2区切り目からは2，4，8，6のくり返しとなっている。よって，条件に当てはまる67個の数をかけたとき，かけた数の一の位は，$67÷4＝16$ 余り3より，17区切り目の3個目の数の $_{②}\underline{8}$ とわかる。

(9) リンゴ，ナシ，柿の売り上げ金額の比は，$(17×5)：(29×8)：(33×17)＝85：232：561$ である。ナシと柿の売り上げ金額の比の差は，$561－232＝329$ であり，38493円を表している。比の1は，$38493÷329＝117$（円）である。よって，リンゴ，ナシ，柿の売り上げ金額の合計は，$117×(85＋232＋561)＝_{①}\underline{102726}$（円）である。
柿の売り上げ金額は，$117×561＝65637$（円）である。柿の個数は17の倍数で150個以上200個以下だから，$150÷17＝8$ 余り14，$200÷17＝11$ 余り13より，$17×9＝153$（個），$17×10＝170$（個），$17×11＝187$（個）が考えられるが，170は65637を割り切れないから，153個か187個のどちらかである。値段が33の倍数になることに注目すると，$65637÷153＝429$，$65637÷187＝351$ で，429は33で割り切れるが351は33で割り切れないから，柿1個の値段は $_{②}\underline{429}$（円）である。

[2] (1) 元の値段の比は，$Ａ：Ｂ：Ｃ＝\frac{1}{5}：\frac{1}{8}：\frac{1}{10}＝8：5：4$ なので，それぞれの商品の元の値段を，Ａを⑧，Ｂを⑤，Ｃを④とおく。40円ずつ値引きをしたとき，Ａが4個とＢが7個の値段が同じになったので，$(⑧－40)×4＝$
$(⑤－40)×7$ 　$⑧×4－160＝⑤×7－280$ とわかる。したがって，$⑤×7－⑧×4＝280－160$ 　$㉟－㉜＝120$
$③＝120$ なので，①は $120÷3＝40$（円）とわかる。よって，この日のＣの値段は，$40×4－40＝120$（円）である。

(2) (1)の解説より，Ｂの前の日の値段は，$40×5－40＝160$（円）である。また，この日に値引きをした金額を $\boxed{1}$ とおくと，$160×13－\boxed{1}×13＝120×18－\boxed{1}×18$ なので，$160×13－\boxed{13}＝120×18－\boxed{18}$ とわかる。よって，$\boxed{18}－\boxed{13}＝$
$120×18－160×13$ 　$\boxed{5}＝2160－2080$ 　$\boxed{5}＝80$ なので，$\boxed{1}＝80÷5＝16$ より，この日値引きした金額は16円である。

3 (1) A地点からB地点まで行くとき，太郎君は，12時－7時＝5時間かかり，次郎君は11時－8時5分＝10時60分－8時5分＝2時間55分かかる。1時間＝60分なので，2時間55分＝$2\frac{55}{60}$時間＝$2\frac{11}{12}$時間である。よって，同じ道のりのときかかる時間の比は，$5:2\frac{11}{12}=5:\frac{35}{12}=60:35=12:7$である。P地点で追いつくときまでに，2人が移動した時間の差は，8時5分－7時＝1時間5分＝$1\frac{5}{60}$時間＝$1\frac{1}{12}$時間である。これは時間の比の差の$12-7=5$である。よって，次郎君が追いつくのにかかる時間は，$1\frac{1}{12}\times\frac{7}{5}=\frac{91}{60}=1\frac{31}{60}$(時間)である。$1\frac{31}{60}$時間＝1時間31分なので，追いつくのは，8時5分＋1時間31分＝9時36分である。

(2) (1)の解説より，太郎君はP地点に着くのに，9時36分－7時＝2時間36分＝($60\times2+36$)分＝156分かかる。5時間＝(5×60)分＝300分かけて移動する道のりがA地点からB地点までの距離であり，54.6kmを156分かけて移動するから，A地点からB地点までの距離は，$54.6\times\frac{300}{156}=105$(km)である。

(3) 太郎君の自転車の速さは時速($105\div5$)km＝時速21kmである。太郎君がこの日，A地点からB地点まで行くのにかかった時間は，11時－7時＝4時間である。このうち$1\div4=\frac{1}{4}$(時間)バス停まで歩き，15分＝$\frac{1}{4}$時間バス停で待っていた。自転車とバスで移動した時間の合計は，$4-\frac{1}{4}-\frac{1}{4}=3\frac{1}{2}$(時間)である。また，自転車とバスで移動した距離の合計は，$105-1=104$(km)である。$3\frac{1}{2}$時間ずっとバスで移動したとき，$51\times3\frac{1}{2}=51\times\frac{7}{2}=\frac{357}{2}=178\frac{1}{2}$km移動できる。実際の移動距離は104kmなので，$178\frac{1}{2}-104=74\frac{1}{2}$(km)多く移動していることになる。1時間バスから自転車に変えると，1時間に$51-21=30$(km)移動距離が短くなる。よって，自転車で移動する時間は，$74\frac{1}{2}\div30=\frac{149}{2}\times\frac{1}{30}=\frac{149}{60}=2\frac{29}{60}$(時間)である。$2\frac{29}{60}$時間＝2時間29分なので，太郎君の自転車が故障したのは，7時＋2時間29分＝9時29分とわかる。

4 (1) プールに入る水の量を1とおくと，1時間に入る水の量は，AとBの2台を使ったとき$\frac{1}{30}$，BとCの2台を使ったとき$\frac{1}{35}$，CとAの2台を使ったとき$\frac{1}{42}$とわかる。このすべてを足すと，AとBとCを2台ずつ使ったときに1時間に入る水の量が求められ，その量は，$\frac{1}{30}+\frac{1}{35}+\frac{1}{42}=\frac{18}{210}=\frac{3}{35}$である。よって，AとBとCを1台ずつ使ったときは1時間に，$\frac{3}{35}\div2=\frac{3}{70}$の水が入る。したがって，かかる時間は$1\div\frac{3}{70}=\frac{70}{3}=23\frac{1}{3}$(時間)である。

1時間＝60分なので，$23\frac{1}{3}$時間＝23時間($\frac{1}{3}\times60$)分＝23時間20分である。

(2)(ア) 3時間で1周と考える。(1)の解説より，3時間で$\frac{3}{35}$の水が入る。プールを満水にするまでに，$1\div\frac{3}{35}=35\div3=11$余り2より，11周した後，$1-\frac{3}{35}\times11=\frac{2}{35}$の水を入れる時間がかかる。AとBで1時間入れると，残りは$\frac{2}{35}-\frac{1}{30}=\frac{5}{210}$である。次の1時間はBとCで入れるので，$\frac{5}{210}\div\frac{1}{35}=\frac{5}{6}$(時間)かかる。よって，最初から満水になるまでにかかる時間は，$3\times11+1+\frac{5}{6}=34\frac{5}{6}$(時間)なので，$34\frac{5}{6}$時間＝34時間50分である。

(イ) (1)の解説より，1時間に，AとBとCを1台ずつ使うと$\frac{3}{70}$の水が入り，CとAの2台では$\frac{1}{42}$の水が入る。よって，Bを1台だけのとき，1時間で，$\frac{3}{70}-\frac{1}{42}=\frac{9}{210}-\frac{5}{210}=\frac{2}{105}$の水が入る。Bのポンプを使っていた時間は，(ア)の解説より，$2\times11+1+\frac{5}{6}=22+1+\frac{5}{6}$(時間)とわかる。よって，Bのポンプで入れた水の量は，全体の$\frac{2}{105}\times(22+1+\frac{5}{6})\times100=\frac{2}{105}\times\frac{143}{6}\times100=\frac{2860}{63}=45.39\cdots$なので，45.4%である。

《解答例》

1 (1) 2 (2) $\frac{2}{3}$ (3)① 8 ②44 (4)①12 ②720 (5)① 8 ② 2 (6)①26 ②3125 (7)① 3 ②77

(8)①922.5 ②145.4 (9)①61 ②127 ③344

2 (1)式と計算 $0.6 \times 2 \div (4-3) = 1.2$ $1.2 \times 4 - 0.6 = 4.2$ 答 毎秒4.2m

(2)式と計算 $4.2 - 0.6 = 3.6$ $4.2 \times \frac{5}{14} + 0.6 = 2.1$ $\frac{1}{1.2} : \frac{1}{1.5} = 5 : 4$ $(2.1 \times 4) : (4.8 \times 5) = 7 : 20$

答 7 : 20

3 (1)式と計算 $(2890 - 2770) \div (50 - 10) = 3$ 答 3 枚

(2)式と計算 $(4700 - 2740) \div \{200 - (50 + 10)\} = 14$ $14 + 3 = 17$ $50 - (14 + 17) = 19$

答 10円…17 50円…14 100円…19

4 (1)式と計算 あ×A＋(う＋120)×6＋う×30＝15000

あ×A＋(う＋120)×27＋う×9

＝あ×A＋(う＋120)×6＋う×30＋(う＋120)×21－う×21

＝〈計算1〉＋120×21＝15000＋2520＝17520

答 17520

(2)式と計算 〈計算2〉－あ×15＝15000 あ×15＝2520 あ＝2520÷15＝168 う＝168×$\frac{7}{4}$＝294

い＝294＋120＝414

答 414

(3)式と計算 あ×A＋190×6＋70×30＝15000 あ×A＝15000－1140－2100＝11760

〈計算2〉－あ×x＝15000 あ×x＝2520＝2×2×2×3×3×5×7

あは2けたの整数，xは2けたの奇数より，x＝35，45，63

x＝35のとき，あ＝72 11760÷72＝163.3…より×

x＝45のとき，あ＝56 A＝210

x＝63のとき，あ＝40 A＝294

答 (45，56，210)(63，40，294)

《解　説》

1 (1) 与式 $= \left(\dfrac{17}{2}+\dfrac{43}{4}\right)\times\dfrac{1}{4}-\dfrac{18}{5}\div\left(3\dfrac{2}{5}-\dfrac{212}{100}\right) = \dfrac{77}{4}\times\dfrac{1}{4}-\dfrac{18}{5}\div\left(\dfrac{85}{25}-\dfrac{53}{25}\right) = \dfrac{77}{16}-\dfrac{18}{5}\div\dfrac{32}{25} = \dfrac{77}{16}-\dfrac{18}{5}\times\dfrac{25}{32} = \dfrac{77}{16}-\dfrac{45}{16} = 2$

(2) 与式より，　$7-\dfrac{125}{27}\div\left(2\dfrac{1}{18}-\square\right) = 11\div 3$　　$7-\dfrac{125}{27}\div\left(2\dfrac{1}{18}-\square\right) = \dfrac{11}{3}$　　$\dfrac{125}{27}\div\left(2\dfrac{1}{18}-\square\right) = 7-\dfrac{11}{3}$

$\dfrac{125}{27}\div\left(2\dfrac{1}{18}-\square\right) = \dfrac{10}{3}$　　$2\dfrac{1}{18}-\square = \dfrac{125}{27}\div\dfrac{10}{3}$　　$2\dfrac{1}{18}-\square = \dfrac{125}{27}\times\dfrac{3}{10}$　　$2\dfrac{1}{18}-\square = \dfrac{25}{18}$　　$\square = 2\dfrac{1}{18}-\dfrac{25}{18} = \dfrac{2}{3}$

(3) ゲートを1つも開けなければ，行列は15分で $200+30\times15=650$（人）になる。実際には，ゲートを3つ開けたので，$650-290=360$（人）がゲートを通過できている。したがって，15分間で1つのゲートを $360\div3=120$（人）が通過したから，1つのゲートは1分間に $120\div15=\underline{8}_①$（人）が入園できる。

このため，290人が並んでいる状態で5つのゲートを開けると，行列の人数は1分ごとに $8\times5-30=10$（人）の割合で減っていく。したがって，すべてのゲートを開けてから $290\div10=29$（分）で行列がなくなるから，これは開園時間から $15+29=\underline{44}_②$（分後）である。

(4) トンネルの長さが橋の長さの2倍だが，トンネルに入り始めてから出終わるまでの走行距離（きょり）は，列車が橋を渡り始めてから渡り終わるまでの走行距離の2倍ではないことに注意する。

トンネルに入り始めてから出終わるまでの走行距離は（列車の長さ）＋（トンネルの長さ　※橋の長さの2倍）であり，橋を渡り始めてから渡り終わるまでの走行距離は（列車の長さ）＋（橋の長さ）だから，これらの走行距離の差は，「橋の長さ」に等しい。また，時間は速さに反比例するから，速さを1.5倍にすると，かかる時間は $\dfrac{1}{1.5}$ 倍になる。つまり，速さを $\dfrac{1}{1.5}$ 倍にすると，かかる時間は1.5倍になるから，橋を渡ったときと同じ速さでトンネルを通過すると，$90\times1.5=135$（秒）かかる。かかる時間の差の $135-75=60$（秒）は，列車が「橋の長さ」を走るのにかかる時間にあたる。

したがって，列車は180m（列車の長さ）を走るのに $75-60=15$（秒）かかるから，列車の速さは，毎秒 $(180\div15)$ m＝毎秒 $\underline{12}_①$ m となり，橋の長さは，$12\times60=\underline{720}_②$（m）となる。

(5) 9と18と12の最小公倍数は36だから，水そうPとQの容積を $\boxed{36}$ とすると，1分で入れられる水の量は，Aが $\boxed{36}\div9=\boxed{4}$，Bが $\boxed{36}\div18=\boxed{2}$，Cが $\boxed{36}\div12=\boxed{3}$ と表せる。2つの水そうが同時に満水になるまで，3つのポンプをすべて使っていたから，①の時間は，$\boxed{36}\times2=\boxed{72}$ の水を3つのポンプで入れるのにかかる時間に等しく，$\boxed{72}\div(\boxed{4}+\boxed{2}+\boxed{3})=\underline{8}_①$（分）となる。

また，水そうPに注目すると，Bで入れた水の量は，Aで $9-8=1$（分間）に入れられる水の量に等しいとわかる。したがって，Bで水そうPに水を入れていた時間は，$\boxed{4}\div\boxed{2}=\underline{2}_②$（分）である。

(6) 2けた以上の数は，上の位から順に並べるカードを決めるとする。

1けたの数は5個できる。2けたの数は，十の位の決め方が5通り，一の位の決め方が十の位の数以外の4通りあるから，$5\times4=20$（個）できる。123は，3けたの数の中で一番小さい数だから，$5+20+1=\underline{26}_①$（番目）

2けたの数と同様に調べると，3けたの数は $5\times4\times3=60$（個），4けたの数は $5\times4\times3\times2=120$（個）できるとわかる。3けたの数の中で一番大きい543は $5+20+60=85$（番目）であり，4けたの数の中で一番大きい5432は $85+120=205$（番目）だから，135番目の数は，$135-85=50$（番目）の4けたの数である。千の位が1の4けたの数は，百の位が2～5の4通り，十の位がその残りの3通り，一の位が最後に残った2通りだから，$4\times3\times2=24$（個）ある。同様に，千の位が2の4けたの数も24個あるから，千の位が3の4けたの数の中で，$50-24-24=2$（個目）の数を調べると，135番目の数は $\underline{3125}_②$ とわかる。

(7) 三角形GFCを右の図1のように作図する。三角形GHFは三角形DEFと同じ形の直角三角形であり，三角形DEFの直角をはさむ2辺の比がDE：EF＝5：（4＋6）＝1：2だから，$_{⑦}$GH：HF＝1：2 とわかる。また，三角形GHCは三角形ABCと同じ形の直角三角形であり，三角形ABCの直角をはさむ2辺の比がAB：BC＝

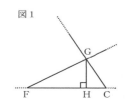

図1

18：（8＋4）＝3：2だから，⑦GH：HC＝3：2とわかる。

⑦と④から，GH＝③とすると，HF＝⑥，HC＝②と表せるので，FC＝HF＋HC＝⑧となる。FC＝4cm

だから，GH＝4×$\frac{③}{⑧}$＝1.5（cm）となるため，三角形GFCの面積は，4×1.5÷2＝①3（cm²）

また，三角形AGDの面積を求めるため，右の図2のように作図すると，三角形

AGDの面積は，三角形ACEと三角形ADEの面積の和から，四角形GCED

の面積を引いた値に等しいとわかる。三角形ACEと三角形ADEの面積の和は，

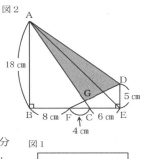

図2

6×18÷2＋5×（8＋4＋6）÷2＝99（cm²）

四角形GCEDの面積は，三角形DEFと三角形GFCの面積の差に等しく，

（4＋6）×5÷2－3＝22（cm²）

よって，三角形AGDの面積は，99－22＝②77（cm²）

(8) 三角形PQRが⑦から④まで動くときに通過するのは，右の図1で色をつけた部分
である。これを，⑧と⑥の2つに分けると，⑧は三角形PQRと合同な直角三角形とな
り，⑥は半径がPR＝30cmで中心角が90度のおうぎ形となる。したがって，求める面
積は，18×24÷2＋30×30×3.14×$\frac{90}{360}$＝216＋225×3.14＝①922.5（cm²）

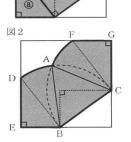

図1

また，三角形PQRが⑦から⑦まで動くときに通過するのは，右下の図2で色をつけた
部分だから，太線の長さを調べる（正方形の辺の一部が含まれることに注意する）。三角
形ABCは，1辺が30cmの正三角形となるから，曲線DAと曲線AFは，半径が30cm
で中心角が90－60＝30（度）のおうぎ形の曲線部分となる。このため，曲線DAと曲線
AFの長さの和は，半径が30cmで中心角が30×2＝60（度）のおうぎ形の曲線部分の長
さに等しく，30×2×3.14×$\frac{60}{360}$＝31.4（cm）である。一方，DE＝CG＝PQ＝24cm，
EB＝GF＝QR＝18cm，BC＝PR＝30cmだから，求める長さは，
31.4＋24×2＋18×2＋30＝②145.4（cm）

図2

(9) ［A，B］の値は，1からBまでにある3の倍数ではない数の個数（［1，B］）から，1からA－1までにある
3の倍数ではない数の個数（［1，A－1］）を引いた値に等しい。また，B÷3の商が，1からBまでにある3の倍
数の個数になるので，［1，B］＝B－（B÷3の商）のように計算できる。

214÷3＝71余り1だから，［1，214］＝214－71＝143である。一方，（124－1）÷3＝41だから，
［1，123］＝123－41＝82である。したがって，［124，214］＝143－82＝①61

また，（37－1）÷3＝12だから，［1，36］＝36－12＝24なので，［1，［A，533］］＝61＋24＝85である。1から順
に整数を並べると，1̊，2̊，3，4̊，5̊，6，…のように，3の倍数ではない2個と3の倍数1個の合計3個の並
びが周期的にくり返される。84÷2＝42（番目）の3の倍数は3×42＝126だから，［A，533］の値は126の次の②127
である。533÷3＝177余り2だから，［1，533］＝533－177＝356なので，1からA－1までにある3の倍数では
ない数の個数は，356－127＝229である。228÷2＝114（番目）の3の倍数は3×114＝342だから，［1，342］＝228
より，［1，A－1］＝229となるのは，A－1が342の次の343のときである。よって，A＝③344

2 (1) 速さの比は同じ距離の移動にかかる時間の逆比に等しいから，上りと下りの速さの比は，$\frac{1}{4}$：$\frac{1}{3}$＝3：4であ
る。この比の4－3＝1は川の流れの速さの2倍にあたるため，0.6×2÷（4－3）の計算から，速さの比の1は
毎秒1.2mとわかる。このことから，下りの速さが毎秒（1.2×4）mとわかるので，川の流れの速さ（毎秒0.6m）を
引くと，船の静水での速さは毎秒4.2mとわかる。

(2) 船の静水での速さ（毎秒4.2m）から，川の流れの速さ（毎秒0.6m）を引くと，上りの速さは毎秒3.6mとなる
ので，このときの下りの平均の速さは，上りの速さと同じ毎秒3.6mである。また，4.2×$\frac{5}{14}$＋0.6の計算から，

ＡＰ間の下りの速さは毎秒2.1mとわかる。ＰＢ間の速さは毎秒4.8mだから，このときのＡＰ間，ＰＢ間の下りにかかった時間をそれぞれ a，b として，右の面積図で考える(長方形の面積が移動距離を表す)。

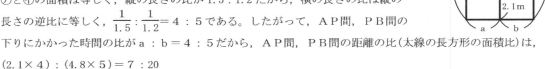

⑦と⑦の面積は等しく，縦の長さの比が1.5：1.2だから，横の長さの比は縦の長さの逆比に等しく，$\frac{1}{1.5}：\frac{1}{1.2}=4：5$ である。したがって，ＡＰ間，ＰＢ間の下りにかかった時間の比が a：b＝4：5だから，ＡＰ間，ＰＢ間の距離の比(太線の長方形の面積比)は，$(2.1×4)：(4.8×5)=7：20$

③ (1) 10円硬貨が50円硬貨より1枚多い状態で枚数を入れかえると，合計金額は40円高くなる。太郎君が10円硬貨と50円硬貨の枚数を入れかえて計算すると，合計金額が実際よりも2890－2770＝120(円)高くなるので，10円硬貨は50円硬貨より 120÷40＝3 (枚)多い。

(2) 50枚から3枚の10円硬貨を除いて，50円硬貨1枚と10円硬貨1枚でセットをつくる。このとき，47枚で2770－10×3＝2740(円)になる。また，100円硬貨が47枚だと合計金額は100×47＝4700(円)になり，実際よりも4700－2740＝1960(円)高くなる。100円硬貨2枚を，50円硬貨と10円硬貨の1セットと入れかえると，合計金額は100×2－(50＋10)＝140(円)安くなるから，50円硬貨と10円硬貨のセットは1960÷140＝14(セット)できた。したがって，50円硬貨は14枚，10円硬貨は14＋3＝17(枚)，100円硬貨は50－(14＋17)＝19(枚)である。

④ (1) ⓘには⑨より120大きい整数を入れるから，〈計算1〉＝あ×Ａ＋(⑨＋120)×6＋⑨×30である。〈計算2〉は〈計算1〉からＢを27に，Ｃを9に変えたから，〈計算2〉＝あ×Ａ＋(⑨＋120)×27＋⑨×9である。〈計算2〉を〈計算1〉と比べると，あ×Ａの部分は同じで，⑨×Ｂの部分で⑨＋120が27－6＝21(個)増え，⑨×Ｃの部分で⑨が30－9＝21(個)減った。⑨の増減が同じだから，〈計算2〉は〈計算1〉の計算結果よりも120×21＝2520だけ大きいとわかる。

(2) 〈計算3〉では，〈計算2〉からあを15個減らしたことで，計算結果が2520減って15000になった。したがって，あ×15＝2520だから，あ＝168とわかる。これをもとに，⑨＝294，ⓘ＝414と求められる。

(3) ⓘ＝70＋120＝190なので，〈計算1〉の計算結果から，あ×Ａ＝15000－190×6－70×30＝11760とわかる。また，〈計算3〉の計算結果からあ×x＝2520とわかり，右の筆算を利用して2520を素数の積で表すと，2520＝2×2×2×3×3×5×7となる。xは2けたの奇数なので，

63 が考えられるが，2520÷99＝25.4…より，あが2けたの整数となるのは，xが26以上のときとわかるので，xは35，45，63が考えられる。xの値を決めればあの値が決まるので，あ×Ａ＝11760を満たすＡの値が整数かどうかを調べると，解答例のようになる。

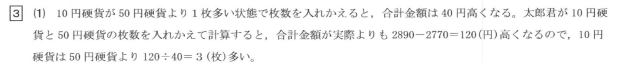

$$\begin{array}{r} 2)\underline{2520} \\ 2)\underline{1260} \\ 2)\underline{630} \\ 3)\underline{315} \\ 3)\underline{105} \\ 5)\underline{35} \\ 7 \end{array}$$

《解答例》

1 (1)18　(2)$1\frac{1}{4}$　(3)①45　②2　(4)①75　②27　(5)①45.57　②90.065　(6)①14　②E　③54

　(7)①62　②$22\frac{1}{8}$　③$90\frac{3}{4}$　(8)①27　②6　③55

※ 2 (1)9600 円　　(2)1300 円

※ 3 (1)5 歳　　(2)44 歳　　(3)39 歳

※ 4 (1)2 分　　(2)3：4　　(3)37.5 分

※の式と計算は解説を参照してください。

《解　説》

1 (1)　与式＝$\frac{41}{3}\times\frac{4}{3}-(3\frac{3}{4}-2\frac{7}{12})\times\frac{4}{21}=\frac{164}{9}-\frac{7}{6}\times\frac{4}{21}=18\frac{2}{9}-\frac{2}{9}=$**18**

(2)　与式より，$28+16\times(2\frac{1}{8}-\square)=42$　　$16\times(2\frac{1}{8}-\square)=42-28$　　$2\frac{1}{8}-\square=14\div16$

　　$\square=2\frac{1}{8}-\frac{7}{8}=$**$1\frac{1}{4}$**

(3)　AとBが同時に出発してから出会うまでに進んだ道のりの比は 12：(27－12)＝4：5 だから，Aの川を下
　　る速さとBの川を上る速さの比は，4：5 とわかる。この2つの速さの和は，AとBの静水時の速さの和に
　　等しく，毎時(14＋22)km＝毎時 36 km だから，Aの川を下る速さは，毎時(36×$\frac{4}{4+5}$)km＝毎時 16 km となる。
　　したがって，AとBが出会ったのは出発してから 12÷16＝$\frac{3}{4}$(時間後)，つまり，60×$\frac{3}{4}=$**45**(分後)である。
　　また，川の流れの速さは，毎時(16－14)km＝毎時 **2** km である。

(4)　3人の得点の平均は，3人それぞれの得点の$\frac{1}{3}$の合計にあたる。また，1人の得点の$\frac{1}{3}$は，4つの平均の
　　うちの3つにふくまれるから，4人の得点の合計は 70＋74＋77＋79＝300(点)となる。
　　　したがって，4人の得点の平均は，300÷4＝**75**(点)である。
　　　また，最高点の$\frac{1}{3}$と最低点の$\frac{1}{3}$の差は 79－70＝9 (点)だから，最高点と最低点の差は，9×3＝**27**(点)

(5)　円の中心は，図形の内側の各辺から1cm離れたところを移動するから，動い
　　たあとが右の図の太線のようになる。このうち曲線部分は，半径が1cmで中心
　　角が 90 度のおうぎ形の曲線部分にあたるから，求める長さは，
　　(6－1×2)×2＋(15－1×2)＋(12－1×2)
　　　　　　　　　　＋(6－1)＋(9－1)＋1×2×3.14×$\frac{90}{360}=$**45.57**(cm)
　　また，円の動いてできる部分は，右の上の図の色をつけた部分になるから，この
　　部分の面積を求めるため，円が辺に沿って動いた図形の面積から，右の上の図の
　　色がついていない部分の面積を引く。右の下の図の⑦の部分の面積は，
　　2×2－2×2×3.14×$\frac{90}{360}=0.86$(cm²)であり，右の上の図の色がついていない

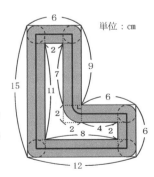

部分には，⑦と合同な図形が１つ，⑦を$\frac{1}{2}$倍に縮小した図形が５つある。図形を

$\frac{1}{2}$倍に縮小すると面積は$\frac{1}{2}\times\frac{1}{2}=\frac{1}{4}$(倍)になるから，色がついていない部分のう

ち，⑦と同じ形(合同をふくむ)の部分の面積の合計は，$0.86\times(1+\frac{1}{4}\times5)=1.935$(㎠)

残りの色がついていない部分の面積は$11\times2+2\times(8-2)=34$(㎠)だから，求める面積は，

$(15\times6+6\times6)-(1.935+34)=\boldsymbol{90.065}$(㎠)

(6) ＰとＱが同じ向きに進むとき，２点が重なった状態から次に重なるまでの時間は，$6\div(2-1)=6$(秒)

ＰとＱが逆向きに進むとき，２点が重なった状態から次に重なるまでの時間は，$6\div(2+1)=2$(秒)

以上のことから，ＰとＱの重なる時間と位置は，

右の表のようになり，３回目は**14**秒後でＥとなる。

	1回目	2回目	3回目	4回目	5回目	6回目	…
時間	6秒後	8秒後	14秒後	16秒後	22秒後	24秒後	…
位置	A	E	E	C	C	A	…

６回目に重なった後のＰとＱの動きは，Ａを出発したときと同じだから，Ａを出発してから６回目に重なる

までを１つの周期と考えると，Ａで５回目に重なるのは，３回目の周期の１回目である。

よって，このときの時間は，$24\times2+6=\boldsymbol{54}$(秒後)となる。

(7)〔1〕 図形を折り曲げたとき，重なった部分には二等辺三角形ができる。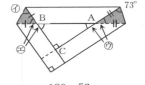

このため，右の図で色をつけた部分は，それぞれ二等辺三角形である。

また，対頂角は等しいから，この図のように記号をおくと，

角⑦$=180-73\times2=34$(度)，角㊤$=180-90-34=56$(度)となる。よって，角⑦$=\dfrac{180-56}{2}=\boldsymbol{62}$(度)

〔2〕 右の図の色をつけた部分が重なった部分だから，重なっていない部分

の面積は，元のリボンの面積から，重なっている部分の面積の２倍を引

いて求める。また，この図のように記号をおき，三角形ＡＢＣと同じ形

の直角三角形は，３辺の長さの比が３：４：５になることを利用する。

直角三角形ＤＢＥにおいて，ＢＥ：ＤＥ：ＤＢ＝３：４：５だから，

ＤＥ＝ＢＥ$\times\dfrac{4}{3}=(6+3)\times\dfrac{4}{3}=12$(cm)，ＤＢ＝ＤＥ$\times\dfrac{5}{4}=15$(cm)

直角三角形ＡＦＧにおいて，ＦＧ：ＡＧ：ＡＦ＝３：４：５だから，

ＡＦ＝ＡＧ$\times\dfrac{5}{4}=(8+3)\times\dfrac{5}{4}=\dfrac{55}{4}$(cm)

三角形ＡＰＤ，三角形ＢＱＦは，それぞれＡＤ，ＢＦを底辺としたときの高さが３cmだから，

重なった部分の面積は，$(15-10)\times3\div2+(\dfrac{55}{4}-10)\times3\div2+3\times3=\dfrac{177}{8}=\boldsymbol{22\dfrac{1}{8}}$(㎠)

一方，重なっていない部分の面積は，$3\times45-\dfrac{177}{8}\times2=\boldsymbol{90\dfrac{3}{4}}$(㎠)

(8) 操作後の整数のうち，もっとも小さい数は１，もっとも大きい数は$9+9+9=27$である。１から1000

までの整数について操作を行うから，操作後は１から27までの**27**個の整数になる。

また，操作後25になる整数は，各位の数の組が（７と９と９）の数と，（８と８と９）の数の組である。これら

の数の組では３つの数のうち２つが同じ数だから，３つの数を並べて整数をつくると，それぞれ３個の整数

ができるため，操作後25になる整数は，$3+3=\boldsymbol{6}$(個)ある。

さらに，操作後18になる整数の各位の数の組は，下の表の12組ある。それぞれの組について，数を並べて

できる整数の個数は，表に示した通りとなるから，操作後18になる整数は，

$1\times2+2\times3\times3+6\times7=\boldsymbol{55}$(個)

組	9と9	0と9	1と8	2と7	2と8	3と6	3と7	4と5	4と6	4と7	5と6	5と5	6と6
	と9	と9	と9	と9	と8	と9	と8	と9	と8	と7	と7	と8	と6
整数の個数	1個	2個	6個	6個	3個	6個	6個	6個	6個	3個	6個	3個	1個

2 (1) 最初のA君の所持金を③円，B君の所持金を⑤円とする．2人がそれぞれお金を使った後の所持金は，A君が(③－2400)円，B君が(⑤－2800)円であり，これらの比が6：11である．したがって，(③－2400)×11＝㉝－26400と，(⑤－2800)×6＝㉚－16800は同じ値を表すから，㉝－㉚＝③は，26400－16800＝9600である．よって，最初のA君の所持金は**9600円**である．

(2) 2400円を使った後のA君の所持金は9600－2400＝7200(円)である．また，2800円を使った後のB君の所持金は$7200×\frac{11}{6}＝13200$(円)である．B君がA君にお金をあげても，2人の所持金の合計は7200＋13200＝20400(円)のまま変わらないから，B君からお金をもらった後のA君の所持金は，$20400×\frac{5}{5+7}＝8500$(円)である．よって，B君は，8500－7200＝**1300(円)**あげた．

3 (1) 次男を除いた3人の現在の年齢の和は74＋7×3＝95(歳)だから，現在の次男の年齢は，100－95＝**5(歳)**

(2) 7年前の父の年齢は74÷2＝37(歳)だから，現在の父の年齢は，37＋7＝**44(歳)**

(3) 5年後の4人の年齢の和は100＋5×4＝120(歳)だから，このときの長男と次男の年齢の和の1＋3＝4(倍)が，120－12＝108(歳)である．したがって，このときの父と母の年齢の和が$108×\frac{3}{4}＋12＝93$(歳)だから，現在の父と母の年齢の和は93－5×2＝83(歳)となり，現在の母の年齢は，83－44＝**39(歳)**である．

4 (1) 三郎君の最初の速さは，Pからゴールまでの次郎君の速さだから，Pからゴールまでの太郎君と次郎君に注目する．この区間の2kmを走るのにかかる時間は，次郎君の方が30秒遅い．このため，スタートからPまでの8kmを走るのにかかる時間は，三郎君の方が太郎君たちより$30×\frac{8}{2}＝120$(秒)，つまり2分長い．この2分で三郎君はQからPまでを走ることになるから，求める時間は**2分**である．

(2) 求める速さの比は，最初の三郎君の速さと，速さを上げた後の三郎君の速さの比にあたる．このため，三郎君が次郎君を追いぬいた地点をRとし，QからRまでにかかる時間に注目する．

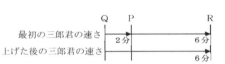

最初の三郎君の速さではQからRまでに2＋6＝8(分)かかり，速さを上げた後の三郎君の速さではQからRまでに6分かかる．速さの比は同じ道のりを進むのにかかる時間の逆比に等しいから，求める速さの比は，$\frac{1}{8}：\frac{1}{6}＝3：4$となる．

(3) (2)の解説と同じように，三郎君が次郎君を追いぬいた地点をRとする．R地点を通過してから三郎君がゴールするまでの間に，次郎君と三郎君が走った距離の比は3：4だから，次郎君は，右の図の①の距離を走るのに30秒かかる．したがって，次郎君は③の距離を走るのに30×3＝90(秒)，つまり90÷60＝1.5(分)かかるから，P地点を通過してから6＋1.5＝7.5(分)で，太郎君はPからゴールまでの10－8＝2(km)を走ったとわかる．よって，求める時間は，$7.5×\frac{10}{2}＝$**37.5(分)**

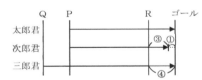

════ 《解答例》 ════

1 (1) 5　　(2) $1\frac{1}{2}$　　(3)① 9　②42　　(4)①825　②56　③8　　(5)①15　②14　③75　　(6)①50　②10.75

　　(7)① 3　② 2　③ 5　　(8)①140　②1120　　(9)①14.5　② 6　　(10)①55　②76

※**2** (1)60 日　　(2)25 日　　(3)10 日

※**3** (1)13440 円　　(2)A．8000 円　　B．5440 円

※**4** (1)15：21：26　　(2)35：15：21

※ **2**〜**4** の式と計算は解説を参照してください。

════ 《解　説》 ════

1 (1)　与式$=\frac{5}{3}÷\frac{1}{4}-(\frac{31}{6}-\frac{9}{4})÷\frac{7}{4}=\frac{5}{3}×4-(\frac{62}{12}-\frac{27}{12})×\frac{4}{7}=\frac{20}{3}-\frac{35}{12}×\frac{4}{7}=\frac{20}{3}-\frac{5}{3}=\frac{15}{3}=5$

(2)　与式より，$6-\frac{25}{6}÷(2\frac{1}{4}-□)=4÷9$　　$\frac{25}{6}÷(2\frac{1}{4}-□)=6-\frac{4}{9}$　　$\frac{25}{6}÷(2\frac{1}{4}-□)=\frac{50}{9}$

$2\frac{1}{4}-□=\frac{25}{6}÷\frac{50}{9}$　　$2\frac{1}{4}-□=\frac{3}{4}$　　$□=2\frac{1}{4}-\frac{3}{4}=1\frac{1}{2}$

(3)　長いす1脚にすわる生徒の人数を $5-3=2$（人）ずつ減らすと，すわる席が $3×5+(5-2)=18$（席）増えた

から，長いすは $18÷2=$ **9**（脚）で，生徒の人数は $3×9+3×5=$ **42**（人）である。

(4)　$72×1000÷60÷60=20$，$54×1000÷60÷60=15$ より，毎時 72 km は毎秒 20m，毎時 54 km は毎秒 15m である。

（鉄橋をわたり始めてからわたり終わるまでに進む長さ）＝（鉄橋の長さ）＋（列車の長さ）より，

列車Aは 50 秒間に $20×50=1000$（m）進むから，鉄橋は $1000-175=$ **825**（m）である。

列車Aと列車Bが同じ向きに進むとき，列車Aの方が列車Bより1秒あたり $20-15=5$（m）多く進む。

列車Aが列車Bに追いついたとき，列車Aの最後尾と列車Bの先頭は $175+105=280$（m）はなれている。列車A

が列車Bを追いこすのはこの差がなくなるときだから，追いこすまでに $280÷5=$ **56**（秒）かかる。

次に，列車Aと列車Bが反対向きに進むとき，2つの列車が1秒あたりにすすむ距離の和は $20+15=35$（m）であ

る。列車Aと列車Bが出会うとき，列車Aの最後尾と列車Bの最後尾は 280m はなれている。2つの列車がはなれ

るのはこの差がなくなるときだから，はなれるまでに $280÷35=$ **8**（秒）かかる。

(5)　A君とB君のあるく歩幅の比は $\frac{1}{7}:\frac{1}{5}=5:7$ である。また，A君とB君の，同じ時間にあるく歩数の比は

3：2 だから，A君とB君が，同じ時間にあるく速さの比は $(5×3):(7×2)=$ **15：14** である。

同じ時間にあるく距離の比は速さの比に等しく 15：14 だから，A君は 30 分間に $4350×\frac{15}{15+14}=2250$（m）進んだ

ことになる。$2250÷30=75$ より，その速さは分速 **75**m である。

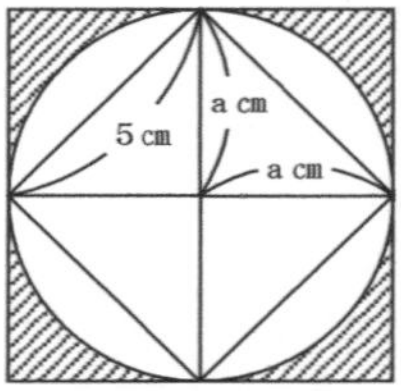

(6)　右図のように内側の正方形を 45 度回転して考える。内側の正方形の対角線を引く

と，内側の正方形は合同な直角二等辺三角形4個，外側の正方形は合同な直角二等辺

三角形8個にそれぞれ分けられるから，外側の正方形の面積は内側の正方形の面積の

$\frac{8}{4}=2$（倍）とわかり，その面積は $(5×5)×2=$ **50**（cm²）である。

また，1つの直角二等辺三角形の面積は $50÷8=6.25$（cm²）であり，その等しい辺の長さを a cm とすると，

$a×a÷2=6.25$ より，$a×a$ の値は $6.25×2=12.5$ とわかる。したがって，円の面積は

$a×a×3.14=12.5×3.14=39.25$（cm²）だから，斜線部分の面積は $50-39.25=$ **10.75**（cm²）である。

⑺　1＋2＋3＋4＋5＋6＋7＋8＋9＝45 より，アの円周上にある整数の和が 23 だから，

アの円周上にない，8＋7＋4＋Aの和は，45－23＝22 とわかる。よって，A＝22－（8＋7＋4）＝**3**

次に，右図のように記号を追加して考える。

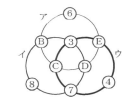

アの円周上の整数の和が変わらないこと，イの円周上の整数の和が 3 減ったこと，

ウの円周上の整数の和が 3 増えたことから，入れ替えた数は，BとEのように，

ともにアの円周上にある 2 数で，一方はイの円周上にあり，もう一方はウの円周

上にある数である。B，C，D，Eにあてはまる数は 1，2，5，9 のいずれか

であり，その差が 3 になるのは 2 と 5 だけだから，②が **2**，③が **5** となる。

⑻　右のような，縦に 1 個あたりの金額，横に個数をあてはめた面積図を

利用する。A店で売れた商品の個数を□個とする。1150 円で□個売った

ときの売上金額が，仕入れた商品全部を 800×（1＋0.15）＝920（円）で売

るときの売上金額と等しくなるから，色のついた長方形の面積が等しく

なる。

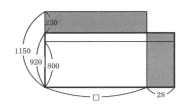

色のついた長方形の高さの比が，（1150－920）：920＝23：92＝1：4 だから，横の長さの比は 4：1 になる。

よって，A店で売れた商品の個数は□＝28×4＝112（個）で，仕入れた個数は 112＋28＝**140**（個）である。

また，B店では 140－25＝115（個）が売れたから，B店での定価は 920×140÷115＝**1120**（円）になる。

⑼　右図において，同じ印をつけた三角形の面積

が等しいことから，四角形EFGHの面積は三

角形AFGの面積より，三角形EIHの面積の

分だけ大きいことがわかる。

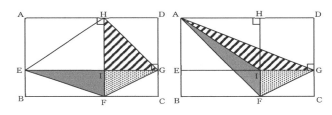

よって，四角形EFGHの面積は，三角形AFG

の面積より 29÷2＝**14.5**（cm²）大きい。

同じように考えると，四角形EFGHの面積は，三角形CHEの面積より 17÷2＝8.5（cm²）だけ大きいとわかるから，

三角形CHEの面積は，三角形AFGの面積より 14.5－8.5＝**6**（cm²）大きい。

⑽　数字の列を下のようにグループ分けして考える。

　　①　　②　　　③　　　　④　　　　　⑤
　　2｜2，4｜2，4，6｜2，4，6，8｜2，4，6，8，10｜2，4，…

第 n グループには，2 から始まる連続する偶数（ぐうすう）が n 個並んでいることがわかる。

初めて 20 が現れるのは，20÷2＝10 より，第 10 グループの 10 個目だから，左から 1＋2＋…＋10＝

（1＋10）×10÷2＝**55**（番目）にある。

第 n グループまでに並ぶ数は（n＋1）×n÷2 で求めることができるから，計算結果が 818 に近くなる n をさが

すと，（40＋1）×40÷2＝820 より，第 40 グループの 40 個目の 2×40＝80 が，左から 820 番目とわかる。よっ

て，左から 819 番目は 78 で，818 番目は **76** である。

2　仕事全体の量を 1 として考えると，1 日にする仕事の量は，A 1 人では $\frac{1}{96}$，B 1 人では $\frac{1}{160}$，C 1 人では
$\frac{1}{150}$になる。

⑴　A，Bの 2 人が 1 日にする仕事の量は$\frac{1}{96}＋\frac{1}{160}＝\frac{8}{480}＝\frac{1}{60}$だから，仕上げるのに 1÷$\frac{1}{60}$＝**60**（日）かかる。

⑵　Cが 1 日働くと，AとBは 2 日働くことになり，このときの 3 人の仕事の量の合計は

　　$\frac{1}{150}×1＋\frac{1}{60}×2＝\frac{1}{25}$である。よって，仕上げるまでにCは 1÷$\frac{1}{25}$＝**25**（日）働く。

⑶　A，Bの 2 人が 56 日間仕事をすると，$\frac{1}{60}×56＝\frac{14}{15}$の仕事が終わるから，C 1 人は 1－$\frac{14}{15}＝\frac{1}{15}$の仕事を手伝えば

よく，その日数は $\frac{1}{15}\div\frac{1}{150}=10$（日）である。

3 (1) 1月16日におこづかいをもらったところで，Cの所持金は $3840+120\times16=5760$（円）になり，AとBの所持金の和は $5760\times3=17280$（円）になる。AとBは16日間で合わせて $120\times2\times16=3840$（円）をもらったから，12月31日のAとBの所持金の和は，$17280-3840=13440$（円）

(2) 母の誕生日プレゼントを買うために，BとCが出した金額の和と，Aが出した金額は同じだから，
1月26日におこづかいをもらったところでのBとCの所持金の和は，Aの所持金より4400円多かったとわかる。1日にもらうおこづかいは，BとCの合計が $120+120=240$（円）で，Aが120円だから，
1日経つごとにBとCの所持金の和と，Aの所持金は $240-120=120$（円）ずつ差が開いていく。
12月31日でのBとCの所持金の和と，Aの所持金の差は $4400-120\times26=1280$（円）になる。
12月31日での3人の所持金の和は $3840+13440=17280$（円）だから，
このときのAの所持金は $(17280-1280)\div2=8000$（円），Bの所持金は $13440-8000=5440$（円）である。

4 (1) 操作後にA，B，Cに入っている水の高さが同じだから，それぞれに入っている水の量の比は，底面積の比に等しく $6:10:15$ である。そこで操作後にA，B，Cに入っている水の量をそれぞれ ⑥，⑩，⑮ とおく。
BからCに水を移す前のBの水の量は $⑩\div(1-\frac{1}{6})=⑫$ で，BからCに移した水の量は $⑫-⑩=②$ だから，BからCに水を移す前のそれぞれの水の量は，Aが ⑥，Bが ⑫，Cが $⑮-②=⑬$ になる。
AからBに水を移す前のAの水の量は $⑥\div(1-\frac{1}{5})=⑦.5$ で，AからBに移した水の量は $⑦.5-⑥=①.5$ だから，AからBに水を移す前のそれぞれの水の量は，Aが ⑦.5，Bが $⑫-①.5=⑩.5$，Cが ⑬ になる。
よって，もっとも簡単な整数の比で表すと，$⑦.5:⑩.5:⑬=15:21:26$

(2) (1)と同じように考えていく。操作後にA，B，Cに入っている水の量をそれぞれ ① とする。
BからCに水を移す前のBの水の量は $①\div(1-\frac{1}{6})=\left(\frac{6}{5}\right)$ で，BからCに移した水の量は $\left(\frac{6}{5}\right)-①=\left(\frac{1}{5}\right)$ だから，BからCに水を移す前のそれぞれの水の量は，Aが ①，Bが $\left(\frac{6}{5}\right)$，Cが $①-\left(\frac{1}{5}\right)=\left(\frac{4}{5}\right)$ になる。
AからBに水を移す前のAの水の量は $①\div(1-\frac{1}{4})=\left(\frac{4}{3}\right)$ で，AからBに移した水の量は $\left(\frac{4}{3}\right)-①=\left(\frac{1}{3}\right)$ だから，AからBに水を移す前のそれぞれの水の量は，Aが $\left(\frac{4}{3}\right)$，Bが $\left(\frac{6}{5}\right)-\left(\frac{1}{3}\right)=\left(\frac{13}{15}\right)$，Cが $\left(\frac{4}{5}\right)$ になる。
CからBに水を移す前のCの水の量は $\left(\frac{4}{5}\right)\div(1-\frac{1}{5})=①$ で，CからBに移した水の量は $①-\left(\frac{4}{5}\right)=\left(\frac{1}{5}\right)$ だから，CからBに水を移す前のそれぞれの水の量は，Aが $\left(\frac{4}{3}\right)$，Bが $\left(\frac{13}{15}\right)-\left(\frac{1}{5}\right)=\left(\frac{2}{3}\right)$，Cが ① になる。
CからAに水を移す前のCの水の量は $①\div(1-\frac{2}{7})=\left(\frac{7}{5}\right)$ で，CからAに移した水の量は $\left(\frac{7}{5}\right)-①=\left(\frac{2}{5}\right)$ だから，CからAに水を移す前のそれぞれの水の量は，Aが $\left(\frac{4}{3}\right)-\left(\frac{2}{5}\right)=\left(\frac{14}{15}\right)$，Bが $\left(\frac{2}{3}\right)$，Cが $\left(\frac{7}{5}\right)$ になる。
円柱の中の水の高さの比は，水の体積に比例し，底面積に反比例するから，
高さの比は，$\left(\frac{14}{15}\times\frac{1}{6}\right):\left(\frac{2}{3}\times\frac{1}{10}\right):\left(\frac{7}{5}\times\frac{1}{15}\right)=35:15:21$

──── 《解答例》 ────

1 (1) 3　(2) 1　(3)①40　②8　(4)①255　②17　③3　(5)①29　②280　③35　(6)①10.5　②1

③14　(7)①20　②3　③5　(8)①73　②20　③6　(9)①37　②57

※**2** (1) $\frac{4}{13}$倍　(2) $\frac{1}{39}$倍　(3)19500 円

3 (1)1：6　(2)21 分間　※(3)毎分 840m　※(4)21 分 20 秒

※**4** (1) 9 時間　(2) 1 時間 45 分　　　　　　　　　　※**2**，**3**(3)(4)，**4**の式と計算は解説を参照してください。

──── 《解　説》 ────

1 (1)　与式 $=\frac{3}{2}\times\frac{13}{5}-(\frac{23}{10}-\frac{11}{6})\times\frac{27}{14}=\frac{39}{10}-(\frac{69}{30}-\frac{55}{30})\times\frac{27}{14}=\frac{39}{10}-\frac{14}{30}\times\frac{27}{14}=\frac{39}{10}-\frac{9}{10}=\frac{30}{10}=3$

(2)　与式より，$\{\frac{11}{6}-(\frac{47}{8}-\Box)\div\frac{27}{4}\}\times\frac{21}{8}=\frac{35}{12}$　　$\frac{11}{6}-(\frac{47}{8}-\Box)\div\frac{27}{4}=\frac{35}{12}\times\frac{8}{21}$　　$(\frac{47}{8}-\Box)\div\frac{27}{4}=\frac{11}{6}-\frac{10}{9}$

$(\frac{47}{8}-\Box)\div\frac{27}{4}=\frac{13}{18}$　　$\frac{47}{8}-\Box=\frac{13}{18}\times\frac{27}{4}$　　$\Box=\frac{47}{8}-\frac{39}{8}=\frac{8}{8}=1$

(3)　現在の子供 2 人と母の 3 人の年齢の和と，現在の父の年齢の和について，下のような線分図を考えると，

◇=（❶+20 歳）と表せる。

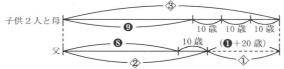

10 年後の父の年齢は②=（❽+10 歳），②=（❷+40 歳）の 2 通りで表せることから，❻=30 歳より，❶=5 歳

よって，現在の父の年齢は 5×8 ＝**40**（歳）となる。

また，現在の子供 2 人と母の年齢は 5×9 ＝45（歳）である。19 年後には子供 2 人の年齢の和と母の年齢が等しく

なることから，現在の子供 2 人の年齢の和と母の年齢の差は 19 歳とわかる。

したがって，現在の子供 2 人の年齢の和は（45−19）÷2 ＝13（歳）で，兄は弟より 3 歳年上だから，

現在の兄の年齢は（13＋3）÷2 ＝**8**（歳）となる。

(4)　三角形 AFH の面積は四角形 AFCH の面積から直角三角形 FCH の面積を引けば求められる。

長方形 ABCD の面積の $\frac{1}{5}$ は（25×30）× $\frac{1}{5}$ ＝150（c㎡）だから，四角形 AFCH の面積は，150×2 ＝300（c㎡）

直角三角形 ABF の面積も 300 c㎡だから，BF＝300×2÷25＝24（cm）より，FC＝30−24＝6（cm）

直角三角形 ADH の面積から，DH＝150×2÷30＝10（cm）より，CH＝25−10＝15（cm）

したがって，直角三角形 FCH の面積は 6×15÷2 ＝45（c㎡）だから，

三角形 AFH の面積は 300−45＝**255**（c㎡）となる。

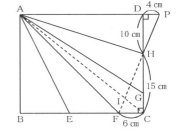

右図のように，FH と AD を延長して交わる点を P とすれば，大きさの異

なる同じ形の三角形の対応する辺の長さの比が等しいことを利用できる。

2 つの直角三角形 FCH と PDH において，FC：PD＝CH：DH＝2：3

より，PD＝FC× $\frac{2}{3}$ ＝4（cm）

2 つの三角形 AIP と CIF において，AI：CI＝AP：CF＝（30＋4）：6＝**17：3**

(5)　1 人の生徒に配る個数を 11−9 ＝2（個）増やすと，全員に配るのに必要な個数が 19＋39＝58（個）増えたから，

出席していた生徒の人数は 58÷2 ＝29（人）とわかり，みかんの個数は 9×29＋19＝**280**（個）となる。

クラスの人数は 280 の約数だから，29 より大きく 40 未満の 280 の約数を調べると，280＝35×8 より，クラスの人数は **35** 人となる。

⑹　AとBを 1：2 の割合で混ぜてできる 12%の食塩水と，AとBを 2：1 の割合で混ぜてできる 9%の食塩水を同じ量ずつ混ぜれば，AとBを同じ量ずつ混ぜたことと同じになる。このときにできる食塩水の濃度は
(12＋9)÷2＝**10.5**（**%**）である。

　　AとBを 1：2 の割合で混ぜて 12%の食塩水を作るとき，初めにAとBを 1：1 の割合で混ぜると 10.5%の食塩水ができ，ここに残りのBを混ぜると 12%の食塩水ができることから，右のようなてんびん図を考えられる。このてんびん図から，Bと 12%の食塩水の濃度の差は$(12-10.5)×\dfrac{2}{1}=3$（%）とわかるから，Bの濃度は
12＋3＝15（%）となる。同様に考えると，Aの濃度は 9－3＝6（%）となる。
したがって，右のようなてんびん図を考えれば，14.4%の食塩水ができるのはAとBを$\dfrac{1}{8.4}:\dfrac{1}{0.6}=$ **1：14** の割合で混ぜたときとわかる。

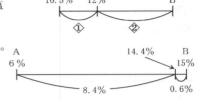

⑺　全体の合計点は 51.9×50＝2595（点）であり，このうち，(あ)と(い)を正解した分の得点の合計は
39.9×50＝1995（点）である。したがって，(う)を正解した分の得点の合計は 2595－1995＝600（点）だから，(う)の正解者は 600÷30＝**20**（人）とわかる。

　　(う)の正解者の得点は 100 点，65 点，30 点のいずれかが考えられるから，
得点が 30 点の人は 20－7－10＝**3**（人）とわかる。

　　以上のことから，得点が 35 点の人は，得点の合計が 2595－100×7－70×8－65×10－30×3＝595（点）だから，その人数は 595÷35＝**17**（人）とわかる。

　　よって，得点が 0 点の人は 50－7－8－10－17－3＝**5**（人）となる。

⑻　平方数(整数を 2 回かけた数)のある場所に注目して，数字の並べ方の規則を考える。

　　a を奇数とすれば，1 行目の a 列目に a×a があり，a 列目は 1 行目から a 行目にかけて数字が大きい順に並ぶ。また，b を偶数とすれば，b 行目の 1 列目に b×b があり，b 行目は 1 列目から b 列目にかけて数字が大きい順に並ぶ。このことから，1 行目の 9 列目に 9×9＝81 があるとわかり，9 行目の 9 列目の数字は 81－(9－1)＝**73** となる。また，395 に近い平方数を考えると，400＝20×20 より，20 行目の 1 列目に 400 があるとわかる。

　　395 は 400 より 5 小さい数だから，**20** 行目の 1＋5＝**6**（列目）にあるとわかる。

⑼　(ア)と(イ)から，1 と 5 の位置が右の図のように決まり，12 はA，B，Cのいずれかに入るとわかる。次に，(オ)からBとEに入る数字の和が 22－5－1＝16 とわかる

			D	A
5	1		E	B
			F	C

ことと，(ウ)，(エ)をそれぞれ満たすためには，2 と 12 はともにAかCのどちらかに入るとわかる。このことから，Aに 2，Cに 12 をあてはめると，Dは 25－16＝9，Fは 20－16＝4 となり，AとCにあてはめる数を入れかえるとDとFに入る数が入れかわるだけだから，2 の左隣に 9，12 の左隣に 4 があることがわかる。

　　残りの数(3，6，7，8，10，11)で和が 16 になる組み合わせを考えると 6 と 10 の組み合わせしかないことと，(イ)から，Bが 6，Eが 10 とわかる。したがって，6 を囲む 5 つの数の和は
2＋9＋10＋4＋12＝**37** となる。また，1 を囲む 8 つの数の和は
3＋4＋5＋7＋8＋9＋10＋11＝**57** となる。

			9	2
5	1		10	6
			4	12

2　かかった費用を①として，出した金額を考えていく。

⑴　かかった費用を①とすると，このうち，Aさんと兄と姉が出した金額は$①×\left(1-\dfrac{2}{3}\right)=\left(\dfrac{1}{3}\right)$と表せる。
Aさんと兄と姉が出した金額は兄と姉が出した金額の$1+\dfrac{1}{12}=\dfrac{13}{12}$(倍)だから，兄と姉が出した金額は
$\left(\dfrac{1}{3}\right)÷\dfrac{13}{12}=\left(\dfrac{4}{13}\right)$となり，かかった費用の$\dfrac{4}{13}$**倍**である。

⑵　Aさんが出した金額は$\left(\dfrac{4}{13}\right)×\dfrac{1}{12}=\left(\dfrac{1}{39}\right)$と表せるから，かかった費用の$\dfrac{1}{39}$**倍**とわかる。

(3) 兄が出した金額は $\left(\dfrac{1}{3}\right) \times \dfrac{4}{5} = \left(\dfrac{4}{15}\right)$ と表せるから，姉が出した金額は $\left(\dfrac{4}{13}\right) - \left(\dfrac{4}{15}\right) = \left(\dfrac{8}{195}\right)$ となる。

したがって，姉とAさんが出した金額の差は $\left(\dfrac{8}{195}\right) - \left(\dfrac{1}{39}\right) = \left(\dfrac{1}{65}\right)$ と表せるから，$\left(\dfrac{1}{65}\right) = 300$ 円より，① = **19500 円**

3 (1) A駅からC地点までの距離を⑤とすれば，C地点からB駅までの距離は②となり，A駅とB駅の間の距離は⑦と表せる。太郎君は⑤の距離を 30 分で走り，バスは⑦の距離を 7 分で走るから，その速さの比は $\dfrac{⑤}{30} : \dfrac{⑦}{7} = 1 : 6$ となる。

(2) 速さが一定のとき，ある道のりを移動するのにかかる時間は距離に比例するから，B駅を出発したバスがC地点に着くまでに 2 分かかるとわかる。太郎君がちょうどC地点に着いたときに太郎君の横を通ったバスは最初に太郎君と同時にA駅を出発したバスだから，このバスがC地点に着いた太郎君の横を通るまでに走っていた時間は 7 + 2 = 9（分）である。このバスがC地点に着いた太郎君の横を通るのは同時にA駅を出発した 30 分後だから，B駅で停車していた時間は 30 - 9 = **21（分間）**となる。

(3) 太郎君がA駅にもどるまでの 2 台のバスと太郎君の位置をグラフにすると，右図のようになる。2 回目に太郎君の横を通ったバスは，太郎君がA駅にもどったと同時にB駅に着いたから，太郎君が 1764 ÷ 360 = 4.9（分間）に進んだ 1764m をバスは 7 - 4.9 = 2.1（分）で進んだことになる。

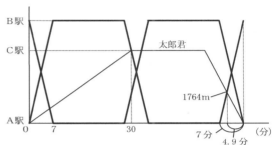

よって，1764 ÷ 2.1 = 840 より，バスの速さは**毎分 840m** となる。

(4) 太郎君が休んでいた時間は，太郎君がA駅を出発してからA駅にもどるまでの時間から，太郎君が移動していた時間を引けば求められる。なお，太郎君がA駅を出発してからA駅にもどるまでの時間は，最初に太郎君と同時にA駅を出発したバスに注目すれば求められる。

最初に太郎君と同時にA駅を出発したバスは，A駅→B駅→A駅→B駅と移動して，太郎君がA駅にもどったときにちょうどB駅に着いたから，太郎君がA駅を出発してからA駅にもどるまでの時間は，7 + 21 + 7 + 21 + 7 = 63（分）とわかる。また，A駅からC地点までの距離は 840 × 5 = 4200（m）だから，太郎君はC地点からA駅にもどるのに 4200 ÷ 360 = $11\dfrac{2}{3}$（分）かかる。したがって，太郎君がC地点で休んでいた時間は $63 - 30 - 11\dfrac{2}{3} = 21\dfrac{1}{3}$（分），つまり **21 分 20 秒**となる。

4 プールが満水になる水の量を①として，1 時間あたりに入れられる水の量を考える。

(1) 3 時間 36 分 = $3\dfrac{36}{60}$時間 = $\dfrac{18}{5}$時間だから，AとB両方で 1 時間に入れられる水は $① ÷ \dfrac{18}{5} = \left(\dfrac{5}{18}\right)$ と表せる。

したがって，Bだけを使った 4 時間で入れられた水は $① - \left(\dfrac{5}{18}\right) \times 2 = \left(\dfrac{4}{9}\right)$ となる。Bだけを使うと，1 時間で $\left(\dfrac{4}{9}\right) ÷ 4 = \left(\dfrac{1}{9}\right)$ の水が入れられるから，満水になるまでに $① ÷ \left(\dfrac{1}{9}\right) = 9$（時間）かかる。

(2) ポンプを使っていない状態だと，排水口は 1 時間あたりに $① ÷ 6 = \left(\dfrac{1}{6}\right)$ の水を排水することができるとわかるから，Bが故障して入れられなかった水の量と，排水口が排水した水の量の合計に注目する。

5 時間でAとB両方から入れられる水の量は $\left(\dfrac{5}{18}\right) \times 5 = \left(\dfrac{25}{18}\right)$ だから，Bが故障して入れられなかった水と，排水口から排水された水の合計は $\left(\dfrac{25}{18}\right) - ① = \left(\dfrac{7}{18}\right)$ である。Bが故障していた時間は排水口が開いていた時間の半分だから，排水口が開いていた時間は $\left(\dfrac{7}{18}\right) ÷ \left(\left(\dfrac{1}{9}\right) \times \dfrac{1}{2} + \left(\dfrac{1}{6}\right)\right) = \left(\dfrac{7}{18}\right) ÷ \left(\dfrac{4}{18}\right) = \dfrac{7}{4} = 1\dfrac{3}{4}$（時間），つまり **1 時間 45 分**となる。

═══════════════════ 《解答例》 ═══════════════════

1　(1) $1\frac{1}{2}$　〔別解〕1.5　(2) 2　(3)① 210　② 240　(4)① 11　② 36　(5)① 6　② 23　(6)① 24.56　② 9.42

　(7)① 12　② 18　(8)① 5　② 12453　(9)① 71　② $76\frac{2}{3}$

※ 2　(1) 3：1　(2) 252 個

※ 3　(1)分速 200m　(2)分速 300m　(3)6600m

※ 4　(1) 3 回　(2) 2 回　(3) 2 回，3 回，4 回，5 回

　　　　　　　　　　　　　　　　　　　　　　　　　　※ 2 ～ 4 の式と計算は解説を参照してください。

═══════════════════ 《解　説》 ═══════════════════

1　(1)　与式 $= 2 \div \frac{7}{4} \div \left(\frac{72}{21} - \frac{56}{21}\right) = 2 \times \frac{4}{7} \times \frac{21}{16} = \frac{3}{2} = 1\frac{1}{2}$

　(2)　与式より，$\frac{11}{5} \times \frac{100}{32} - \frac{105}{64} \div \left(2\frac{7}{8} - \square\right) = 5$　$\frac{105}{64} \div \left(2\frac{7}{8} - \square\right) = 5 - \frac{55}{8}$　$2\frac{7}{8} - \square = \frac{105}{64} \div \frac{15}{8}$

　　　$\square = 2\frac{7}{8} - \frac{7}{8} = 2$

　(3)　すべての仕事の量を 1 とすると，1 分間にする仕事の量は，A と B の 2 人では $\frac{1}{112}$，A と C の 2 人では $\frac{1}{140}$，

　　　A，B，C の 3 人では $\frac{1}{84}$ と表せる。B が 1 分間にする仕事の量は $\frac{1}{84} - \frac{1}{140} = \frac{2}{420} = \frac{1}{210}$ だから，B が 1 人でこの仕事を

　　　するのにかかる時間は，$1 \div \frac{1}{210} = \textbf{210}$（分）

　　　　また，A が 1 分間にする仕事の量は $\frac{1}{112} - \frac{1}{210} = \frac{7}{1680} = \frac{1}{240}$ だから，A が 1 人でこの仕事をするのにかかる時間は，

　　　$1 \div \frac{1}{240} = \textbf{240}$（分）

　(4)　5 円硬貨だけで 50 円にするには，$50 \div 5 = 10$（枚）使う。

　　　5 円硬貨 1 枚と 1 円硬貨 5 枚の金額が同じだから，1 円硬貨と 5 円硬貨を組み合わせて合計 50 円にする方法は，

　　　5 円硬貨の使う枚数が 0 ～ 10 枚までの **11** 通りある。

　　　　10 円硬貨の使う枚数で場合を分けると，⑦10 円硬貨を使う枚数が 0 枚の場合は，1 円硬貨と 5 円硬貨を組み合

　　　わせて 50 円にする方法と等しく，11 通りある。

　　　　②10 円硬貨を使う枚数が 1 枚の場合は，1 円硬貨と 5 円硬貨を組み合わせて $50 - 10 \times 1 = 40$（円）にする方法に等

　　　しい。$40 \div 5 = 8$ より，この場合の方法は，$8 + 1 = 9$（通り）ある。

　　　　⑦10 円硬貨を使う枚数が 2 枚の場合は，1 円硬貨と 5 円硬貨を組み合わせて $50 - 10 \times 2 = 30$（円）にする方法に等

　　　しい。$30 \div 5 = 6$ より，この場合の方法は，$6 + 1 = 7$（通り）ある。

　　　　㊀10 円硬貨を使う枚数が 3 枚の場合は，1 円硬貨と 5 円硬貨を組み合わせて $50 - 10 \times 3 = 20$（円）にする方法に等し

　　　く，表より，5 通りある。

　　　　㋑10 円硬貨を使う枚数が 4 枚の場合は，1 円硬貨と 5 円硬貨を組み合わせて $50 - 10 \times 4 = 10$（円）にする方法に等

　　　しい。$10 \div 5 = 2$ より，この場合の方法は，$2 + 1 = 3$（通り）ある。

　　　　㋩10 円硬貨を使う枚数が 5 枚の場合は，1 通りある。

　　　　⑦～㋩より，全部で $11 + 9 + 7 + 5 + 3 + 1 = \textbf{36}$（通り）ある。

　(5)　分子と分母の差は $47 - 35 = 12$ で変わらないことに注目する。

　　　　分子と分母から □ をひいた数が整数 x となるとき，$(47 - \square)$ は $(35 - \square)$ の x 倍の数であり，差の 12 は $(35 - \square)$ の

　　　$(x - 1)$ 倍の数にあたる。このことから，$(35 - \square)$ は 12 の約数とわかる。12 の約数は 1，2，3，4，6，12 の

　　　6 個だから，□ にあてはまる数は 6 個となり，できる整数も 6 個となる。

　　　　また，できる整数がもっとも小さくなるのは，$(35 - \square)$ が 1 番大きい 12 になるときだから，□ にあてはまる数

は，35－12＝**23**

(6) 右図のように補助線を引き，記号をおく。ただし，点Oは円の中心である。

このように補助線を引くと，ひし形ＡＢＣＤは１辺が6÷2＝3（cm）の正三角形8個

に分けることができ，角ＥＯＢ＝角ＧＯＢ＝角ＦＯＤ＝角ＨＯＤ＝60度

このことから，外側の太線の長さは，半径が3cmで中心角の大きさが60度のおうぎ形

の曲線部分4個と，長さが3cmの直線4個の和に等しく，

$2 \times 3 \times 3.14 \times \frac{60}{360} \times 4 + 3 \times 4 = 12.56 + 12 = $ **24.56**（cm）

⑦と①，④と②をそれぞれ合わせると，１辺の長さが3cmの正三角形になることから，⑦と①と⑦，④と②と

⑤をそれぞれ合わせると，半径が3cmで中心角の大きさが60度のおうぎ形になる。

よって，斜線部分の面積の和は，$3 \times 3 \times 3.14 \times \frac{60}{360} \times 2 = $ **9.42**（cm²）

(7) 70点未満の人数を①，80点以上の人数を②として，70点未満，70点以上80点未満，

80点以上の人の合計得点を，右のような面積図で考える。

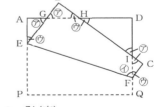

右図において，縦の長さは平均点，横の長さは人数を表しており，⑦の面積は，①と⑦

の面積の合計に等しくなる。⑦と⑦の面積は，それぞれ(76－57)×①＝⑲，

(84－76)×②＝⑯と表せるから，①の面積は⑲－⑯＝③となる。

このことから，70点以上80点未満の人数は③÷(78－76)＝1.5となり，①＋1.5＋②＝4.5がクラスの人数

の54人にあたる。

①＝54÷4.5＝12より，70点未満の人数は**12**人，70点以上80点未満の人数は12×1.5＝**18**（人）となる。

(8) 5の倍数は一の位が5か0だから，ＢＣＤが5の倍数より，Ｄは**5**とわかる。4の倍数は下2桁が4の倍数だ

から，ＡＢＣが4の倍数より，ＢＣにあてはまる数は12，24，32が考えられる。また，3の倍数は各位の数の和

が3の倍数になるから，ＣＤＥ＝Ｃ5Ｅが3の倍数より，Ｃにあてはまる数が2か4のときにＣ＋5＋Ｅの和が

3の倍数となるようなＥにあてはまる数を考える。

Ｃが2のとき，2＋5＋Ｅ＝7＋Ｅが3の倍数となるようなＥを，1，3，4の中から考えると，条件にあう数

はない。

Ｃが4のとき，4＋5＝Ｅ＝9＋Ｅが3の倍数となるようなＥを，1，2，3の中から考えると，Ｅが3であれ

ば条件にあう。

以上より，Ｂは2，Ａは1となるから，ＡＢＣＤＥは**12453**である。

(9)〔1〕ＤＦとＢＣの交わる点をＩ，元のＢ，Ｃの位置をそれぞれＰ，Ｑとして，

大きさが等しい角度に同じ記号をかいていくと右図のようになる。

三角形の内角の和は180度だから，直角三角形ＢＧＨにおいて，

⑦＝180－90－52＝38（度）

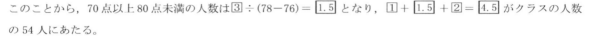

折り返した角度の大きさは等しいから，角ＥＦＱ＝角ＥＦＣ＝①＋⑦

角ＥＦＱ＋角ＥＦＤ＝180度だから，①＋①＋⑦＝180度より，①＝(180－38)÷2＝**71**（度）

〔2〕〔1〕の解説の図で，直角三角形ＡＥＧと同じ形の直角三角形である，ＢＨＧ，ＤＨＩ，ＣＦＩの辺の長さを考え

る。直角三角形ＡＥＧは3辺の長さの比がＡＧ：ＡＥ：ＥＧ＝3：4：5だから，直角三角形ＢＨＧは直角三

角形ＡＥＧと合同だから，ＢＨ＝ＡＥ＝4cm，ＧＨ＝ＧＥ＝5cm　ＤＨ＝ＡＤ－ＡＧ－ＧＨ＝8（cm）

直角三角形ＤＨＩにおいて，ＤＩ＝ＤＨ×$\frac{3}{4}$＝6（cm），ＨＩ＝ＤＨ×$\frac{5}{4}$＝10（cm）

ＢＣ＝ＡＤ＝16cmだから，ＣＩ＝ＢＣ－ＢＨ－ＨＩ＝2（cm）

直角三角形ＣＦＩにおいて，ＦＩ＝ＣＩ×$\frac{5}{3}$＝$\frac{10}{3}$(cm)

重なった部分の面積は，台形ＡＥＦＤの面積から，２つの直角三角形ＡＥＧとＤＨＩの面積を引けば求められるから，ＤＦ＝ＤＩ＋ＦＩ＝$\frac{28}{3}$(cm)より，求める面積は，

$\left(4+\frac{28}{3}\right)\times16\div2-3\times4\div2-6\times8\div2=\frac{320}{3}-6-24=\frac{230}{3}=76\frac{2}{3}$(cm²)

2 (1) 取り出した白玉と赤玉の個数の比の差の ９－７＝２ と，最初に入っていた白玉と赤玉の個数の比の差の

６－５＝１ にあたる個数が同じであれば，取り出した後の袋の中に残った白玉と赤玉の個数が等しくなる。このことから，取り出した白玉の個数を⑨とすると，取り出した白玉と赤玉の個数の差は②となり，最初に入っていた白玉の個数は②×$\frac{6}{1}$＝⑫と表せる。袋の中に残っている白玉の個数は⑫－⑨＝③だから，求める個数の比は ⑨：③＝３：１ となる。

(2) (1)と比べると，この問題では取り出した白玉と赤玉の個数の比の差が 14－11＝3 となるから，２と３の最小公倍数は６より，取り出した白玉と赤玉の個数を6とすると，最初の白玉の個数は，6×$\frac{6}{1}$＝36

(1)のときに取り出した白玉の個数は，6×$\frac{9}{2}$＝27 この問題で取り出した白玉の個数は，6×$\frac{14}{3}$＝28

よって，(1)のときと比べて取り出した白玉の個数の差28－27＝1が袋の中に残った白玉の個数の差の７個にあたるから，最初の白玉の個数は，7×$\frac{36}{1}$＝252(個)

3 (1) Ａ地点からＢ地点までの距離を16とすると，Ｂ地点からＣ地点までの距離は15となる。太郎君は，Ａ地点からＢ地点までに 24 分かかり，Ｂ地点からＣ地点までに 49－24＝25(分) かかったから，１分あたりに進んだ距離は，Ａ地点からＢ地点の間では16÷24＝$\left(\frac{2}{3}\right)$，Ｂ地点からＣ地点の間では15÷25＝$\left(\frac{3}{5}\right)$ と表すことができ，これらの差の$\left(\frac{2}{3}\right)-\left(\frac{3}{5}\right)=\left(\frac{1}{15}\right)$が遅くした 20m にあたる。

①＝20×15＝300，300×$\frac{2}{3}$＝200 より，求める速さは，**分速 200m**

(2) (1)より，Ａ地点からＢ地点までの距離は 300×16＝4800(m)

次郎君のＡ地点からＢ地点までとＢ地点からＣ地点までの速さの比が４：３だから，それぞれの道のりにかかった時間の比は(16÷4)：(15÷3)＝４：５となる。この比の和の４＋５＝９が，Ａ地点からＣ地点までにかかった 46－10＝36(分)にあたるから，次郎君がＡ地点からＢ地点までにかかった時間は，36×$\frac{4}{9}$＝16(分)

4800÷16＝300 より，求める速さは，**分速 300m**

(3) (2)より，次郎君がＢ地点を通るのは７時 10 分＋16 分＝７時 26 分とわかり，これは太郎君がＢ地点を通過した時間よりも遅い。つまり，次郎君が太郎君に追いついたのはＢ地点からＣ地点までの間とわかる。

200－20＝180，300×$\frac{3}{4}$＝225 より，Ｂ地点からＣ地点までの速さは，太郎君が分速180m，次郎君が分速225mである。次郎君がＢ地点を通過したとき，太郎君はＢ地点から 180×(26－24)＝360(m)進んだところにおり，この後の２人の間の距離は１分ごとに 225－180＝45(m)ずつ短くなる。よって，次郎君が太郎君に追いつくのは，Ｂ地点を通過した 360÷45＝8 (分後)だから，これはＡ地点から 4800＋225×8 ＝**6600(m)**のところである。

4 (1) ３だけを 10 回引くと，その和は３×10＝30 となり，実際より 36－30＝6 少なくなる。１回引いたカードが３から５にかわると，和は 5－3＝2 大きくなるから，５を引いた回数は，6÷2＝**3 (回)**

(2) どのカードも１回は引いているのだから，7－3＝4 (回)引いた和が 37－3－5－8＝21 となるような引き方を考える。21÷8＝2 余り 5 より，8は多くても４回のうち２回までしか引けないから，8を引いた回数で場合を分けて考える。8が２回だと，残りの 4－2＝2 (回)で和が 5 となる引き方はない。8が１回だと，残りの 4－1＝3 (回)で和が 21－8＝13 となる引き方は，13＝3×$\underline{1}$＋5×$\underline{2}$より，3を1回，5を2回となる。8が0回だと，残りの4回で和が 21 となる引き方はない。以上のことから，３を引いた回数は 1＋1＝**2 (回)**となる。

(3) 実際の９回の和として考えられるのは，57－3＝54，57－5＝52，57－8＝49 である。52÷5＝10 余り 2，

54÷8＝6余り6より，8を引いた回数は少なくとも1回，多くても6回だから，それぞれの9回の和について，8を引いた回数とそのときの3と5の和を求めると右表のようになる。この表の中で，3と5の回数の和と，そのときの3と5の和が条件にあうのは，

$3×\underline{1}+5×\underline{6}+8×\underline{2}=49$，$3×\underline{1}+5×\underline{5}+8×\underline{3}=52$，

$3×\underline{4}+5×\underline{1}+8×\underline{4}=49$，$3×\underline{3}+5×\underline{1}+8×\underline{5}=54$ の4通りである。よって，8を引いた回数は，**2回**，**3回**，**4回**，**5回**となる。

8の回数	3と5の和			3と5の回数
	54	52	49	の回数
1回	46	44	41	8回
2回	38	36	33	7回
3回	30	28	25	6回
4回	22	20	17	5回
5回	14	12	9	4回
6回	6	4	1	3回

理 科

━━━━━━━━━━━━━ 《解答例》 ━━━━━━━━━━━━━

【1】(1)(エ)　　(2)完全　　(3)(エ)

【2】(1)(イ)　　(2)気孔　　(3)(ウ)　　(4)①(ウ)　②(オ)　③(ク)　　(5)(ウ)　　(6)①(エ)　②(イ)　　(7)(ウ)
　　(8)61

【3】(1)蒸発　　(2)あ.(イ)　い.(オ)　う.(カ)　　(3)(エ)　　(4)運ぱん　　(5)(ア)　　(6)b　　(7)(ウ)

【4】(1)二酸化炭素　　(2)(エ),(オ)　　(3)5：4　　(4)12.5　　(5)187　　(6)85

【5】(1)A.24　B.48　　(2)10　　(3)10　　(4)右／10　　(5)(ア)

【6】A.(ア),(ウ),(エ)　　B.(1)1.0　(2)1.7　(3)7

━━━━━━━━━━━━━ 《解　説》 ━━━━━━━━━━━━━

【1】

(1)　アゲハチョウの幼虫はミカン科の植物の葉を食べる。なお，モンシロチョウの幼虫はキャベツなどのアブラナ科の植物の葉を食べる。

(2)(3)　完全変態に対し，さなぎの時期を経ずに幼虫から成虫になる成長のしかたを不完全変態という。アゲハチョウ，カブトムシ，カイコは完全変態，トンボとコオロギは不完全変態である。

【2】

(3)　光合成は，葉緑体に光が当たると，水と二酸化炭素を材料にして，デンプンと酸素をつくりだすはたらきである。

(5)　インゲンマメは，子葉が地上に出てくるように発芽する。また，根は主根という太い根から側根という細い根が出るので，(ウ)が正答となる。

(6)　①光の強さが500ルクスのときはデンプン量が増減していないので，光合成で合成するデンプン量と呼吸で分解されるデンプン量が同じ，つまり，光合成と呼吸を同じくらいさかんに行っているということである。②光の強さが0ルクスのときは光合成をまったく行わず，呼吸だけを行っている。

(7)　(6)②より，呼吸によって分解されるデンプン量は2gだとわかる。したがって，光合成で合成するデンプン量が2gの2倍の4gになるのは，表のデンプン量の増減が4－2＝2(g)増加となる1000ルクスのときである。

(8)　光の強さが5000ルクスのとき，デンプン量は10時間で16g増加するから，14時間では$16 \times \frac{14}{10} = 22.4$(g)増加する。また，光の強さが0ルクスのとき，デンプン量は10時間で2g減少するから，1日では22.4－2＝20.4(g)増加する。したがって，3日間では20.4×3＝61.2→61g増加する。

【3】

(2)　「きり」や「もや」は，空気中の水蒸気が冷やされることで水に変化して目に見える状態になったものである。したがって，これらの現象が見られやすいのは，一日の中で一番気温の低い時間帯である夜明け前である。

(3)　(ア)日本上空には偏西風という西風がふいているため，雲はこの風に運ばれて西から東へ移動する。(イ)一日中雲が多いときは，熱の出入りが少なくなるので，気温が変化しにくい。(ウ)快晴，晴れ，くもりは，空全体を

占める雲の割合で決まっている。割合が0，1のときは快晴，2〜8のときは晴れ，9，10のときはくもりである。

(5) (A)流れる水の量が多い時は，運ぱんされる土砂の量が多くなるので，水がにごりやすい。(B)川が曲がっているところでは，内側の方が流れがおそいため，土砂がたい積しやすく，川原ができやすい。なお，外側では流れが速いため，川岸や川底がしん食されやすく，がけができやすい。(C)山間部では，川のかたむきが急であるため流れが速く，流れがおそい河口部よりもしん食が強い。

(6) 北極には大陸がないため，川や地面上の水とは循環(じゅんかん)の関係にない。海の水がこおったりとけたりして循環しているので，bが正答となる。

(7) (ウ)土地に水をたくわえるはたらきがないと，上流で降った雨がすべて下流に流れ，大雨のたびに大水の被害が出るおそれがある。

【4】

(2) 二酸化炭素は水に溶ける性質があるので，発生した二酸化炭素をそのままメスシリンダーに集めると，一部が水に溶けて，発生した二酸化炭素の体積を正確にはかることができない。このため，二酸化炭素よりも水に溶けにくい空気に置きかえてメスシリンダーに集めれば，より正確な体積をはかることができる。500mL の三角フラスコ内では，空気より重い二酸化炭素は下の方にたまり，発生した二酸化炭素の体積と同じ体積の空気をおし出すことになる。

(3) 実験1の結果の表で，C，D，EのときにはＢＴＢ溶液(ようえき)の色が黄色になっているから，酸性の塩酸が残っていることがわかる。したがって，CからDへと塩酸の体積を 5mL 増やしたときに，ちょうど中和するのに必要な水酸化ナトリウム水溶液が 4mL 増えているから，5：4 が正答となる。

(4) Cで残っていた塩酸は，水酸化ナトリウム水溶液 2mL とちょうど中和したから，その体積は(3)の比を利用して，$2 \times \frac{5}{4} = 2.5$(mL)と求められる。したがって，炭酸カルシウム 1.0ｇとちょうど反応した塩酸は 15−2.5＝12.5(mL)である。

(5) 残った塩酸は，水酸化ナトリウム水溶液 7.5mL とちょうど中和したから，その体積は $7.5 \times \frac{5}{4} = 9.375$(mL)である。したがって，反応した塩酸は 20−9.375＝10.625(mL)であり，塩酸 5mL が反応すると気体が 88mL 発生するから，$88 \times \frac{10.625}{5} = 187$(mL)が正答となる。

(6) (4)より，炭酸カルシウム 1.0ｇとちょうど反応する塩酸が 12.5mL で，(5)より，石灰石 1.0ｇとちょうど反応する塩酸が 10.625mL である。塩酸 10.625mL でとかすことができる炭酸カルシウムは $1.0 \times \frac{10.625}{12.5} = 0.85$(ｇ)だから，石灰石 1.0ｇには 0.85ｇの炭酸カルシウムが含(ふく)まれている。したがって，$\frac{0.85}{1.0} \times 100 = 85$(%)が正答となる。

【5】

(1) 両端(はし)から 1本の糸で支えて水平にすることができる点までの距離(きょり)の比は，左右の糸にかかる重さの逆比と等しい。棒Aでは，重さの比が，左：右＝20：30＝2：3だから，距離の比は，左：右＝3：2であり，左端から $40 \times \frac{3}{3+2} = 24$(cm)である。同様に棒Bでは，重さの比が，左：右＝1：4で，距離の比は，左：右＝4：1になるから，左端から $60 \times \frac{4}{4+1} = 48$(cm)である。

(2) 棒の重さはすべて，(1)で求めた点(重心という)にかかると考えてよい。左右の糸にかかる重さの比は，重心からの距離の逆比と等しい。重心は左端から 24cmだから，左の糸は重心から左に 24−20＝4(cm)，右の糸は重心から右に 40−24＝16(cm)の位置を支えている。重心からの距離の比が，左：右＝4：16＝1：4だから，重さの比は，左：右＝4：1となる。したがって，右端の糸が支える重さは $50 \times \frac{1}{4+1} = 10$(ｇ)である。

(3) 支点の左右で棒をかたむけるはたらき〔おもりの重さ×支点からの距離〕の大きさに着目する。棒Bの重心は左端から 48cmで，ここに 50ｇの重さがかかる。糸から重心までの距離は 48−30＝18(cm)だから，棒Bの重さによ

(26)

る右にかたむけるはたらきは 50×18＝900 である。次に，棒Aによる棒Bを左にかたむけるはたらきを考えると，図1より，棒Aの両端にかかる重さは右端の方が 10g 大きいので，図3では，棒Aの右端が 10g で棒Bの左端を引いていると考えればよい。したがって，棒Bを左にかたむけるはたらきは 10×30＝300 であり，30g のおもりをつるすことで，棒Bを左にかたむけるはたらきが 900－300＝600 大きくなるようにすればよいので，おもりは支点から左に 600÷30＝20（cm）のところ，つまり，棒Bの左端から 30－20＝10（cm）のところにつるせばよい。

(4) 糸を右に1cmずらすと，棒Bを左にかたむけるはたらきが 10×1＝10 大きくなり，右にかたむけるはたらきが 50×1＝50 小さくなるので，差が 10＋50＝60 小さくなる。(3)と同様に考えて，この差が 600 小さくなる（差がなくなる）ようにすればよいので，右に 600÷60＝10（cm）ずらせばよい。

(5) 左の棒Aと棒Bの関係は図3のときと同じだから，棒Bの左端は左の棒Aから下向きに 10g の力で引かれる。これに対し，棒Bの右端は右の棒Aから上向きに 10g の力で引かれる。図1で，棒Bの左端には 10g，右端には 40g の重さがかかるから，図4では，棒Bの左端に 10＋10＝20（g），棒Bの右端に 40－10＝30（g）の重さがかかり，棒Bは右にかたむく。

【6】

A （ア)検流計や電流計を直接かん電池につなぐと，大きな電流が流れて針がふり切れてしまうおそれがある。(ウ)図1の左下にある縦線2本の記号が電源の記号であり，長い方が＋極，短い方が一極を表す。電流は＋極から出て一極に流れているから，電流の向きは時計回りである。(エ)検流計の切りかえスイッチは，まず，より大きな電流を測定できる5Aの方にし，針のふれが小さければ0.5Aの方に切りかえる。

B(1) ふりこの周期は糸の長さによって決まっている。糸の長さを 0.50m から4倍の 2.0m になると，周期は 1.4 秒から2倍の 2.8 秒になるから，糸の長さが 1.0m の $\frac{1}{4}$ 倍の 0.25m では，周期は 2.0 秒の $\frac{1}{2}$ 倍の 1.0 秒になる。糸の長さが4倍，9倍，16倍，…になると，周期が2倍，3倍，4倍，…になる，ということである。　(2)　くぎの右半分を糸の長さが 1.0m で 0.5 往復，くぎの左半分を糸の長さが 0.5m で 0.5 往復するから，(2.0÷2)＋(1.4÷2)＝1.7（秒）が正答となる。　(3)　糸の長さが 1.0m で1往復すると 2.0 秒，図2の状態で1往復すると 1.7 秒かかり，1往復の差は 0.3 秒である。糸の長さが 1.0m で10往復すると 2.0×10＝20（秒）かかり，(3)の測定では，10往復する時間が 20 秒より 20－17.9＝2.1（秒）短いから，10往復のうち 2.1÷0.3＝7（往復）が図2の状態でふれたことになる。

═══════════════════ 《解答例》 ═══════════════════

【1】(1)(ウ)　(2)(イ)　(3)(イ), (ウ)　(4)精子　(5)(エ)　(6)(イ)→(ア)→(エ)→(ウ)　(7)体内に栄養をたく
わえているから。　(8)(ア), (イ)　(9)実験…(イ)　結果…(キ)／実験…(ウ)　結果…(キ)

【2】(1)(オ)　(2)B.(オ)　C.(ケ)　(3)(オ)　(4)ひまわり　(5)季節…冬　気象用語…(イ)　(6)(エ)　(7)(ア)

【3】(1)塩化水素　(2)(イ), (オ), (キ)　(3)中和　(4)塩化ナトリウム〔別解〕食塩　(5)(カ)　(6)2.9　(7)6.8
(8)10.2

【4】(1)(ケ)　(2)(エ), (オ)　(3)(ク), (コ), (サ)

【5】(1)40　(2)0.5　(3)0.1　(4)27.5　(5)94

═══════════════════ 《解　説》 ═══════════════════

【1】

(1)　水そうでは，水の入れ替わりがなく，メダカが呼吸するための空気(酸素)が不足してしまうので，ポンプによっ
て空気を送りこむ必要がある。

(2)　オス・メスのひれのちがいは右図のとおりである。

(4)　ヒトなどのホニュウ類とちがい，メダカなどの魚
類はからだの外で受精が行われる。

(5)　メダカは水草に卵を産みつけるため，産卵させたい場合には，水そうの中に水草を用意しておく必要がある。

(7)　ふ化したばかりのメダカは，腹にふくろをつけている。これは，ふ化するまでの成長に使った栄養の残りであり，
ふ化直後でえさがうまく取れない2～3日の間はこの栄養を使って成長する。

(8)　図1のお見合いでは，水は混ざらず，メダカどうしの直接の接触もないので，(ウ)のにおいや(オ)のはだざわ
りは伝わらない。また，容器は，電気を通さないプラスチック製なので，(エ)の電気も伝わらない。

(9)　実験1と実験2だけでは，メダカがお見合いしたその異性を覚えていたため時間が短くなったのか，お見合いを
すること自体で(他のメダカに慣れるなどの効果が出て)時間が短くなったのか，判断できない。したがって，実験1
と2に加えて，「お見合いはするが，一緒に水そう3に入れるメダカはお見合いしたメダカとは別の異性」という条
件の実験をする必要がある。(イ)はオスが，(ウ)はメスがお見合いしたメダカとは別の異性になっていて，この結果
が実験2と同程度の時間であれば，異性を1匹1匹区別していることが証明できる。

【2】

(1)　日本の標準時は，東経135°の経線上にある兵庫県明石市を基準に定められている。

(2)　地球は24時間で360°→1時間で$\frac{360}{24}$＝15(°)自転している。また，太陽は東から西に動いて見える。愛媛県松山
市(東経132.5°)は，明石市よりも135－132.5＝2.5(°)西にあるので，松山市の南中時刻は明石市よりも，$\frac{2.5}{15}$＝$\frac{1}{6}$
(時間)→10分間おそくなる。

(3)　地球の赤道の円周は6400×2×3.14＝40192(km)である。赤道上の一点は，24時間で40192km動くので，1時間
では$\frac{40192}{24}$＝1674.6…→1675 km動く。この値に最も近いのは(オ)である。

(4)(7) 気象衛星ひまわりは，地球の自転と同じ向きに同じ周期で地球の周りを公転することで，いつも同じ位置から地球を観測できるようになっている(静止衛星という)。地球は北極上空から見て反時計回りに自転している。

(5) 日本海を中心に筋状の雲が見られる。これは，西高東低の気圧配置となる冬によく見られる雲である。

(6) 台風には，風が反時計回りに風が吹きこむ。図2で，観測地点の風向きは，南よりから西よりになり，さらに北よりになっているので，図4より，台風の中心が観測地点の南側を図3の(エ)のように通過したとわかる。

【3】

(2) (ア)は中性，(ウ)，(エ)，(カ)はアルカリ性，(イ)，(オ)，(キ)は酸性である。

(3)(4) 塩酸と水酸化ナトリウム水溶液(すいようえき)が中和して，水と塩化ナトリウム(食塩)ができる。

(5) (D)より，塩酸と水酸化ナトリウム水溶液は 100：80＝5：4 の体積比でちょうど中和する。したがって，(C)で，水酸化ナトリウム水溶液 60 ㎤とちょうど中和する塩酸は $60 \times \frac{5}{4} = 75$(㎤)で，160 ㎤中に 100−75＝25(㎤)の塩酸が残っていることになる。したがって，元の塩酸 160 ㎤と比べると，25÷160＝0.15625(倍)のこさである。

(6) (C)より，水酸化ナトリウム水溶液 40 ㎤とちょうど中和する塩酸は $40 \times \frac{5}{4} = 50$(㎤)である。100 ㎤の塩酸が反応すると 5.8 g の白色固体が得られるので，50 ㎤では $5.8 \times \frac{50}{100} = 2.9$(g)である。

(7) 加えた水酸化ナトリウム水溶液 100 ㎤のうち，80 ㎤が塩酸 100 ㎤と反応して 5.8 g の塩化ナトリウムが得られる。また，水酸化ナトリウム水溶液が 100−80＝20(㎤)残るので，80 ㎤の水酸化ナトリウム水溶液から 4.0 g の水酸化ナトリウムが残ったことから，残った 20 ㎤の水酸化ナトリウム水溶液の水分を蒸発させると $4.0 \times \frac{20}{80} = 1$(g)の水酸化ナトリウムが残る。したがって，合計で 5.8＋1＝6.8(g)の固体が得られる。

(8) (A)と(F)を混ぜ合わせると，塩酸が 100＋100＝200(㎤)，水酸化ナトリウム水溶液が 20＋120＝140(㎤)になる。水酸化ナトリウム水溶液 140 ㎤とちょうど中和する塩酸は $140 \times \frac{5}{4} = 175$(㎤)なので，$5.8 \times \frac{175}{100} = 10.15 \rightarrow 10.2$ g の塩化ナトリウムが得られる。なお，このとき，水酸化ナトリウム水溶液は残らず，200−175＝25(㎤)の塩酸が残るが，塩酸は気体の水溶液なので，得られる固体は塩化ナトリウムだけである。

【4】

豆電球に流れる電流の大きさは〔$\frac{直列につながれた電池の数}{直列につながれた豆電球の数}$〕で表すことができる。図1では，電池2個に豆電球3個が直列につながれているので，豆電球(ア)，(イ)，(ウ)に $\frac{2}{3}$ の電流が流れる。図2では，並列つなぎの電池2個は電池1個と同じと考え，豆電球(エ)と(オ)に $\frac{1}{2}$ の電流が流れる。図3では，電池1個に豆電球(カ)と(キ)の並列部分がつながれているので，それぞれの豆電球に $\frac{1}{1} = 1$ の電流が流れる。また，豆電球(ク)は両端(りょうたん)が電池のマイナス極につながれていてつかない。図4では，豆電球(コ)と(サ)は両端が導線でつながれているのでつかず，豆電球(ケ)に電池2個が直列につながれているので，$\frac{2}{1} = 2$ の電流が流れる。したがって，流れる電流が大きい順(明るい順)に，(ケ)＞(カ)＝(キ)＞(ア)＝(イ)＝(ウ)＞(エ)＝(オ)となり，(ク)，(コ)，(サ)がつかない。

【5】

(1) 支点の左右で，棒を回転させるはたらき〔重さ×支点から重さがかかる点までの距離(きょり)〕が等しくなれば，棒は水平に保たれる。棒1と棒2の重さの比は1：2なので，図Iのように支点からの距離がその逆の比になればよい。したがって，棒1の支点から右に 20 ㎝，左端からは 40 ㎝である。

図I

(2) 支点までの距離の関係は図IIのようになる。棒を回転させるはたらきは，支点の左で0.5×10＝5，支点の右で1×20＝20となり，支点の左の方が 20−5＝15 小さいので，左端につるすおもりを□kgとすると，□×30＝15 より，□＝0.5(kg)となる。

図II

(3) 図III参照。棒を回転させるはたらきは，支点の左で $0.5×25＝12.5$，支点の右で $0.3×35＝10.5$ となり，支点の右の方が $12.5－10.5＝2$ 小さいので，棒3の重さを□kgとすると，$□×20＝2$ より，$□＝0.1$(kg)となる。

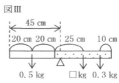

図III

(4) 棒3の重さが0.1kgなので，棒1と棒3の重さがかかる点の間の距離(45cm)を，重さの比(0.5：0.1＝5：1)と逆の比に分ける点に支点があればよい。これは，棒1の重さがかかる点から右に $45×\dfrac{1}{1+5}＝7.5$(cm)の点なので，左端からは $20＋7.5＝27.5$(cm)である。

(5) 図IV参照。棒を回転させるはたらきは，支点の左で $0.5×35＋1×5＝22.5$，支点の右で $0.1×30＝3$ となり，支点の右の方が $22.5－3＝19.5$ 小さいので，0.5kgのおもりをつるす位置を支点から右に□cmとすると，$0.5×□＝19.5$ より，$□＝39$(cm)となる。したがって，左端からは $55＋39＝94$(cm)である。

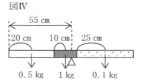

図IV

平成 29 年度 解答例・解説

《解答例》

【1】(1)(イ)，(エ)　(2)(イ)，(オ)　(3)心室　(4)D　(5)①酸素　②二酸化炭素　(6)13.4

【2】(1)(エ)　(2)(オ)　(3)① a，b，c　②(イ)　③(キ)

【3】(1)A　(2)C.(ウ)　H.(エ)　(3)C.(ア)　H.(カ)　(4)C.(カ)　F.(イ)　(5)(エ)

【4】A.(ウ)　B.(エ)　C.(キ)　D.(ア)　E.(ク)　F.(イ)　G.(カ)

【5】①(イ)　②(ア)　③(オ)　④(ウ)　⑤(エ)　⑥(イ)　⑦(エ)

【6】(1)0.4　(2)5　(3)0.8　(4)15　(5)1.4　(6)20

《解　説》

【1】

(1) 胃は強い酸性の消化液を出すので(ア)は誤り。胆汁には消化酵素は含まれないので(ウ)は誤り。

(2) だ液はデンプンを消化して糖に変えるので(ア)と(ウ)は誤り。だ液のはたらきでデンプンが糖に変わったため，ヨウ素液の色は変化しないので(エ)は誤り。

(3) 肺や全身から血液がもどってくる心臓の部屋が心房，血液を肺や全身に送り出す心臓の部屋が心室である。

(4) Aは全身から血液がもどってくる右心房，Cは心臓から肺に血液を送り出す右心室。Bは肺から血液がもどってくる左心房，Dは心臓から全身に血液を送り出す左心室である。

(5) 肺で二酸化炭素を排出し酸素を取り込んだ血液は，心臓から体の各部に送られる。そこで発生した二酸化炭素を取り込んだ血液は，心臓に戻され肺に送られる。

(6) $0.08×140×30×\dfrac{0.2}{1}×0.2＝13.44→13.4$(L)

【2】

(1) 葉の表側，葉の裏側，茎からの蒸散の量を測りたいので，蒸散以外で水が減らないようにする。そのために，水面に油を浮かべて，水面からの水の蒸発を防いでいる。

(2) 図で輪状に並んでいるものを維管束(いかんそく)といい，根から吸い上げた水を運ぶ道管(どうかん)という管と，葉でつくられた栄養分を全身に運ぶ師管(しかん)という管がたくさん集まってできている。維管束の中で道管は師管よりも茎の内側にある。

(3)① 葉の表側からの蒸散量を表，葉の裏側からの蒸散量を裏，茎からの蒸散量を茎とすると，Aの蒸散量 a ＝ 表＋裏＋茎，Bの蒸散量 b ＝ 裏＋茎，Cの蒸散量 c ＝ 表＋茎である。したがって，最も蒸散量の多いのは a であ

り葉の表側より葉の裏側の方が気孔が多いことからb＞cなので，a＞b＞cだとわかる。

② 裏＝（表＋裏＋茎）－（表＋茎）＝a－cである。

③ 茎＝（裏＋茎）＋（表＋茎）－（表＋裏＋茎）＝b＋c－aである。

【3】

(1) 日食は，太陽と地球の間に月が入って太陽をかくす現象なので，月が太陽と同じ方角にあるAのときである。

(2) Cは，地球から見て，太陽が右側から月を照らしていて半分が光って見えるので，（ウ）の月が見える。また，Hは，地球から見て，太陽が左側から月を照らしていて，光って見える部分は半分より小さいので，（エ）の月が見える。

(3) Cの月は上弦の月で，日の入りごろ南の空に見える。Hの月は新月（Aの位置の月）と下弦の月（Gの位置の月）の間にあり，新月は太陽と同じ位置に，下弦の月は日の出ごろ南の高い空に見えるので，Hの月は日の出ごろ南東の空に見える。

(4) 同じ日に地球から見える月と月から見える地球は，光る部分が反対になる。

(5) 月の自転の速さは，公転の速さとほぼ等しいので，およそ1か月で1回転である。したがって，およそ半月ごとに昼と夜が入れかわる。

【4】 実験操作①～⑧をまとめたものが次表である。

	A	B	C	D	E	F	G
リトマス紙につける（①，③）	青→赤	赤→青	変化なし	変化なし	赤→青	赤→青	変化なし
においを調べる（②，⑤）	刺激臭	—	—	—	—	刺激臭	—
二酸化炭素を通す（④）	—	変化なし	—	—	白くにごる	変化なし	—
水分を蒸発させて残るもの（⑥）	—	—	白い固体	なし	—	—	白い固体
⑥の結果出た白い固体を加熱（⑦）	—	—	変化なし	—	—	—	黒くこげる
二酸化マンガンを加える（⑧）	—	—	—	変化なし	—	—	—

Aは酸性で刺激臭があるうすい塩酸である。酸性の水溶液はAだけなので，炭酸水はA～Gの中にはない。Fはアルカリ性で刺激臭があるアンモニア水，Bは水酸化ナトリウム水溶液である。Eはアルカリ性で二酸化炭素を通すと白くにごったので石灰水である。CとDとGは中性の水溶液であり，その中で水を蒸発させても固体が残らなかったDがアルコール水溶液，水を蒸発させると白い固体が残ったCとGがさとう水と食塩水である。これらのうち白い固体を加熱したら黒くこげたGがさとう水，変化のなかったCが食塩水だとわかる。なお，うすい過酸化水素水は炭酸水と同様にA～Gの中にはない。

【6】

(1) 支点の左右で，〔支点からの距離(m)×重さ(kg)〕が等しければつり合うので，子供の乗る位置を支点から右に□mとすると，1×10＝□×25 となり，□＝0.4(m)である。

(2) 板の左端(支点から右に3mの位置)にのせるおもりの重さを□kgとすると，3×□＋1×10＝1×25 となるので，□＝5(kg)である。

(3) 子供の乗る位置を支点から右に□mとすると，上の棒は支点の真上にあるので考えなくてよい。下の棒と子供について左右でつり合いを考えると1×20＝□×25 となるので，□＝0.8(m)である。

(4) おもりの重さを□kgとすると，2×□＋1×20＝2×25 となるので，□＝15(kg)である。

(5) 子供のA点からの距離を□mとすると，A点から左に1mの位置に一番下の棒の重さ(30kg)と(4)でのせたおもりの重さ(15kg)がかかり，A点から右に1mの位置に一番上の棒の重さ(10kg)がかかるので，
1×(30＋15)＝1×10＋□×25 となり，□＝1.4(m)となる。

(6) (5)から変化した数値だけで考える。A点から左に2mの位置に置くおもりの重さを□kgとすると，子供がA点から右に3mの位置まで行くとき，2×□＝(3－1.4)×25 より，□＝20(kg)である。

═══════════════ 《解答例》 ═══════════════

【1】 (1)(ウ)　(2)(キ)　(3)(エ)　(4)(A)…(ウ)　(B)…(イ)　(5)(カ)

【2】 (1)食物連鎖　(2)(エ)　(3)(ウ), (ク)　(4)(オ)　(5)[A群／B群]　[(ア)／(コ)] [(ウ)／(ク)]

【3】 (1)A…H　B…H　C…L　D…H　(2)図2　(3)図3　(4)図2　(5)(エ)　(6)(エ)　(7)(イ)
　　 (8)(エ)

【4】 Ⅰ．(1)(ウ)　(2)(ウ)　(3)水素　(4)食塩〔別解〕塩化ナトリウム
　　 Ⅱ．(1)20　(2)17　(3)38　(4)20

【5】 (1)黒…3　黄…6　白…5　青…8　(2)64.7

【6】 (1)(ウ)　(2)(カ)　(3)(イ)　(4)(ア), (イ), (エ)

═══════════════ 《解　説》 ═══════════════

【1】 (1)ホウセンカのように子葉が2枚の植物は, 水が通る管(道管)の束と葉でつくられた養分が通る管(師管)の束が集まったもの(維管束)が茎の中で輪のように並んでいる。道管の束は維管束の内側を通るので, 維管束が輪のように並んだ(ア)～(エ)のうち, 内側を黒く塗りつぶした(ウ)が正答となる。　(2)トウモロコシのように子葉が1枚の植物は, 茎の中で維管束が(オ)～(ク)のように散らばっている。道管はそれぞれの維管束で内側を通るので, (キ)が正答となる。　(3)赤色が濃いかうすいかは赤いインクの吸収量によって決まるので, (エ)が正答となる。　(4)(A)葉が赤くなったのは観察5だけなので, 葉が赤く変色するためには③か④のどちらかが必要だとわかり, 観察6では葉が赤くならなかったことから, ③が必要だとわかる。(B)③がある観察4と5のうち, 葉が赤くなったのは観察5だけなので, 葉が赤くならないようにしている部位は②だとわかる。　(5)観察2や3で葉の色が変化したのは, ホウセンカを鉢から取りだしたときや土を洗い流しているときなどに, ②が傷ついたり, 欠けてしまったりすることが原因だと考えられる。ホウセンカを鉢から抜かなければ, ②が傷ついたり, 欠けてしまったりすることはないので, 赤くなることはない。

【2】 (1)生物どうしの食べる・食べられるという関係を食物連鎖という。①の植物は水と二酸化炭素からでんぷんをつくりだすので生産者といい, ②～④のように植物がつくりだしたでんぷん(有機物)を直接, または間接的に食べる生物を消費者という。また, ⑤のように①～④の生物の死がいやふんなどの有機物を無機物に分解する生物を分解者という。　(2)ふつう食べる生物は食べられる生物よりも個体数が少ない。②は植物より少なく, ③は②より少なく, ④は③より少ない。　(3)②は植物を食べるので草食動物であり, 一次消費者である。③は②を食べるので肉食動物であり, 二次消費者である。④は③を食べるので肉食動物であり, 三次消費者である。(4)③がいなくなると, ②は食べられなくなるのではじめは増加するが, そのうちえさ不足になり減少する。(5)(ア)分解者によってつくられた無機物は生産者にとって肥料となる。(ウ)農薬は, 作物(植物)をえさとする一次消費者を駆除するためのものである。したがって, 一次消費者をえさとする二次消費者で代わりができる。

【3】 (1)～(5)図1は日本付近に停滞前線という長雨をもたらす前線がみられるので6月(梅雨)の天気図である。

停滞前線(この時期の停滞前線をとくに梅雨前線という)は，日本の南にある太平洋高気圧と北にあるオホーツク海高気圧の勢力がほぼ同じになるとできる。図2は日本付近の等圧線がたてに並んでいるので1月(冬)の天気図である。冬は日本の西側で気圧が高く，東側で気圧が低い西高東低の気圧配置になりやすい。この時期には大陸側からの季節風によって，日本海から日本上空にかけてすじ状の雲ができやすい。また，図2では，本州付近の等圧線の間かくがせまくなっているので，強い風が吹く。図3は8月(夏)の天気図である。図1のときから太平洋高気圧の勢力が強まって梅雨前線を北に押し上げると梅雨が明け，太平洋側ではむし暑い晴れの日が続くようになる。　(6)大陸から吹く乾燥した風は，日本海上で水蒸気を大量にふくみ，日本海側で雪や雨を降らせる。雪や雨を降らせた空気は乾燥した風となって，太平洋側に吹きつける。　(7)台風は太平洋高気圧の西のふちにそって進むので，(イ)が正答となる。

【4】　Ⅰ．(1)実験1より磁石にくっつくBが鉄，実験2より緑色にさびるCが銅，白色にさびるDがアルミニウム，変化しないAが金だとわかる。　(2)(3)実験3でにおいがしたEとGはうすい塩酸かアンモニア水のどちらかで，実験5と合わせると，鉄やアルミニウムと反応して水素が発生するEが塩酸，Gがアンモニア水だとわかる。さらに，実験4で固体が生じたFが水酸化ナトリウム水溶液だとわかるので，残りのHが炭酸水である。　(4)酸性のうすい塩酸とアルカリ性の水酸化ナトリウム水溶液を混ぜ合わせると，たがいの性質を打ち消し合う中和という反応が起こる。この2つの水溶液がちょうど中和すると食塩水ができるので，水を蒸発させると食塩が生じる。

Ⅱ．(1)〔濃度(%)＝$\dfrac{溶けている物質の重さ(g)}{水溶液全体の重さ(g)}×100$〕より，$\dfrac{24.8}{100+24.8}×100＝19.8…→20\%$が正答となる。

(2)20℃の水100gにミョウバンは5.9gまで溶けるので，20℃の水50gにはその半分の2.95gまで溶ける。したがって，20－2.95＝17.05→17gのミョウバンが出てくる。　(3)40℃の水100gにミョウバンは11.7gまで溶けるので，8gのミョウバンを溶かすには$100×\dfrac{8}{11.7}＝68.3…→68$gの水が必要である。したがって，40℃の水をあと68－30＝38(g)加えればよい。　(4)40%のミョウバン水溶液80gには80×0.4＝32(g)，1%のミョウバン水溶液には20×0.01＝0.2(g)のミョウバンが溶けている。60℃の水100gにミョウバンは24.8gまでしか溶けないので，それよりも水が少ないこの水溶液ではミョウバンが溶け残っている。つまり，この60℃のミョウバン水溶液にはミョウバンが最大量まで溶けていることになるので，濃度は(1)と同じ20%である。

【5】　(1)おもりの重さと支点からおもりまでの距離との積が左右で等しくなると，棒は水平になる。実験1より，黒のおもりの重さを□gとすると，□(g)×50(cm)＝12(g)×12.5(cm)が成り立ち，□＝3(g)となる。実験2より，黄色のおもりの重さを○gとすると，3×50＋○×15＝12×20が成り立ち，○＝6(g)となる。実験3より，棒が水平になるときおもりの重さの比は支点からおもりまでの距離の比と逆になるので，白のおもりと青のおもりの比は25(cm)：40(cm)＝5：8だとわかる。さらに，実験4より，白と黒のおもりの重さの和と青のおもりの重さの比は30(cm)：30(cm)＝1：1＝8：8だとわかるので，白と黒と青のおもりの重さの比は5：(8－5)：8＝5：3：8となる。したがって，黒のおもりが3gなので，白のおもりは5g，青のおもりは8gである。　(2)赤のおもりと他の4種類のおもりの重さの合計の比が12：(3＋6＋5＋8)＝6：11なので，棒をつるしている糸の左右からの距離の比をその逆の11：6にすればよい。したがって，Aから$100(cm)×\dfrac{11}{11+6}＝64.70…→64.7$cmの位置にすればよい。

【6】　(ア)では，上の2個の池が並列つなぎになって電球に電流が流れる。(イ)では，3つの池が並列つなぎになって電球に電流が流れる。したがって，池が一番長持ちする(電球が一番長い間ついている)。(ウ)では，上の2つの池の向きがたがいに逆向きになるので，電球に電流が流れず，電球がつかない。(エ)では，一番上の池と電球がつながり，電球に電流が流れる。(オ)では，上の2つの池が直列つなぎになって電球に電流が流れるので，電球に(エ)より大きな電流が流れる。(カ)では，3つの池が直列つなぎになって電球に電流が流

れるので，電球に（オ）より大きな電流が流れる（電球が一番明るい）。また，電池が並列つなぎになっている（ア），（イ）と１つの電池と電球がつながっている（エ）では電球の明るさが同じになる。

平成 27 年度　解答例・解説

《解答例》

【1】(1)①（イ）　②（ア）　(2)①（ア）　②（ウ）

【2】(1)（ア）　(2)（ウ），（エ）　(3)（キ）　(4)（イ）　(5)（ウ）

【3】(1)（ア）　(2)（エ）　(3)（イ）　(4)（イ）　(5)（イ）

【4】(1)（ウ）　(2)B座…（ウ）　C座…（オ）　(3)（ウ）

【5】(1)X．メスシリンダー　Y．上皿てんびん　(2)（エ），（オ），（キ）
　　(3)A　(4)D　(5)52　(6)（ア），（イ），（カ）　(7)水を蒸発させる
　　(8)（ウ），（エ）

【6】(1)100　(2)60　(3)A．40　B．60　(4)40　(5)右グラフ
　　(6)75　(7)ウ

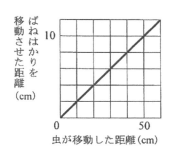

ばねはかりを移動させた距離（cm）

虫が移動した距離（cm）

【7】(1)図１　D＞C＞A＝B　図２　A＞C＞B＝D　図３　A＝B＝C＝D　(2)図１＞図３＞図２

《解　説》

【1】(1)①実験１と実験２のちがいは，種子のまわりに水があるかないかである。②実験３と実験４のちがいは，水中に沈めた種子のまわりに空気があるかないかである。　(2)図１と図２を比較してみると，上に曲がっている茎の部分ではもとの印よりも上下とも大きく広がり，その中でも下が特に広がったことがわかる。また，下に曲がっている根の部分では，上はあまり変わらず，下はせまくなっていることがわかる。

【2】(1)(2)ゾウリムシは葉緑体をもたない動物であり，呼吸を行い，他の生物を食べて生きている。また，体は殻がなくやわらかい。　(3)顕微鏡の視野は上下左右が実物と反対になるので，顕微鏡の視野の中で動かしたい方向と反対の方向にスライドガラスを動かせばよい。　(4)レンズの倍率とは，長さの比較での倍率である。また顕微鏡の倍率は，対物レンズの倍率と接眼レンズの倍率をかけた値である。したがって，１辺が0.01㎜の正方形の１辺は，$0.01×10×10＝1$（㎜）に見え，面積は $1×1＝1$（㎟）となる。　(5)対物レンズの倍率だけが $40÷10＝4$（倍）になったので，全体の倍率は４倍になった。したがって，長さは４倍，面積は $4×4＝16$（倍）に見える。

【3】(1)(2)でい岩を構成している粒は非常に細かい（直径0.06㎜以下）ので手に取るとさらさらしている。また，川を長く流れてきたことにより角が丸くなっている。土地が持ち上がりながらできた地層の場合，上になるほど大きなつぶになるので，層２が砂岩，層１がれき岩であると考えられる。　(3)川の流れは，カーブの外側で速く内側で遅い。したがって，内側に多くの土砂がたい積して川原ができる可能性が高い。　(4)川原は，(3)からもわかるように，上流から流れてきて土砂がたい積してできることが多いので，その場所の地層を構成している岩石の種類とは異なることが多い。　(5)ダムによって，水とともに流れてくる土砂もせき止められるため，土砂がたい積することでできる河口付近の砂浜は縮小する。

【4】(1)夏の大三角は，こと座（図１A座）のベガ，はくちょう座（図１C座）のデネブ，わし座（図１B座）のアルタイルの３つの星でできている。なお，ベガは七夕のおりひめ星，アルタイルはひこ星のことであり，天の川をはさんで両岸にあるように見える。　(2)B座は真東からのぼっているので沈むのは真西，C座は北東からのぼっているので沈む

のは北西である。 (3)地球から見たどの天体も，地球の自転により1日に1周動いているように見える（日周運動という）。したがって，1時間ごとでは，回転の中心に近ければ動く距離が小さく，中心から遠ければ動く距離が大きい。A座とC座は，天体の回転運動の中心からほぼ同じ距離にあるので，1時間ごとに動く距離もほぼ同じである。

【5】(1)(2)実験器具の正しい名称と使い方を覚えておこう。 (3)同じ重さの物質をとかすのだから，同じ重さをとかすために，より多くの水が必要な物質の水よう液ほど重くなる。したがって，表より40℃での溶解度が最も小さいAのミョウバンをとかしたときが最も重い水よう液になる。 (4)同じ重さの水にとかすのだから，同じ重さの水に，より多くとける物質の水よう液が最も重くなる。したがって，表より60℃での溶解度が最も大きいDのしょう酸カリウムをとかしたときが最も重い水よう液になる。 (5)表より，しょう酸カリウム60℃の溶解度は109gなので，60℃の水70gにとけるしょう酸カリウムの重さは $109×\frac{70}{100}$＝76.3（g）である。したがって，濃度は $\frac{76.3}{70+76.3}×100$＝52.1…→52%である。 (6)りゅう酸銅の20℃での溶解度は36gなので，水200gには $36×2$＝72（g）だけとけるため，100－72＝28（g）とけ残る。100gすべてをとかすためには溶解度が $100÷2$＝50（g）より大きい温度にすればよいので，40℃以上の(ア)と(イ)は正答である。また，とけ残った28gは，60℃の水 $100×\frac{28}{81}$＝34.56…→34.6gにとけるので(カ)も正答である。なお，とけ残った28gは，20℃の水 $100×\frac{28}{36}$＝77.77…→77.8gにとけるので(ク)は誤りである。 (7)温度による溶解度の差によってはとり出せないため，水だけを少なくする方法を考える。 (8)水よう液にとけている物質は，ろ紙には引っかからず，また水よう液は透明で（有色の場合もあり），とけ方は水よう液のどの部分でも同じである。

【6】(1)棒の重さとおもりの重さをあわせると120gなので，棒の重さは120－20＝100（g）である。 (2)てこがつり合うとき，てこの左右で〔支点までの距離×かかる重さ〕が等しくなっている。左は支点からAまでの距離が50cmで20gの重さがかかり，右は，支点から棒の重心までの距離を□cmとすると，棒の重さが100gなので，$50×20$＝$100×□$となり，□は10cmだとわかる。したがって，Aからは50＋10＝60(cm)である。 (3)Aから重心までの距離：重心からBまでの距離＝40：60なので，Aにかかる重さ：Bにかかる重さ＝60：40である。棒の重さは100gなので，Aに40g，Bに60gの重さがかかる。 (4)つり合っている図1に比べて，Aには60－20＝40（g）の力が余分にかかっているので，それにつり合う虫の重さは40gである。 (5)虫が40cm進むと棒の重さがかかる点と同じ位置にくる。このときばねはかりを□cm左に移動させるとすると，$(100+40)×(10+□)$＝$60×(50-□)$より，□＝8（cm）となる。ばねはかりを移動させた距離は虫が移動した距離に比例するので，ともに0の点とこの点を結ぶ直線のグラフになる。 (6)(5)のグラフをのばして考えると，ばねはかりを移動させた距離が15cmのとき，虫が移動した距離は75cmだとわかる。 (7)重さの合計は変化しない。

【7】(1)図1の回路は，AとBは直列で，A～BとCは並列なので，AとBはCよりも暗く，DにはA～BとCに流れる電流が合流するので，DはCよりも明るい。したがって，明るい順にD＞C＞A＝Bである。図1をかんたんにしたものが図1′である。また，図2は図1の電源とBを入れ替えたもので，かんたんにすると図2′となり，図3は図1の電源とCを入れ替えたもので，かんたんにすると図3′となる。図2′は図1′と同様の求め方ができるためA＞C＞B＝Dとなり，図3′はA～Dすべてが同じ条件なのでA＝B＝C＝Dとなる。 (2)電源の電圧が同じとき，図2のAが最も明るく，図1が最も暗く，図3はその中間なので，Aの明るさを同じにするには，電源の電圧を図1＞図3＞図2の順にすればよい。

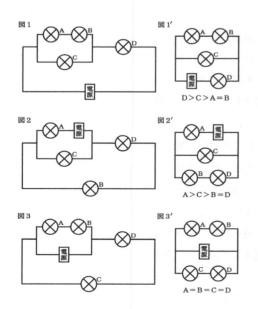

平成26年度 解答例・解説

《解答例》

【1】(1)左下の部屋…左心室　A．肺　B．小腸　(2)(ウ)　(3)[い](エ)　[う](エ)　(4)左下

(5)1．○　2．イ　3．イ　4．×　(6)①，③，⑤

【2】(1)月…ⓘ　時刻…(ウ)　(2)①○　②遅(おそ)く　③a　(3)(ア)　(4)れき岩　(5)(イ)

【3】(1)C，D，G　(2)B．×　D．○　F．×　G．○　H．×

【4】(1)16　(2)5　(3)40　(4)70

【5】(1)A．(ウ)　B．(エ)　C．(キ)　D．(イ)　E．(ク)　F．(ア)　G．(オ)　H．(カ)

(2)(ア)×　(イ)○　(ウ)○　(エ)○　(オ)×

《解　説》

【1】(1)酸素と二酸化炭素の交換が行われるAは肺，養分が吸収されるBは小腸である。なお，肺には肺胞，小腸には柔毛(じゅうもう)があり，表面積が広くなることで各臓器のはたらきが効率よく行えるようになっている。

(3)～(6)図が背中側から見たものであることに注意しよう。左下の部屋(左心室)から各臓器に送り出される血液が流れる⑤の血管が大動脈だとわかる。(3)では，弁には血液が逆流するのを防ぐはたらきがあり，右図のようにせまくなっていく方向に向かって血液が流れると考えればよい。(4)では，最も厚い筋肉でおおわれているのは大動脈とつながる左心室であるので，左下の部屋が正答となる。左心室の位置が左右反対に示してある図の方が多いので注意しよう。(6)では，心臓から送り出される血液が通る血管を動脈というので，①，③，⑤が正答となる。なお，③は動脈ではあるが①や⑥とは異なり二酸化炭素を多くふくむ血液(静脈血という)が流れていることも覚えておこう。

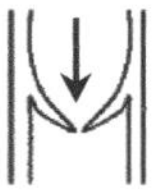

【2】(1)図2のような，南の空で右側半分が光る月を上弦(じょうげん)の月といい，午後6時ごろに南の空に見える。地球から見て太陽と同じ方向にあるときの月(図1ではⓐ)が新月で，新月(ⓐ)→上弦の月(ⓘ)→満月(ⓤ)→下弦(かげん)の月(ⓔ)と形が変わっていく。　(2)①右図に，午前6時ごろの地平線の位置を表してある。ⓤの月が西の地平線にしずむころ，太陽が東の地平線からのぼってくることがわかる。太陽と地平線の位置関係から，地球のおよその時刻がわかるようにしておこう。③月は，地球の周りを反時計回りに1回公転する間に，反時計回り(図1ではaの向き)に1回自転するため，地球からは月の裏側を見ることができない。(3)川の曲がった部分では，外側の方が水の流れが速い。流れが速いほどけずる力(侵食作用)が大きいため川底が深くなる。また，流れが速いほど運ぶ力(運ぱん作用)が大きいため小石や砂などの小さな粒の岩石は残らない。　(4)ふくまれる粒の大きさでれき岩，砂岩，泥(でい)岩を区別する(右表参照)。

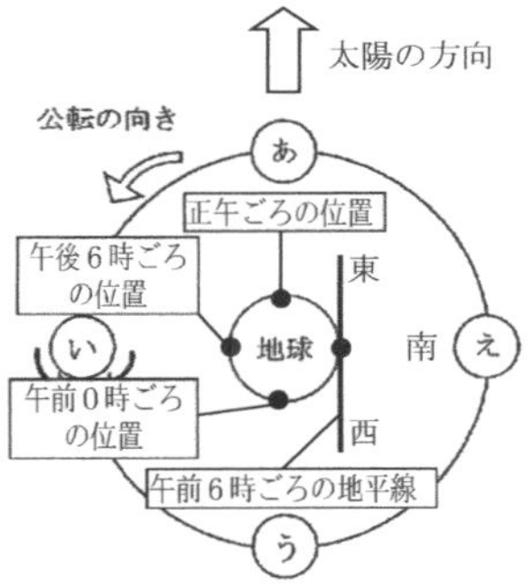

岩石	れき岩	砂岩	泥岩
粒の大きさ(直径)	2㎜以上	0.06～2㎜	0.06㎜以下

(5)粒が丸みをもっていることから，川を流れてくる間に川底や他の石とぶつかって角がとれたと考えることができる。また，大きな粒は運ぱん作用が小さくなってくる下流や河口でたい積する。

【3】(1)図3のCとDのように，並列につながれた豆電球は図1の豆電球と同じ明るさになる。また，図4ではGとその他の豆電球(EとFとH)が並列につながれているので，Gは図1の豆電球と同じ明るさになる。

(2)並列につながれた部分では，片方の豆電球をソケットからゆるめても，もう一方は消えない。したがって，Aと直列につながれたBは消え，Cと並列につながれたD，Eと並列につながれたGはついている。また，FとHは，Eと直列につながれているため消える。このときGからHに向かって電流は流れない。

【4】支点からの距離と重さの積が左右で等しくなると，棒が水平に保たれる。また，このことから，支点からの距離の比と重さの比が逆になると考えることができるので，この関係も利用できるようにしておこう。(1)棒の重さとおもりAの重さの比が 8：17 だから，右図のように考えて，

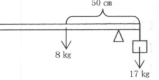

支点から棒の真ん中までの距離：支点からおもりAまでの距離＝17：8 になればよい。したがって，$50\ cm×\dfrac{8}{17+8}=16\ cm$ が正答となる。 (2)棒とおもりAについて，支点からの距離と重さの積を考える。支点の左側では 8kg×30cm＝240，支点の右側では 17kg×20cm＝340 である。したがって，台はかりにかかる重さは （340－240）÷20cm＝5kg となる。

(3)台はかりに 15kg の重さがかかるときを考える。このとき，おもりAからの力は 17kg－15kg＝2kg になっていると考えることができ，(1)と同様に考えると，棒の重さとおもりAの重さの比が 8：2 だから，

支点から棒の真ん中までの距離：支点からおもりAまでの距離＝2：8 になればよい。したがって，$50\ cm×\dfrac{8}{2+8}=40\ cm$ が正答となる。 (4)台はかりにかかる重さを0にするということは，台はかりが無い状態で棒が水平になればよいということである。右図を参考に，支点の左右で距離と重さの積を考える。

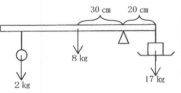

(2)解説より，おもりAと棒だけのときでは，支点の右側の方が
340－240＝100 大きいため，2kg のおもりBを支点から左に
100÷2kg＝50cm の位置につるせばよい。したがって，おもりBをつるす
位置は棒の右端から 50cm＋20cm＝70cm となる。

【5】(1)実験結果からわかることを下表のようにまとめてみよう。

実験	A	B	C	D	E	F	G	H
①	気体		気体			気体		気体
②	酸性		酸性					
③		電流×						電流×
④	アルミ○						アルミ○	
⑤		中性			中性			中性
⑥								酸素発生
⑦		有機物						

AとCで，Aは気体が溶けている酸性の水溶液でアルミニウムを溶かすのでうすい塩酸(溶けている気体は塩化水素)，Cはアルミニウムを溶かさないので炭酸水(溶けている気体は二酸化炭素)だとわかる。BとEで，Bの電流が流れない中性の水溶液はさとう水，Eの電流が流れる中性の水溶液は食塩水だとわかる。Bは⑦で蒸発後に残っていた物が燃えたことからもさとう水だとわかる。Hは⑥で鉄線を燃やす気体(酸素)が発生したことから過酸化水素水だとわかる。Fは酸性ではなく，気体が溶けている水溶液なのでアンモニア水，Dは石灰水，残りのGは水酸化ナトリウム水溶液だとわかる。 (2)(ア)水は 100℃になると沸とうを始める。(オ)重さの等しい氷と水と水蒸気を体積の大きい順に並べると水蒸気(気体)，氷(固体)，水(液体)の順になる。水以外の物質は，重さの等しいとき体積を大きい順に並べると気体，液体，固体の順になる。

─────────────── 《解答例》 ───────────────

【1】(1)1．呼吸　2．酸素　3．二酸化炭素　4．師管　(2)(エ)　(3)(ア)，(エ)，(オ)　(4)Ⅰ　(5)(エ)

(6)(エ)　(7)(ア)　(8)(エ)　(9)(ア)　(10)75(mm)　(11)(カ)

【2】(1)15　(2)夏至の日…68.4　冬至の日…21.6　(3)春分の日…(ウ)　冬至の日…(オ)

(4)名称…百葉箱　記号…(ア)，(エ)　(5)(エ)　(6)二酸化炭素

【3】(1)(ア)　(2)(ウ)　(3)(エ)　(4)(イ)　(5)(オ)　(6)(ウ)

【4】(1)10　(2)50　(3)50　(4)60　(5)右グラフ　(6)①50　②75　③100

【5】(1)(ク)　(2)(ア)　(3)(キ)　(4)(イ)　(5)(ア)　(6)(オ)　(7)(キ)

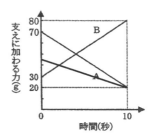

─────────────── 《解　説》 ───────────────

【1】(2)　(エ)はセミで，セミの口は針のような形になっており，それを木の幹にさして汁（しる）を吸っている。カ，アブラムシ，カメムシなどのこん虫も同じような形の口をもっている。　(3)葉に直接ヨウ素液をかけても，葉の表面（かべ）は壁でおおわれているため反応は出ない(イ)。植物が光合成でつくるでんぷんは水にとけないため，上ずみ液にはふくまれず，沈でんする(ウ)(エ)。　(4)キンギョを飼育している水そうの水には水道水よりも光合成に必要な二酸化炭素が多くとけているので，はじめはよく成長するが，ゴム栓で密封したため，試験管内の二酸化炭素を使いきると光合成が行えず，成長が止まると考えられる。　(5).(4)より，Ⅱは試験管Cの結果とわかるので，はじめに水に溶けていた二酸化炭素の量がことなるため，のびた長さにちがいがあった。　(6).(4)の解説参照。　(8)カナダモは，図で上に向かって伸びる。先端部分から新しい葉がつくられ，葉と葉の間が 15 ㎜まで成長すると考えることができるので，15 ㎜に達していないaとbの部分がこの後長くなると考えられる。　(9)成長点とは，新しい細ぼうがつくられる部分のことである。したがって，新しい葉がつくられるaの部分に成長点がある。　(10) 15(mm)×5 ＝75(mm)　(11)成長点(新しい葉がつくられる部分)はaにあるので，葉と葉の間隔の数がどんどん増えていき，それがすべて 15 ㎜まで成長することで最も長くなると考えられる。bとcは葉と葉の間隔の数が同じなので，同じ長さになる。

【2】(1)1 日は 24 時間なので，360(度)÷24＝15(度)　(2)太陽が真南にきたときの高さ(南中高度という)は，図1で，縦に引かれた点線と観測者の足元から地球の中心に向かう線との間の角度と同じになる。求め方は，夏至では〔90 度－緯度＋23.4 度〕，冬至では〔90 度－緯度－23.4 度〕となる。したがって，この地点の夏至では 90－45＋23.4＝68.4(度)，冬至では 90－45－23.4＝21.6(度) となる。なお，春分と秋分では〔90 度－緯度〕で求めることができる。　(3)　(ア)～(オ)は，すべて松山での結果なので，南中高度(正午の太陽の高度)が最も高い(ア)が夏至，最も低い(オ)が冬至，真ん中の(ウ)が春分，秋分の結果となる。なお，松山の北緯はおよそ33度なので，(2)の求め方より，春分では 90－33＝57(度)，冬至では 90－33－23.4＝33.6(度) となる。　(4)他に，日光を反射するように白色であること，直射日光や雨が入るのをふせぎ，風通しをよくするためよろい戸になっていること，温度計は地上から 1.2m～1.5mの高さにとりつけてあること，地面からの熱の反射をふせぐため下にしばふを植えてあること，とびらを開けたときに直射日光が入るのをふせぐためとびらが北向きにつけてあることなども覚えておこう。　(5)よく晴れた日は 14 時ごろに気温が最高となるので，(エ)が正答となる。

【3】(1)風は空気の対流や地球の自転でも発生する。 (2)植物は，水を水蒸気として体外に放出しており（蒸散という），蒸散には体の温度を下げる効果はあるが体の温度を上げる効果はないため，水を吸収する理由として，「温度を一定に保つ」は適当ではない。 (5)（ア）～（エ）にはすべて温度の変化に関する記述があり，（オ）には「一日中低い気温が続く」とあるので，温度の変化とは無関係であることがわかる。

【4】(1)10秒で1m（100cm）をころがるので，100÷10＝10（cm/秒）が正答となる。 (2)グラフより，左端Aにビー玉があるときには，ビー玉の重さはすべてAにかかる。また，右端Bにビー玉があるときには，ビー玉の重さはすべてBにかかる。Aにビー玉があるときのAに加わる力が70g，Bにビー玉があるときのAに加わる力が20gなので，ビー玉の重さは 70－20＝50（g）となる。 (3)ビー玉がAにあるとき，Aに加わる力が70g，Bに加わる力が30gなので，ビー玉と円筒の合計の重さが 70＋30＝100（g）である。したがって，円筒の重さは

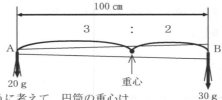

100－50＝50（g）である。 (4)円筒の重心を支えることで，円筒を水平にすることができる。グラフより，右端Bの方が10g加わる力の最大値が大きいことがわかるので，円筒によってAには (50－10)÷2＝20（g），Bには 20＋10＝30（g）の力がかかる。

AとBに 20g：30g＝2：3 の比で力がかかっているので，上図のように考えて，円筒の重心は，Aから重心：Bから重心＝3：2 の位置にある。したがって，Aから $100（cm）×\frac{3}{3＋2}＝60（cm）$ の位置に重心がある。 (5)ビー玉の重さが 50（g）÷2＝25（g）になるので，はじめに支えに加わる力が25g少なくなる。ビー玉の重さが変わっても速さは変わらないので，10秒後にBに到着する。10秒後のAに加わる力の大きさは，円筒の重さが変わっていないので，20gのままである。 (6)円筒の重さ50gは，すべて重心に加わる。その中を50gのビー玉が移動していく。ビー玉の重さと円筒の重さが同じなので，ビー玉と円筒の重心の真ん中の位置に 50（g）＋50（g）＝100（g）の力が加わると考えることができる。①ではAから 2（秒）×10（cm/秒）＝20（cm）の位置にビー玉があり，ビー玉と円筒の重心の真ん中はAから40cmなので，下図①のように考えてBには $100（g）×\frac{1}{1＋1}＝50（g）$ の力が加わる。6秒後の②では，下図②のように考えて，AとBで距離の比が3：1になるので，加わる力の比は逆になり1：3となる。したがって，Bには $100（g）×\frac{3}{1＋3}＝75（g）$ の力が加わる。10秒後の③では，下図③のように考えて，100gの力がすべてBに加わり，Bのみで円筒とビー玉を支えることになる。

① 1 ： 1 ② 3 ： 1 ③

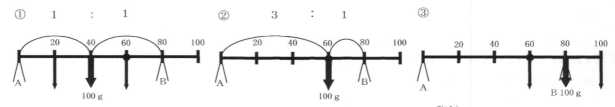

【5】(3)電球1，2，3が直列につながれている。 (5)電球には，電流の流れにくさ（抵抗という）があり，抵抗がある通り道と抵抗がない通り道が枝分かれしているとき，電流はすべて抵抗のない通り道へ流れていく。したがって，電球1を流れたあと電球2や電球3がある方へ電流は流れずに，一極にもどってくるので，（ア）が正答となる。 (6)電球2，3が並列につながれている。 (7)＋極から流れた電流は，すべてS₂のスイッチがある方へ流れるのではない（その先に電球2や3があるため）。また，(5)の解説と同様に，電球1を流れた電流は電球2や3の方へは流れない。したがって，すべての豆電球がつく。

社　会

《解答例》

1 問1．（う）　　問2．（あ）　　問3．（お）　　問4．（い）　　問5．（え）　　問6．（あ）　　問7．（あ）

　　問8．（い）　　問9．（う）　　問10．（い）

2 問1．（え）　　問2．（え）　　問3．1．（あ）　2．（え）　　問4．カーニバル　　問5．（え）　　問6．（う）

　　問7．（あ）

3 問1．（あ）　　問2．（お）　　問3．18　　問4．板垣退助　　問5．内閣

4 1．（さ）　2．（き）　3．（い）　4．（く）　　問1．（お）　　問2．（あ）　　問3．（え）　　問4．（か）

　　問5．（え）　　問6．（い）　　問7．（あ）　　問8．（い）

5 問1．1．（え）　2．（い）　　問2．（か）　　問3．（い）　　問4．（い）　　問5．（お）

　　問6．トレーサビリティ　　問7．（あ）

《解　説》

1 **問1**　（う）が誤り。五箇条の御誓文と身分制度の廃止（四民平等）に関連性はない。

問2　（あ）両方とも正しい。1773年のボストン茶会事件をきっかけとして，1775年にアメリカ独立戦争が始まり，1776年には独立宣言が出された。アメリカ合衆国初代大統領のジョージ・ワシントンは「建国の父」と呼ばれる。

問3　（お）日米和親条約(1854年)では下田・函館(箱館)の2港を開いたので，②と④を選ぶ。なお，③の神奈川(横浜)は日米修好通商条約(1858年)で開かれた港である。

問4　（い）が正しい。外国との貿易が始まったことで輸出品となった品物が買い占められ，国内では品不足となって生活必需品まで価格が上昇した。また，外国との金銀の交換比率の違いから外国との貿易によって大量の金が国外に流出したので，幕府は金の海外流出を防ごうと金の含有量が少ない小判をつくったが，そのためにかえって経済が混乱して物価が上昇し，貿易に関係のない米や塩までも値上がりしていき，人々の生活はより苦しくなっていった。（あ）「綿織物」が「生糸」，「幕府」が「明治政府」であれば正しい。　（う）幕末に欧米諸国と結んだ修好通商条約は，日本に関税自主権がない不平等条約であった。

問5　（え）薩摩藩出身者には，大久保利通のほかに西郷隆盛などもいる。木戸孝允は長州藩，岩倉具視は公家出身である。勝海舟は幕府の軍艦奉行であった。

問6　（あ）が正しい。日本国憲法のような，国民が主権者である憲法を民定憲法と言う。（い）と（う）は大日本帝国憲法についての記述である。

問7　（あ）両方とも正しい。Yについて，1941年12月，陸軍によるイギリス領マレー半島上陸と，海軍によるオアフ島の真珠湾攻撃から太平洋戦争が始まった。

問8　（い）Ⅰ．韓国併合(1910年)→Ⅲ．第一次世界大戦の開始(1914年)→Ⅱ．柳条湖事件・満州事変の開始(1931年)。

問9　（う）が誤り。日本は，サンフランシスコ平和条約で独立を回復した後も，ソ連が安全保障理事会で拒否権を発動していたため，国際連合への加盟を認められなかった。1956年，日ソ共同宣言を発表してソ連と国交を回復し

たことで，日本の国際連合加盟にソ連の反対がなくなり，日本は国際連合への加盟を果たすことができた。

問10 東京オリンピックの開催は1964年，国民所得倍増計画の発表は1960年，国民総生産第2位を記録が1968年，日本万国博覧会の開催が1970年のできごとなので，(い)を選ぶ。

2 **問1** (え)現在のブラジルの沿岸部はポルトガルが植民地支配していたため，ブラジルではポルトガル語が公用語となっている。

問2 (え)Xはフィリピンやエクアドルが生産量上位だからバナナ，Yはブラジルが生産量1位だからさとうきび，Zはアメリカ合衆国が生産量1位だから大豆である。ブラジルでは，さとうきびを原料としたエタノール(植物からつくられる燃料)生産が国家主導により行われてきたため，さとうきびの生産量が圧倒的に多い。

問3(1) (あ)Xはカナダやアメリカで多いから木材の伐採量である。YとZはともにオーストラリア，中国，ブラジルで多いが，Yはロシアで多いから鉄鉱石，Zはマレーシア・ギニアで多いからボーキサイトの生産量である。

(2) (え)長さ世界一のナイル川をX，流域面積世界一のアマゾン川をYと判断できるので，ガンジス川はZとなる。

問4 カーニバルは，カトリック・キリスト教圏で行われる祭りで，ブラジルのリオデジャネイロでは毎年2月に盛大なカーニバルが開催される。

問5 (え)がサンパウロである。(あ)はマナオス，(い)はブラジリア，(う)はサルバドルである。

問6 自動車や自動車部品の生産は静岡県や愛知県などでさかんだから，(う)を選ぶ。(あ)はセメント工場，(い)は製鉄所である。

問7 (あ)正距方位図法で見ると，ブラジリアは東京から見て北北東の方位にある(右図参照)。

3 **問1** (あ)が誤り。<u>衆議院の解散は内閣の長である内閣総理大臣の専権事項である。</u>

問2 (お)文部科学省は，<u>教育</u>・科学・文化・スポーツなどに関する仕事だからa，厚生労働省は，<u>国民の健康</u>・子育て・労働などに関する仕事だからb，総務省は，<u>地方自治</u>や通信などに関する仕事だからcである。

問3 選挙権年齢と被選挙権年齢については右表参照。

問4 1874年，板垣退助らが民撰議院設立の建白書を提出したことから自由民権運動が始まった。板垣退助は立志社をつくるなどして自由民権運動を広めていき，1881年に国会開設の勅諭が出されると，自由党を結成し，国会の開設に備えた。

問5 国事行為とは天皇が国家機関として行う形式的・名目的・儀礼的な行為のことで，国会の召集のほか，内閣総理大臣の任命，法律の公布，栄典の授与などがある。

選挙権		満18歳以上
衆議院議員・都道府県の議会議員・市(区)町村長・市(区)町村の議会議員の被選挙権		満25歳以上
参議院議員・都道府県知事の被選挙権		満30歳以上

4 それぞれの説明文から，てがかりになる文言を見つけよう。[1]は「弥生時代の集落の跡」「二重の堀」から(さ)吉野ケ里遺跡，[2]は「島の海岸に建っている」「平清盛によって建物が建て替えられ」から(き)厳島神社，[3]は「足利義政が建てた」「東求堂」「書院造という建築様式」から(い)銀閣，[4]は「徳川家康をまつるため」「陽明門」から(く)日光東照宮である。

問1 (お)②と④が正しい。弥生時代の人々は，布の真中に穴をあけてそこに頭を通して着る貫頭衣を着ていた。木製農具には，土を耕すための鋤（すき），脱穀するための臼（うす）や竪杵（たてきね）などがあった。　①稲の穂先をつみとる際に石器の<u>石包丁</u>が使用されていた。　③のぼりがまは<u>古墳時代</u>に朝鮮半島から伝わった。

問2　（あ）①と②が正しい。土葬の際，棺おけには「かめ棺」と呼ばれる土器を使用した。弥生時代に稲作がさかんになると，人口が増加し水田も拡大したため，ムラとムラの間で土地や水の利用をめぐる争いが生じた。その後，争いに勝ったムラは周辺のムラを従えて，有力なクニとして誕生した。　③前方後円墳がつくられたのは<u>古墳時代</u>である。　④<u>埴輪は古墳の周囲にならべられた土器である。</u>

問3　（え）②と③が正しい。　①近江令の制定（668年）は<u>聖徳太子の死後のできごと</u>である。　④人民や土地を国家が直接支配する公地公民の方針は，<u>聖徳太子の死後に</u>，中大兄皇子（のちの天智天皇）による大化の改新で出された。

問4　（か）③奈良時代→②平安時代中期→①平安時代末期。

問5　（え）①応仁の乱は<u>8代将軍足利義政</u>の跡継ぎ争いなどをきっかけに始まった。②・③南北朝の統一は<u>3代将軍足利義満</u>が行い，日明貿易（勘合貿易）を始めたのは，義満が将軍や太政大臣を辞した後であった。以上のことから，②→③→①の順である。

問6　（い）①と③が正しい。②は江戸時代，④は戦国時代についての記述である。

問7　（あ）①と②が正しい。参勤交代制度は，徳川家光が武家諸法度に追加した法令で，参勤には，将軍と大名の主従関係を確認する意味合いがあった。　③一国一城令は，初代将軍徳川家康が発案し，<u>2代将軍徳川秀忠</u>が発令した。　④日本と朝鮮との間の国交は，江戸幕府初代将軍の<u>徳川家康</u>のころに対馬藩の宗氏によって回復し，将軍の代がわりごとに朝鮮通信使が派遣されるようになった。

問8　（い）①と③が正しい。1837年，幕府は異国船打払令に従い，日本人漂流民をともなって通商を求めてきたアメリカのモリソン号を砲撃した。この幕府の対応を批判した渡辺崋山・高野長英らは，蛮社(ばんしゃ)の獄(ごく)で弾圧された。<u>②天明のききんや天保のききんが起こると，百姓一揆は急増した。</u>　④国学は，<u>儒教や仏教が伝わる前の</u>，日本古来の思想をさぐる学問である。

5　問1[1]　（え）信濃川の上流は千曲川と呼ばれる。天竜川は長野県の諏訪湖を水源とする河川で，浜松市東方で遠州灘に注いでいる。利根川は日本最大の流域面積で，関東地方を流れる。石狩川は北海道を流れる。

[2]　（い）長野県の野辺山原では，夏の涼しい気候を利用してレタスなどを栽培する（抑制栽培）高冷地農業が行われている。なお，キュウリ，ピーマン，トマトは夏野菜である。

問2　（か）野辺山原のある中央高地や松山市のある瀬戸内地方は1年を通して降水量が少ない。雨温図を選ぶときには，中央高地に位置している野辺山原の方が，松山市よりも気温が低いという特徴を覚えておけば，①が松山市，③が野辺山原だと判断できる。日本海側の秋田市は，北西季節風の影響を受けるため冬の降水量が多い②である。

問3　（い）が誤り。ブランド米（銘柄米）は，消費者の要望に合わせて品種改良を重ねた米で，<u>遺伝子組み換えの技術との関連性はない</u>。

問4　（い）日本近海の海流については右図参照。宗谷海流は対馬海流の末流で，北海道の北東海岸に沿って南東に流れる。

問5　（お）Xはさんま，Yはあじ。さんまは寒流魚，あじやかつおは暖流魚である。松浦や鳥取県の境港などの日本海側の漁港では，あじやさばの漁かく量が多い。

問6　トレーサビリティでは，魚のほか，牛肉や米などについても食品の仕入れ先，生産・製造方法などの情報などを調べられる。

問7　（あ）が誤り。大陸棚は，水深100〜300m程度の比かく的平坦な地形で，<u>海底火山が多く見られることはない</u>。

─《解答例》─

1 問1．1．北条時宗　2．ポルトガル　3．朝鮮通信使　4．下田　　問2．（い）
　問3．新たに領地が増えたわけではなかったから。　　問4．（え）　　問5．(1)ザビエル　(2)安土　　問6．（い）
　問7．（う）　　問8．（あ）　　問9．関税自主権

2 問1．（い）　　問2．コーラン　　問3．ラマダン　　問4．（う）　　問5．（う）　　問6．ニューヨーク
　問7．（う）　　問8．シリコンバレー

3 問1．（あ）　　問2．（え）　　問3．（う）　　問4．（い）　　問5．（あ）　　問6．（あ）　　問7．（い）
　問8．（う）　　問9．（う）

4 問1．1．（あ）　2．（う）　　問2．a．（お）　b．（き）　　問3．（い）　　問4．（あ）　　問5．（う）

5 問1．1．（あ）　2．（い）　3．（う）　4．（あ）　　問2．（い）　　問3．（い）　　問4．（い）　　問5．（え）
　問6．（い）　　問7．（あ）

─《解　説》─

1 **問1〔1〕**　鎌倉幕府の執権として，北条義時(承久の乱)，北条泰時(御成敗式目)，北条時宗(元寇)は覚えておこう。
　〔2〕　ポルトガル人・スペイン人は南蛮人，イギリス人・オランダ人は紅毛人と呼ばれた。　　**〔3〕**　対馬藩の宗氏によって再開された通信使は，将軍の代替わりごとに江戸を訪れた。　　**〔4〕**　日米和親条約によって開かれた下田は，日米修好通商条約の5港には含まれず，条約を締結した1年後に閉鎖された。
　問2　Ⅰ．1185年　Ⅱ．1232年　Ⅲ．1221年(承久の乱)
　問3　鎌倉時代は，女性にも相続権があり，すべての子どもに分割相続されたので，恩賞としての土地が与えられないことは御家人にとって大きな不満であった。また，元寇のときの遠征費はすべて自費でまかなわれていた。
　問4　本能寺の変は織田信長が明智光秀の裏切りによって自害した事件。桶狭間の戦いは，織田信長が今川義元を破った戦い。関ヶ原の戦いは，徳川家康率いる東軍が，石田三成率いる西軍に勝利した天下分け目の戦いである。
　問5(1)　フランシスコ＝ザビエルは，キリスト教の布教のため鹿児島に上陸し，平戸・山口・京都と西日本各地を訪れた後，大分を回り2年あまりで日本を去った。　　**(2)**　近江国は現在の滋賀県あたりである。
　問6　（い）が正しい。征夷大将軍に任じられたのは関ヶ原の戦いの3年後のことだから（あ）は誤り。大阪城を攻めて豊臣氏を滅ぼしたのは1615年のことである。禁教令は1612年の徳川秀忠のころ，島原・天草一揆は1637年の徳川家光のころのことだから（う）は誤り。武家諸法度に参勤交代を追加したのは徳川家光だから（え）は誤り。
　問7　出島に住まわせたのはオランダ人だけだから（う）が誤り。中国人は長崎の唐人屋敷という居住区に住まわせた。
　問8　伊能忠敬が全国の地図を作製したのは19世紀前半だから（い）は誤り。薩長同盟を結んだのは1866年のことだから（う）は誤り。大塩平八郎の乱は1837年のことだから（え）は誤り。

2 **問1**　紅海は，アラビア半島とアフリカ大陸の間の海である。カスピ海は，中央アジアと東ヨーロッパの境界にある湖である。死海は，イスラエルとヨルダンの境界にある湖である。
　問2　コーランは正式にはクルアーンという。

問3　ラマダン(ラマダーン)に入ると，日の出から日没まで飲食をしなくなる。

問4　ヒマラヤ山脈に近い高原＝チベット高原と考えれば，(う)と判断できる。ウイグル族はタクラマカン砂漠のあるシンチャンウイグル自治区に，モンゴル族はモンゴルとの境界付近の内モンゴル自治区に，満州族は中国東北部に住む少数民族である。

問5　中国から日本へは，安価な衣類が大量に輸入されているから(う)を選ぶ。

問6　国連本部とあることからニューヨークと答える。アメリカ東部には，ボストン・ハートフォード・ニューヨーク・フィラデルフィア・ボルチモア・ワシントンＤＣなどの巨大都市群(メガロポリス)が連なる。

問7　カリフォルニア州がメキシコと隣接していることから(う)を選ぶ。メキシコと隣接するカリフォルニア州・アリゾナ州・ニューメキシコ州・テキサス州などには，ヒスパニックと呼ばれるスペイン語を話す人々が多く住む。

③ 問1　明治時代になると，太陰暦から太陽暦に変更されたから(あ)が誤り。

問2　夏目漱石は『吾輩は猫である』『坊つちゃん』などの作者，野口英世は黄熱病の研究で知られる細菌学者，新渡戸稲造は国際連盟事務次長を務めた思想家・教育者である。

問3　関東大震災は1923年，米騒動は1918年，普通選挙法制定は1925年だからⅡ－Ⅰ－Ⅲの(う)である。

問4　(い)が正しい。講和会議はアメリカの仲介で，アメリカ大陸東岸のポーツマスで開かれたから(あ)は誤り。八幡製鉄所は日清戦争の講和条約である下関条約で得た賠償金で建設されたから(う)は誤り。日露戦争で賠償金が得られなかったため，日比谷焼き討ち事件などの暴動が起きた。

問5　(あ)が正しい。樋口一葉は『たけくらべ』『にごりえ』などで知られる小説家，津田梅子は岩倉使節団に同行し，帰国後に女子英学塾(のちの津田塾大学)を創設した人物，与謝野晶子は『みだれ髪』で知られる歌人で，日露戦争に出征した弟の身を案じて「君死にたまふことなかれ」を発表したことでも知られる。

問6　三国軍事同盟は1940年のことだから，(あ)が誤り。国際連盟脱退は1935年(通告は1933年)，満州国建国は1932年のことであった。

問7　ハワイ諸島に奇襲攻撃はしたが占領はしていないから(い)を選ぶ。

問8　朝鮮戦争で国際連合軍の中心となったのはアメリカだからＸは誤りのため，(う)を選ぶ。

問9　(あ)1956年　(い)1972年　(う)1964年

④ 問1[1]　霞が関には官庁街，日本橋には問屋街，秋葉原には電気街，丸の内には金融街がある。

[2]　各省庁が作成した概算要求をもとにして予算案をつくるのが財務省だから(う)を選ぶ。

問2ｂ　政府の借金を1000兆弓とすると，国民の負担は1人あたり約800万円になる。

問3　最高裁判所の長官の指名は内閣の権限だから(い)が誤り。

問4　(あ)が正しい。(い)2006年　(う)2011年　(え)1992年

問5　少子高齢化が進むにつれて社会保障費の割合が増えているから(う)を選ぶ。

⑤ 問1[1]　日本の世界自然遺産は，知床・屋久島・白神山地・小笠原諸島だから(あ)である。

[2]　右図参照。　[3]　(う)が正しい。酒田と新庄は山形県，能代は秋田県の都市である。

[4]　川越には古い土蔵や商家が立ち並ぶ地域があるから，(あ)である。

問2　日本の面積は約38万㎢で，北海道の面積が約8万3000㎢だから，5分の1がいちばん近い。

問3　北海道，長崎からＸがばれいしょ(じゃがいも)，熊本が1位であることからＹはトマトと判断できるので，(い)と答える。

問4　夏の日照時間が少ないＺが釧路市，冬の日照時間が少ないＹが新潟市と判断して(い)を選ぶ。釧路市のある北海道東部は夏に濃霧や海霧が発生するため日照時間が少なくなる。そのため，この地域では稲作が行われず，牧畜が

さかんになっている。新潟市のある日本海側は，北西季節風の影響で冬に雪が多く降るため，日照時間は少なくなる。岡山市のある瀬戸内地方は，季節風が中国山地や四国山地をこえるときに乾燥するため，１年を通して雨が少ない。

問5 米の生産調整(減反政策)を行った結果，米の生産量は減少または横ばいになっているから，Ｘは誤り。米はもともと中国南部から東南アジアが原産と言われているから，Ｙは誤り。よって，(え)を選ぶ。

問6 中国は，2000年以降に急激に工業が発達しＧＤＰが上昇してきたため，日本を訪れる旅行者が増加してきたと判断して(い)を選ぶ。(あ)は韓国，(う)はアメリカ合衆国からの旅行者である。

問7 首都圏にあるさいたま市は，容易に東京都内に通勤通学できるため，「他の都道府県の職場や学校に通っている人の割合」は高いと判断できる。地方中枢都市である札幌市は，近くに大都市が存在しないため，「他の都道府県の職場や学校に通っている人の割合」は低いと判断できる。岡山市は，広島市や神戸市，大阪市などの大都市と鉄道でつながっているため，新潟市や札幌市より「他の都道府県の職場や学校に通っている人の割合」は高いと判断できる。よって，(あ)を選ぶ。

平成㉙年度 解答例・解説

━━━━━━━━━━━━━━《解答例》━━━━━━━━━━━━━━

1　問1.(あ)　　問2.(う)　　問3.(い)　　問4.(う)　　問5.奉公　　問6.(え)　　問7.(あ)
　　問8.(あ)　　問9.(う)　　問10.(あ)

2　問1.1.長州　　2.1890　　3.立憲政友会
　　問2.設問1.(か)　設問2.(え)　設問3.(え)　設問4.(あ)　設問5.(か)　設問6.(あ)　設問7.(い)

3　問1.(1)(う)　(2)(う)　(3)(い)　　問2.(う)　　問3.(あ)　　問4.(い)

4　問1.(い)　　問2.警察予備隊　　問3.(1)集団的自衛権　(2)(え)　　問4.(お)　　問5.公共の福祉
　　問6.国民主権

5　問1.1.北陸　　2.豊田　　問2.【Ａ】⑤　【Ｂ】④　【Ｃ】⑥　　問3.(え)　　問4.(う)
　　問5.(う)　　問6.(い)　　問7.(か)

━━━━━━━━━━━━━━《解　説》━━━━━━━━━━━━━━

1　**問1** 銅鐸・銅剣・銅矛などの青銅器は，祭りのための道具として使われた。
　問2 石高が定められたのは，豊臣秀吉が行った太閤検地以降のことなので，(あ)は誤り。法隆寺は聖徳太子が政治の実権をにぎっていたころ，斑鳩（いかるが）の地につくられたので，(い)は誤り。　**問3** 奈良時代に武士という存在はまだなかったので，(い)は誤り。なお，兵役として都の警備にあたった人のことを衛士（えじ）という。　**問4** 竹崎季長は幕府の役人と直談判したことが功を奏し，肥前国(現在の熊本県)の地頭に任ぜられたので，(う)は誤り。
　問5 将軍は，御恩として御家人らの以前からの領地を保護したり，新たな土地を与えたりした。御家人は，奉公として京都や幕府の警備についたり，命をかけて戦ったりした。この土地を仲立ちとした主従関係を封建制度という。
　問7 日光東照宮に祀られているのは徳川家康であり，足利義満とは関連しないので，(あ)は誤り。
　問8 農民から刀などの武器を取り上げる刀狩は，方広寺の大仏をつくるための釘にするという名目のもと，豊臣秀吉が進めた。これによって，武士と農民の身分差がはっきりと区別されるようになり，兵農分離が進んだ。(い)は江戸幕府が制定した一国一城令，(う)は織田信長について述べた文である。
　問9 幕領でキリスト教禁止(1612年)→全国でキリスト教禁止(1613年)→スペイン船の来航禁止(1624年)→日本人の帰国・海外渡航の禁止(1635年)→島原・天草一揆(1637〜1638年)→ポルトガル船の来航禁止(1639年)→オランダ商館を平戸から出島に移す(1641年)，の流れを理解しておこう。

問 10　江戸は「天下の台所」ではなく「将軍のおひざもと」と呼ばれたので，（あ）は誤り。天下の台所と呼ばれたのは大阪である。

2　問 1　2…1881 年，開拓使官有物払下げ事件をきっかけに，政府が 10 年後の国会の開設を約束した。

3…予算の承認を行う議会において，政党の協力を得る必要が出てきたことから，1900 年，伊藤博文は憲政党を吸収し，立憲政友会を結成した。

問 2　設問 1　①は「下田・函館」ではなく「神奈川（横浜）・兵庫（神戸）・長崎・新潟・函館」ならば正しい。②について，外国との貿易が始まると，日本は主に毛織物・綿織物（綿製品）を輸入した。　設問 2　倒幕に向けて活動したのは，主に薩摩藩や長州藩であり，西郷隆盛は薩摩藩出身，木戸孝允は長州藩出身である。　設問 3　①は太平洋戦争後の農地改革について述べた文であり，④は太平洋戦争中のできごとについて述べた文である。　設問 4　総理大臣は元老院の推薦などで選ばれたから，③は誤り。また，フランスではなくドイツ（プロイセン）の憲法が参考にされたから，④は誤り。

設問 5　1894 年，外務大臣陸奥宗光がイギリスとの間で領事裁判権（治外法権）の撤廃に成功し，1911 年，外務大臣小村寿太郎がアメリカとの間で関税自主権の完全回復に成功した。関税自主権の回復は，伊藤博文が暗殺されたあとの 1911 年のことだから，（オ）は領事裁判権の撤廃と判断する。②のノルマントン号事件は 1886 年のできごとであり，これをきっかけに領事裁判権の撤廃の気運が盛り上がった。　設問 6　韓国と北朝鮮に分裂した後，朝鮮戦争が始まったので，③は誤り。日本が韓国と国交を回復したのは 1965 年の日韓基本条約によってだから，④は誤り。

設問 7　②と④はともに大正時代のできごとである（②1925 年，④1923 年）。

3　問 1(1)　（あ）について，ミシシッピ川はメキシコ湾（大西洋）にそそぐ。（い）について，西部にはロッキー山脈が，東部にはアパラチア山脈が走っている。（う）について，日本の国土面積は約 38 万km²，アメリカの国土面積は約 960 万km²だから，960÷38＝25.2…（倍）より，正しい。

(2)　五大湖周辺では酪農がさかんだから，（う）は誤り。綿花の栽培は南部の州（コットンベルト）でさかんである。

(3)　アメリカの人口は約 3 億 2000 万人だから，（あ）は誤り。アメリカで人種間の対立が起こるようになったのは，イスラム教の信者（ムスリム）の移民が増加してきたためで，インドからの移民が急増したからではない。よって，（う）は誤り。なお，2017 年 2 月，トランプ大統領はシリア・ソマリア・イランなどイスラム教国 7 か国からの移民を禁止する大統領令を出し，世界中に混乱が広がった。

問 2　1 年を通して温暖で，雨季と乾季があるので，熱帯に属する（う）のブラジルが正答となる。

問 3　主要国首脳会議（サミット）は国連が主催しているものではないので，（あ）は誤り。

問 4　（あ）のトレーサビリティは，ある個別の商品について，生産から加工・流通・販売・廃棄までの一連の過程を明らかにするしくみである。（う）のナショナルトラストは，市民が寄付を募って土地などを買い取ることで，自然環境を維持し保護する運動のことをいう。和歌山県の天神崎でこの運動が行われたことから，日本でも一般に広く知られるようになった。

4　問 1　平和主義を規定する第 9 条，生存権を規定する第 25 条，憲法改正の手続きを規定する第 96 条は，いずれもその内容を含めて覚えておこう。

問 2　1950 年，朝鮮戦争の勃発を受け，ＧＨＱ（連合国軍最高司令官総司令部）は，日本の警察力の増強という名目で警察予備隊の創設を命じた。警察予備隊は，1952 年に保安隊，1954 年に自衛隊となった。

問 3　歴代の内閣は，憲法第 9 条の解釈により集団的自衛権を行使することは許されないとする立場をとってきたが，2014 年，安倍内閣は閣議決定で憲法解釈を変更し，集団的自衛権の行使は憲法に違反していないと発表した。

問 4　新しい人権にはプライバシーの権利・知る権利・環境権などが含まれる。

問 5　公共の福祉のため，個人の利益より社会全体の利益が優先される場合がある。

5　問 1　1．めがねフレーム生産は福井県鯖江市でさかんであり，「漆器（輪島塗）や建設用機械（ＫＯＭＡＴＳＵ）の生産で有名な県」は石川県，「薬の生産で有名な県」は富山県のことである。　2．愛知県豊田市には，世界的な自動車メーカー「ＴＯＹＯＴＡ」の本社がある。

問2　【A】は福井県，【B】は愛知県，【C】は大阪府について述べた文である。①は新潟県，②は茨城県，③は東京都，⑦は広島県，⑧は福岡県である。　　問3　カーボン（Carbon）は炭素を意味する英語である。

問4　燃料電池自動車は，水素と酸素から電気をつくって走ることができ，水だけを排出するエコカーである。

問5　取引額の大きい①と②は中国とアメリカであり，日本は，中国に対して貿易赤字，アメリカに対して貿易黒字だから，①が中国，②がアメリカである。③と④のうち，日本が大量に資源を輸入しているオーストラリアは日本の貿易赤字となるから④と判断でき，残った③が韓国になる。よって，（う）が正答となる。

問6　四大公害病について，右表参照。（い）はダイオキシンではなくカドミウムならば正しい。

問7　日本はオーストラリア＞ブラジルの順に鉄鉱石を多く輸入しているので，覚えておこう。

公害名	原因	発生地域
水俣病	水質汚濁 （メチル水銀）	八代海沿岸 （熊本県・鹿児島県）
新潟水俣病	水質汚濁 （メチル水銀）	阿賀野川流域 （新潟県）
イタイイタイ病	水質汚濁 （カドミウム）	神通川流域 （富山県）
四日市ぜんそく	大気汚染 （硫黄酸化物など）	四日市市 （三重県）

――――――――――――《解答例》――――――――――――

1　問1．（い）　　問2．（う）　　問3．（う）　　問4．（い）　　問5．(1)(あ)　(2)(い)　　問6．（う）

　　問7．（う）　　問8．（え）　　問9．（お）

2　問1．1．熱帯雨林　2．ナイル　3．五大湖　　問2．（か）　　問3．ブラジリア　　問4．（え）

　　問5．（う）　　問6．（い）

3　問1．（う）　　問2．（い）　　問3．持ち込ませず　　問4．（い）　　問5．条例

4　問1．【A】（い）　【B】（く）　【C】（う）　【D】（え）　【E】（お）

　　問2．［1］…（あ）　［2］…（あ）　［3］…（い）　［4］…（あ）　［5］…（う）

　　問3．【A】（う）　【C】（お）　【E】（い）　　問4．④

5　問1．（え）　　問2．（あ）　　問3．（い）　　問4．（う）　　問5．狂言　　問6．（え）　　問7．（あ）

　　問8．（い）　　問9．（あ）　　問10．（う）

――――――――――――《解　説》――――――――――――

1　問1．（い）ラジオ放送が始まったのは大正時代のことである。

　問2．（う）は北九州の地につくられた八幡製鉄所について述べた文である。

　問3．（あ）朝鮮半島でおこった内乱(甲午農民戦争)をしずめるために，日本と清はそれぞれ軍隊を送り，日清戦争が始まった。　（い）日清戦争について述べた文である。

　問4．（い）は日中戦争中の日本のようすについて述べた文である。

　問5．(1)(い)北京郊外で，日本軍と中国軍がしょうとつした盧溝橋事件をきっかけに日中戦争が始まった。

　(う)アメリカが日本への石油や鉄の輸出を統制したのは 1940 年のことである。

　(2)(い)は 1936 年に起こった二・二六事件について述べた文である。（あ）・（う）はともに満州国が建国されるより前の大正時代の日本のようすについて述べた文である。

　問6．（あ）は 1937 年，（い）は 1940 年，（う）は 1945 年のできごとである。

　問7．（う）日本が占領されていたころに，義務教育は 6 年間から 9 年間に延長された。

　問8．（あ）のイギリスとは，サンフランシスコ平和条約(1951 年締結)で国交を結んだ。（い）の中華人民共和国とは，日中共同声明(1972 年)で国交を結んだ。（う）の大韓民国とは，日韓基本条約(1965 年)で国交を結んだ。（え）のソビエト連邦とは日ソ共同宣言(1956 年)で国交を結んだ。

　問9．Ⅰは 1968 年，Ⅱは 1970 年代(第一次石油危機 1973 年，第二次石油危機 1979 年)，Ⅲは 1960 年のできごとだから，（お）が正答となる。

2　A国は「コーヒーの栽培」などよりブラジル，B国は「年中乾燥」・「砂漠」などよりエジプト，C国は「世界有数の広大な国土」・「乾燥した西部には大山脈(＝ロッキー山脈)」などよりアメリカ合衆国，D国は「世界有数

の広大な国土」・「いくつかの大河(長江や黄河)が東へ向かって流れている」などより中国である。

問1．3．五大湖は，スペリオル湖・ミシガン湖・ヒューロン湖・エリー湖・オンタリオ湖の5つである。

問2．(か)X…「気温が高く雨の多い」という特徴が日本の国土の大部分と共通していることから，米の栽培がさかんとわかる。　Z…「寒冷で乾燥している」ことから，一般的な農業にあまり向いていない土地と判断する。

問3．ブラジルの首都はブラジリア，エジプトの首都はカイロ，アメリカ合衆国の首都はワシントンD.C.，中国の首都はペキンである。

問4．(あ)のカカオはコートジボワール，(い)のバナナはインド，(う)のココヤシはインドネシアが生産量世界第1位である。ナツメヤシの果実はデーツといい，中東・北アフリカの重要な食料となっている。

問5．日本は中国から「衣料」を主に輸入しているので，(う)が正答。(あ)は自動車・部品が上位なので中国への輸出，(い)は航空機が上位なのでアメリカからの輸入，(え)は自動車が1位なのでアメリカへの輸出である。

問6．(あ)〜(う)のうち，最も割合が高い(あ)は中国，最も割合が低い(う)はアメリカ合衆国である。

3　問1．(う)右表参照。

本州四国連絡橋	開通年	結ばれている都市
瀬戸大橋	1988年	岡山県倉敷市－香川県坂出市
明石海峡大橋・大鳴門橋	明石海峡大橋…1998年 大鳴門橋…1985年	明石海峡大橋…兵庫県神戸市－淡路島 大鳴門橋…淡路島－徳島県鳴門市
しまなみ海道	1999年	広島県尾道市－愛媛県今治市

問2．(あ)国連児童基金

(い)国連教育科学文化機関

(う)世界保健機関　(え)国連食糧農業機関

問3．非核三原則は，佐藤栄作首相が打ち出した方針である。1974年，この原則に基づく政治・外交が評価され，佐藤栄作はノーベル平和賞を受賞した。

問4．(い)日本国憲法が施行された1947年当時，自衛隊はまだ組織されていなかった(自衛隊の発足は1954年)。憲法は，2016年1月現在まで一度も改正されていないので，自衛隊に関する記述は憲法に一切記されていない。

問5．条例は法律の範囲内で制定することができ，その地方に住む住民は一定数の署名を集めれば条例の制定を首長(都道府県知事や市町村長)に請求することができる。

4　問1．(あ)青森県　(い)秋田県　(う)静岡県　(え)和歌山県　(お)島根県　(か)滋賀県　(き)石川県　(く)群馬県　【A】「男鹿半島」などより(い)の秋田県である。　【B】「関東地方」・「内陸県」などより，(く)の群馬県である。　【C】「牧之原」・「焼津港」などより，(う)の静岡県である。【D】「ウメは…全国一の生産量」などより(え)の和歌山県である。　【E】「出雲大社」などより(お)の島根県である。

問2．[4](あ)ミカンは和歌山県・愛媛県・静岡県の順に生産量が多い。　[5]右図参照。

問3．(あ)は和歌山県，(え)は栃木県，(か)は岐阜県について述べた文である。

問4．④北西季節風は日本海側に位置する県に影響を与える風なので，太平洋側に位置する和歌山県には関係がない。和歌山県は，梅雨前線や台風の影響を受けるため，年間降水量が多くなる。

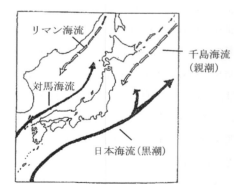

5　問1．(え)書院造の様式が見られるようになるのは，足利義政が銀閣を建てた頃からである。

問2．(い)は室町時代，(う)は飛鳥時代のようすを述べた文である。(え)について，かな文字は平安時代中ごろに発明されたものだが，寺子屋は江戸時代に町民や村民の子が学んだ教育施設である。

問3．(あ)は江戸時代，(う)は律令制がとられていた飛鳥時代〜平安時代初期のようすについて述べた文である。(え)について，前半部分は明治時代について述べたものだが，税を支払ったのは農民(国民)である。

問4．Ⅰ．飛鳥時代(最初の元号は「大化」である)　Ⅱ．古墳時代　Ⅲ．奈良時代　よって，(う)が正答。

問6．(え)大名の妻子(家族)は，人質として江戸に住まわされた。

問7．(あ)このルートを西廻り航路といい，河村瑞賢によって採用され，北前船が用いられた。

問8．(あ)織田信長ではなく豊臣秀吉ならば正しい。　(う)江戸の人口が日本で最も多かった。　(え)幕末に開港地とされたのは，下田(後に閉港)・神奈川・兵庫・長崎・新潟・函館である。

問9．(あ)「琵琶」を用いたのは鎌倉時代の琵琶法師である。人形浄瑠璃は，三味線に合わせて人形をあやつる人形劇であり，江戸時代には近松門左衛門の脚本が人気を博した。

平成 ㉗ 年度　解答例・解説

《解答例》

1　問1．1．(い)　2．(う)　問2．C．(あ)　D．(う)　問3．(う)　問4．A　問5．経済特区
　　問6．(う)

2　問1．(え)　問2．加工貿易　問3．(う)　問4．1．(あ)　2．(い)　問5．(う)
　　問6．(い)　問7．(あ)

3　問1．1．(い)　2．(う)　3．(あ)　4．(え)　問2．(え)　問3．(い)　問4．(う)
　　問5．(う)　問6．(え)　問7．(え)　問8．(い)　問9．(え)　問10．(う)
　　問11．X．(あ)　Y．(か)

4　問1．(う)　問2．西南戦争　問3．(あ)　問4．(あ)　問5．(う)　問6．(あ)
　　問7．(い)　問8．(あ)　問9．(か)　問10．(い)　問11．(い)

《解説》

1　※問1．[1](あ)は中国，(う)・(え)はブラジルが輸出量世界一をほこる(2011年)。

[2]航空機はシアトル，製油はヒューストン，自動車はデトロイトで生産がさかんである。

問2．A．アラスカ州　B．カリフォルニア州　C．ワイオミング州　D．ニューヨーク州

(あ)ロッキー山脈は，アメリカ西部に連なっているからCである。　(い)寒帯に属し，イヌイットの住む地域だからAである。　(う)国連の本部はニューヨークにあるからDである。　(え)カリフォルニア州北部のシリコンバレーと呼ばれる地域で特に先端技術産業がさかんだからBである。

問3．(う)西部開拓を進めたのはヨーロッパ系の人々で，アフリカ系の人々は奴隷としてわたってきた。

問4．A．シンチヤンウイグル自治区(ウイグル族)　B．内モンゴル自治区(モンゴル族)　C．チベット自治区(チベット族)　D．コワンシーチョワン族自治区(チョワン族)

問5．外国の資本や技術を獲得するために中国の沿岸部に経済特区が設けられた。経済特区は，シェンチェンのほか，アモイ・チューハイ・スワトウ・ハイナン島の5つ。

問6．(あ)ターリエン(大連)　(い)チンタオ(青島)　(え)ホンコン(香港)

2　問1．(え)日本は，サウジアラビア・アラブ首長国連邦(Y)・カタール(Z)など，中東の国々から多く原油を輸入している。

問2．加工貿易が行われてきた日本では，原料や燃料の輸入に便利な臨海部に工業地帯や工業地域が発達してきた。

問3．(あ)自動車は主に船で輸出される。　(い)中国ではなくアメリカ合衆国ならば正しい。

問5．(あ)は国民，(い)は裁判所，(え)は地方公共団体の仕事である。

問6．(あ)1925年ではなく1945年のこと。　(う)参議院ではなく衆議院である。　(え)平成に入ってから行

われた衆議院議員選挙で投票率が 80%を超えたことはない。

問7．（い）は公共事業関係費，（う）は文教及び科学振興費，（え）は防衛関係費に含まれる。

③ 問1．[2]（う）祭りの道具として，青銅器の銅鐸・銅鏡・銅矛などが用いられた。

[4]「禅宗の影響を受けた」にかかる言葉なので，室町時代に発達した武家住宅の様式である（え）が最も適当。

問2．（あ）縄文土器の名は，その縄目模様にちなんで名づけられた。　（い）古墳時代のこと。　（う）のぼりが
まによって焼かれたのは，古墳時代に渡来人によってその製法が伝えられた須恵器である。

問3．（い）猿楽ではなく田楽とすれば，平安時代以降の村の様子をあらわしている。

問4．（あ）鑑真は中国から日本に渡った僧である。「道路やため池を～説いてまわった」は，奈良時代の僧行
基について述べたもの。　（い）養蚕やはた織りの技術などは，古墳時代に渡来人によって伝えられた。

（え）和同開珎は，日本でつくられた銅銭である。

問5．（あ）室町時代　（い）（え）奈良時代　（う）平安時代

問6．（あ）は北条泰時，（い）は豊臣秀吉，（う）は平清盛について述べた文である。

問7．（え）江戸時代について述べた文である。火災の発生などについて連帯責任を負わせて相互監視させた五
人組のしくみは，江戸幕府がつくらせた制度である。

問8．（い）鎌倉時代の産業について述べた文である。

問9．（え）五街道はいずれも江戸の日本橋を起点としている。また，日光道中・奥州道中は京都に向かわない。

問10．（う）福沢諭吉が『学問のすゝめ』を著したのは明治時代のことである。

問11．Ｘ．井原西鶴の著した小説として『好色一代男』『世間胸算用』などがある。　Ｙ．近松門左衛門が書
いた脚本に『曽根崎心中』『国姓爺合戦』などがある。　（い）（お）は浮世絵師，（う）は俳人，（え）は医師である。

④ 問1．（う）徴兵令によって，士族出身者に限らず，全国の男子が集められた。

問2．征韓論が退けられた後，政府を去った西郷隆盛は，鹿児島に帰郷して私塾を開いていたが，特権をうば
われたことに不満を持っていた士族らにかつぎ上げられ，1877 年に西南戦争を起こした。

問3．（あ）1874 年，板垣退助らが国会を開けとする意見書（民撰議院設立の建白書）を政府に提出したことから，
国会の開設を求める自由民権運動が始まった。　（い）・（う）は，大正時代に起こった社会運動について述べた
文である。

問4．（あ）1881 年，板垣退助が自由党を，1882 年，大隈重信が立憲改進党をそれぞれ結成した。

問5．日清戦争は，1894 年に甲午農民戦争（東学党の乱）をきっかけとして始まった。

（あ）1918 年　（い）1923 年　（う）1886 年　（あ）と（い）は，ともに大正時代のできごとである。

問6．日清戦争の講和条約として下関条約が結ばれた。この条約で日本は，賠償金のほか，（あ）台湾・遼東半
島（後にロシア主導の三国干渉で清に返還）・澎湖諸島を獲得した。

問7．（い）1905 年，血の日曜日事件（当時のロシアの首都サンクトペテルブルグで平和的にデモをしていた労
働者らに軍隊が発砲し，多数の死傷者を出した事件）をきっかけに，第1次ロシア革命が起こり，ロシアは戦
争継続が困難となった。　（あ）1902 年，日本はイギリスと日英同盟を結び，ロシアに対抗した。　（う）アメリ
カの仲介で，アメリカのポーツマスにおいて講和条約（ポーツマス条約）が結ばれた。

問8．（あ）伊藤博文が韓国の青年安重根に暗殺された後，1910 年に韓国併合が行われた。

問9．①1945 年8月　②1945 年3月　③1941 年12月　よって，（か）が正答。

問10．日本はＧＨＱ（連合国軍最高司令官総司令部）によって，1945〜1951 年まで占領されていた。

（あ）1973 年　（い）1950 年　（う）19 世紀末〜20 世紀初頭

問11. (い)ソ連が安全保障理事会で拒否権を発動していたため，日本はサンフランシスコ平和条約で独立を回復した後も国際連合に加盟できなかった。1956年，日ソ共同宣言を発表してソ連と国交を回復したことで，日本の国際連合加盟にソ連の反対がなくなり，日本は国際連合への加盟を果たすことができた。

※出典…1問1．[1]『地理統計要覧2014年版』

平成26年度 解答例・解説

――――――《解答例》――――――

1 問1．1．(あ)　2．(う)　3．(い)　4．(い)　問2．(あ)　問3．(あ)　問4．(い)
　問5．(い)　問6．(お)　問7．(う)　問8．(え)　問9．(あ)

2 問1．1．リオデジャネイロ　2．一人っ子　3．コーラン　4．難民　問2．(い)　問3．(い)
　問4．漢　問5．(1)アラビア　(2)(え)　問6．(い)

3 1．減反政策〔別解〕生産調整　2．200
　問1．(あ)　問2．(え)　問3．カナダ　問4．(う)　問5．(あ)　問6．栽培

4 問1．(う)　問2．(あ)　問3．(い)　問4．公地公民(制)　問5．(い)　問6．(い)
　問7．(え)　問8．執権　問9．(う)　問10．(1)(え)　(2)(う)　問11．武家諸法度
　問12．徳川家光

――――――《解　説》――――――

1 問1．[2](う)の廃藩置県(1871年)によって大名の支配が終わり，政府(中央)から派遣された県令・府知事が地方を治めるようになった。なお，(あ)の版籍奉還(1869年)は，全国の大名に土地と人民を天皇に返させた政策であり，混同に注意しよう。

[4](い)1972年は，日中共同声明で，日本が中国と国交を回復した年でもあるので覚えておこう。

問2．(い)日露戦争に際し，出征した弟を思い「君死にたまふことなかれ」で始まる詩を発表した歌人。(う)『たけくらべ』『にごりえ』などの小説を発表した小説家。2018年現在の五千円札の肖像画に用いられている。(え)女性の権利拡大を求める青鞜社の設立の中心となった活動家。

問4．【A】1行目に「1871年」とあることに着目しよう。(あ)は1873年，(い)は1868年，(う)は1873年，(え)は1889年に行われたことである。

問6．(お)フィリピン・マレー半島は，日本軍がともに1942年に占領した。①のハワイは，日本軍に占領されておらず，③の台湾は，1895年の下関条約以降，1945年の敗戦まで日本の占領下にあった。

問7．1945年6月からポツダム宣言を受諾した8月14日の間に起こったできごとを選ぶ。(う)ソ連の対日参戦は，8月9日のできごとである。

問8．(あ)(い)は1950年，(う)は1949年，(え)は1956年のできごとである。(え)の国際連合への加盟は，日ソ共同宣言でソ連と国交を回復した後に実現した。

問9．(あ)は大正時代のできごとで，1922年のこと。

2 【A】ブラジル　【B】中国　【C】サウジアラビア　【D】ケニア

問1．[2]一人っ子政策とは，主に漢族の夫婦一組が持てる子を一人に限定する政策のこと。この政策により人口

抑制には成功したものの，急速な少子高齢化を招いたため，2016年に廃止された。

問2．(あ)万里の長城(中国)　(い)コルコバードの丘(ブラジル)　(う)キリマンジャロ(タンザニア)
(え)メッカのカーバ神殿(サウジアラビア)

問3．(い)アメリカ合衆国(約3億1300万人)＞ブラジル(約1億9600万人)＞日本(約1億2700万人)

問5．(1)アラビア語は，主に中東で用いられている言語である。

(2)(え)羊の肉ではなく豚の肉。イスラム教で豚は不浄なものとされているため，食べることが禁じられている。

問6．(あ)国連教育科学文化機関　(う)世界食糧計画　(え)世界保健機関

3　問1．(あ)山梨県は，農業生産額に占める果実の割合が高く，長野県は農業生産額に占める野菜の割合が高い。

問2．(あ)米　(い)野菜　(う)肉類

問4．(う)日本の国土面積に占める森林の割合は，約66.3％である。

問5．(い)遠洋漁業　(う)沿岸漁業　(え)養殖業

問6．サケなどで行う栽培漁業に対し，カキやウナギなどで行う養殖は，主にいけすで飼育し，海や川に一度も放流しない点に，栽培漁業とのちがいがある。

4　問1．【A】の史料は，大化の改新に際して出された改新の詔である。(う)の中大兄皇子や中臣鎌足らが中心となって作成された。

問2．(あ)6世紀末は古墳時代である。(い)(え)は弥生時代，(う)は縄文時代である。

問3．(い)朱印状を発行し，東南アジアとの貿易を積極的に行ったのは徳川家康(江戸時代)である。

問5．(あ)庸ではなく租。(う)雑徭ではなく庸。(え)租ではなく雑徭。

問6．(い)北条政子ではなく北条時宗。

問7．(え)足利義満は，北朝・南朝に分断していた朝廷を一つにまとめ(南北朝の合一)，明と勘合貿易を始めた。

問8．執権は，代々北条氏が世襲し，源氏の将軍が3代で途絶えた後は，幕府の実権をにぎった。

問9．(う)守護大名(守護が成長して大名となった者)から戦国大名となった者に，今川氏や武田氏などがいる。

問10．(1)(あ)能ではなく人形浄瑠璃。(い)浮世絵ではなく水墨画。また，江戸時代ではなく室町時代。(う)伊能忠敬ではなく杉田玄白。

(2)Ⅰ．1866年(薩長同盟)　Ⅱ．1860年(桜田門外の変)　Ⅲ．1867年(大政奉還)　よって，Ⅱ→Ⅰ→Ⅲの順となるから(う)が正答。

問11・12．参勤交代は，武家諸法度に追加される形で制度化された。

※出典…2問3．『世界国勢図会 2012/13』

平成㉕年度 解答例・解説

═══════════════════════ 《解答例》 ═══════════════════════

1　問1．1．京都　2．オゾン　3．ポルトガル　4．シャンハイ　問2．(え)　問3．(あ)　問4．(い)
　　問5．(い)　問6．(え)　問7．(う)　問8．NGO　問9．(あ)

2　問1．1．輪中　2．電照菊　3．千島　4．東シナ　問2．【A】(お)【B】(け)【C】(あ)【D】(き)
　　問3．(え)　問4．(あ)　問5．輪作　問6．(う)　問7．(う)

3　問1．《a》(き)《b》(お)《c》(か)《d》(く)　問2．1．正倉院　2．関白　3．御家人　4．書院造
　　5．徳川家康　問3．①(う)②(あ)③(う)④(い)⑤(う)　問4．シルクロード〔別解〕絹の道

問5．参勤交代

4 問1．野口英世　　問2．(あ)　　問3．(1)(え)　(2)(あ)　　問4．(う)→(い)→(あ)　　問5．(あ)

問6．(1)(あ)　(2)(い)　　問7．(う)　　問8．ヒトラー　　問9．湯川秀樹

問10．(1)サンフランシスコ　(2)(い)→(う)→(あ)　　問11．(う)

━━━━━━━━━━━━━━━━━━━━ 《解　説》 ━━━━━━━━━━━━━━━━━━━━

1 A．日本，B．オーストラリア，C．ブラジル，D．中国。

問2．(え)①人口よりD(中国)。③面積よりA(日本)。②と④で，人口密度の低い②がB(オーストラリア)。
残った④がC(ブラジル)。

問3．(あ)それぞれの国の首都は，A．東京，B．キャンベラ，C．ブラジリア，D．ペキン。ブラジルはほぼ日本の真
裏に位置する(対蹠点)。

A－C間の直線距離：約17700km，B－C間の直線距離：約14000km。

問4．(い)京都議定書は，先進国のみに温室効果ガスの削減目標を定めた。

問7．(う)茶の生産は，中国・インド・ケニア・スリランカが多い。(あ)(い)は世界1位，(え)は世界5位，(お)は
世界2位である。(いずれも2010年)

問8．NGO(非政府組織)は主に国際的な場面で用いられる。これに対して，NPO(非営利組織)は利益をあげるこ
とを目的としないという意味合いが強調され，国内的な場面で用いられることが多いが，問題文の例示やC全体の文
章から考えると，NPOも誤りとはいえない。

問9．(あ)B＝ブラジル，R＝ロシア，I＝インド，C＝中国，S＝南アフリカ共和国。

2 問2．A．(お)濃尾平野，B．(け)沖縄，C．(あ)十勝平野，D．(き)松浦港。

問4．(あ)花の鮮度を保つため，東京などの大都市へ出荷する場合にはできるだけ速度の速い航空機で運ばれる。な
お，(い)のフェリーが用いられるのは，九州各県への出荷の場合である。

問6．(う)大陸棚は，水深約200mまでの浅い海底をいう。

問7．(あ)領海に関する説明，(い)経済水域の設定により，日本の遠洋漁業の漁獲量は減るようになった。

3 問1．(あ)鑑真，(い)足利義満，(え)聖徳太子(厩戸皇子)がそれぞれ建立。(う)平氏が崇拝したことで有名。

問3．①(あ)鑑真は中国から招かれた僧。(い)聖徳太子。②(い)『古事記』は元明天皇の命，『日本書紀』は
舎人親王らの編纂による。(う)『枕草子』→『源氏物語』。③(あ)北条時宗。(い)承久の乱は北条義時のとき，御
成敗式目の制定は北条泰時による。④(あ)足利尊氏。(う)は応仁の乱についての記述で，足利義政の跡継ぎ争いに有
力守護の勢力争いがからみあって始まった。⑤(あ)ポルトガル→オランダ。(い)徳川家康。

問4．(ア)のことから，正倉院はシルクロードの東の終着点とも呼ばれる。

問5．参勤交代は将軍と大名との主従関係の確認のために行われた。なお，参勤交代の制定によって大名は多くの出
費を余儀なくされ，江戸で命じられる城の修理などの御手伝普請なども加わって，藩の財政は苦しくなった。

4 問2．(あ)太平洋戦争終結後の民主化政策による(農地改革)。

問3．(2)(あ)義務教育が9年間となったのは太平洋戦争終結後のこと。1907年に義務教育は6年とされたが，それま
では3，4年だった。

問4．(あ)1905年(韓国統監府)，(い)1902年(日英同盟)，(う)1894年(甲午農民戦争により日清戦争が起こった)。

問5．(い)(う)小説家，(え)細菌学者。

問6．写真bは杉原千畝。(1)(あ)昭和時代，(い)幕末，(う)明治時代。

⑵満州国の建国：1932年。（あ）1922年，（い）五・一五事件：1932年，二・二六事件：1936年，（う）1945年。

問7．（あ）（い）第1次世界大戦中の日本のようす。

問10．⑴サンフランシスコ平和条約の締結_{ていけつ}と同時に，日米安全保障条約が結ばれた。

⑵（あ）1972年（日中共同声明），（い）1956年（日ソ共同宣言），（う）1965年（日韓基本条約）。

問11．朝鮮戦争：1950年。（う）日本の国際連合加盟は1956年。日本の国際連合加盟に対してソ連が拒否権_{きょひ}を発動していたため，ソ連と国交を回復する1956年までは国際連合に加盟することができなかった。

■ ご使用にあたってのお願い・ご注意

（１）問題文等の非掲載

著作権上の都合により，問題文や図表などの一部を掲載できない場合があります。

誠に申し訳ございませんが，ご了承くださいますようお願いいたします。

（２）過去問における時事性

過去問題集は，学習指導要領の改訂や社会状況の変化，新たな発見などにより，現在とは異なる表記や解説になっている場合があります。過去問の特性上，出題当時のままで出版していますので，あらかじめご了承ください。

（３）配点

学校等から配点が公表されている場合は，記載しています。公表されていない場合は，記載していません。

独自の予想配点は，出題者の意図と異なる場合があり，お客様が学習するうえで誤った判断をしてしまう恐れがあるため記載していません。

（４）無断複製等の禁止

購入された個人のお客様が，ご家庭でご自身またはご家族の学習のためにコピーをすることは可能ですが，それ以外の目的でコピー，スキャン，転載（ブログ，ＳＮＳなどでの公開を含みます）などをすることは法律により禁止されています。学校や学習塾などで，児童生徒のためにコピーをして使用することも法律により禁止されています。

ご不明な点や，違法な疑いのある行為を確認された場合は，弊社までご連絡ください。

（５）けがに注意

この問題集は針を外して使用します。針を外すときは，けがをしないように注意してください。また，表紙カバーや問題用紙の端で手指を傷つけないように十分注意してください。

（６）正誤

制作には万全を期しておりますが，万が一誤りなどがございましたら，弊社までご連絡ください。

なお，誤りが判明した場合は，弊社ウェブサイトの「ご購入者様のページ」に掲載しておりますので，そちらもご確認ください。

■ お問い合わせ

解答例，解説，印刷，製本など，問題集発行におけるすべての責任は弊社にあります。

ご不明な点がございましたら，弊社ウェブサイトの「お問い合わせ」フォームよりご連絡ください。迅速に対応いたしますが，営業日の都合で回答に数日を要する場合があります。

ご入力いただいたメールアドレス宛に自動返信メールをお送りしています。自動返信メールが届かない場合は，「よくある質問」の「メールの問い合わせに対し返信がありません。」の項目をご確認ください。

また弊社営業日（平日）は，午前９時から午後５時まで，電話でのお問い合わせも受け付けています。

2025 春

株式会社教英出版

〒422-8054　静岡県静岡市駿河区南安倍３丁目 12-28

TEL　054-288-2131　　FAX　054-288-2133

URL　https://kyoei-syuppan.net/

MAIL　siteform@kyoei-syuppan.net

教英出版　2025　30 の 1　愛光中７年分

平成３１年度　愛光中学校入学試験問題

社会

(40分)

《答えはすべて解答用紙に記入しなさい。選択問題については，記号で答えなさい。》

1　次の【A】・【B】の文を読み，後の問いに答えなさい。

【A】右の絵は，明治天皇の名で(ｱ)新たな政治の方針を
定めた五か条の誓文が発表された場面を描いたもの
です。日本は(ｲ)アメリカ合衆国の使者(ｳ)ペリーの来
航をきっかけに開国しました。その後しばらくして
(ｴ)日本と欧米諸国との貿易が始まると，人々の生活
は苦しくなり幕府に対する不満が高まりました。こう
した中で，(ｵ)幕府を倒そうとする運動がさかんにな
ったため，幕府の 15 代将軍の徳川慶喜は，幕府に
よる政治は続けられないと判断し，政権を朝廷に返し
ました。その後，新政府軍と旧幕府軍との間で戦争が
はじまり，そうした中でこの儀式が新政府によってお
こなわれたのです。

問1　下線部(ｱ)について，この内容として誤っているものを，次の中から 1 つ選びなさい。

（あ）政治は，広く会議を開いて，多くの人々が意見を述べあったうえで決定しよう。

（い）新しい知識を世界から学び，天皇中心の国をさかんにしよう。

（う）士農工商の身分をなくし，平等としよう。

問2　下線部(ｲ)に関連して，アメリカ合衆国の建国に関する歴史に
　　ついて述べた次の文X・Yについて，その正誤の組み合わせと
　　して正しいものを，下の中から 1 つ選びなさい。

　　X　現在のアメリカ合衆国の東部にあたる地域にイギリス人が
　　　　移り住み，植民地をつくった。

　　Y　独立戦争を指揮したワシントンが，独立後に初代大統領に選
　　　　ばれた。

（あ）X　正　　　Y　正　　　（い）X　正　　Y　誤

（う）X　誤　　　Y　正　　　（え）X　誤　　Y　誤

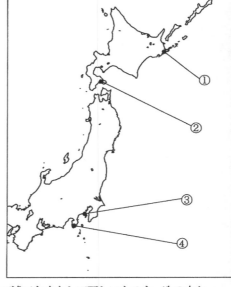

問3　下線部(ｳ)について，幕府は日米和親条約を結び，2 つの港を
　　開港しました。右の地図の中でその 2 つの場所を示す組み合わ
　　せを，次の中から 1 つ選びなさい。

（あ）①・②　　　（い）①・③　　　（う）①・④

（え）②・③　　　（お）②・④　　　（か）③・④

問4　下線部(ｴ)について，このころの日本と欧米諸国との貿易について述べた文として正しいものを，次の中か
　　ら 1 つ選びなさい。

（あ）幕府は，綿織物の輸出量を増やすために外国から機械を買い入れて官営工場をつくった。

（い）生糸や茶などがさかんに輸出されて品不足になったため，ものの値段がはげしく上がった。

（う）安い外国製品が輸入されるようになったので，幕府は関税を高くした。

問5　下線部(オ)について，この運動の中心となった薩摩藩出身の人物を，次の中から1つ選びなさい。

（あ）木戸孝允　　　（い）勝海舟　　　（う）岩倉具視　　　（え）大久保利通

【B】右の写真は，東京で開かれた(カ)日本国憲法の公布を祝う会のようすです。(キ)第二次世界大戦後，日本は，連合国軍の占領の下で，(ク)これまでの侵略や戦争の歴史を反省し，民主化を進めるための改革を次々と進めていきました。こうした改革の成果の一つが，このとき公布された日本国憲法です。その後，日本は(ケ)アメリカとの結びつきを強めながら，平和な国づくりを進めていき，(コ)急速に産業を発展させていきました。

問6　下線部(カ)に関連して，日本国憲法の原則として正しいものを，次の中から1つ選びなさい。

（あ）国の政治をどのように進めていくのかを決めるのは国民であること。

（い）天皇が陸海空軍を統率すること。

（う）国民は法律の範囲の中で言論や集会などの自由をもつこと。

問7　下線部(キ)に関連して述べた次の文X・Yについて，その正誤の組み合わせとして正しいものを，下の中から1つ選びなさい。

　　X　ドイツがポーランドを攻撃したことをきっかけに，第二次世界大戦がはじまった。

　　Y　日本軍がイギリス領のマレー半島と，ハワイのアメリカ軍基地を攻撃し，イギリス・アメリカと戦争をはじめた。

（あ）X　正　　Y　正　　　　（い）X　正　　Y　誤

（う）X　誤　　Y　正　　　　（え）X　誤　　Y　誤

問8　下線部(ク)について，19世紀末ころから，日本は中国や朝鮮半島に勢力をのばしていきました。これに関する文Ⅰ〜Ⅲを，古い順に正しく並べかえたものを，下の中から1つ選びなさい。

　　Ⅰ　韓国に対する支配を強め，さらに併合して植民地にした。

　　Ⅱ　日本軍が，南満州鉄道の線路を爆破し，これをきっかけに満州事変がはじまった。

　　Ⅲ　第一次世界大戦がおこると，日本もこれに加わり，中国に勢力をのばそうとした。

（あ）Ⅰ−Ⅱ−Ⅲ　　　（い）Ⅰ−Ⅲ−Ⅱ　　　（う）Ⅱ−Ⅰ−Ⅲ

（え）Ⅱ−Ⅲ−Ⅰ　　　（お）Ⅲ−Ⅰ−Ⅱ　　　（か）Ⅲ−Ⅱ−Ⅰ

問9　下線部(ケ)について，戦後の日本とアメリカの結びつきについて述べた文として誤っているものを，次の中から1つ選びなさい。

（あ）朝鮮戦争がはじまると，アメリカが大量の物資を日本に注文したため，日本の産業は活気づいた。

（い）日米安全保障条約が結ばれ，独立後もアメリカ軍が日本の基地にとどまることになった。

（う）日本が独立するとともに，アメリカの承認のもとに国際連合への加盟が実現した。

問10　下線部(コ)について，戦後の日本は工業を中心として急速に産業を発展させていきました。こうした中，アジアで最初のオリンピックが開かれました。右の年表をみて，そのオリンピックが開かれた時期として正しいものを，（あ）～（え）の中から1つ選びなさい。

```
          ↓ （あ）
国民所得倍増計画が発表された
          ↓ （い）
国民総生産が世界2位になった
          ↓ （う）
大阪で万国博覧会が開かれた
          ↓ （え）
```

2　次の文は，ある中学校の社会科の授業で，「日本とつながりが深い国々」の一つとして，ブラジルについて調べてきた生徒が発表しているようすです。この文を読み，後の問いに答えなさい。

　私は，「日本人移民とブラジル」というテーマで発表します。

　ブラジルへ日本からの移民が始まったのは，1908 年のことです。当時，仕事を求めてブラジルへ渡った日本人は，人手の足りていなかったコーヒー農園で働くなど，(ア)ブラジルの農業の発展に大きく貢献したそうです。後には，(イ)資源の豊かなアマゾン川流域の開拓にたずさわる人も出てきました。なかには，異国の地で，(ウ)文化や言葉の違いに苦労しながらも，(エ)サンパウロなどの大都市に移って会社の経営者になったり，法律や医療などの専門職についたりする人も現れました。こうして日本人は着々とブラジル社会で活躍の場を広げていったそうです。ブラジルには，「Japones Garantido（ジャポネース・ガランチード）」という＿＿＿の言葉があります。「日本人であれば信頼できる，信用に値する」という意味で，ブラジル国内でこれまで日本人がいかに高い評価を受けてきたかが分かります。現在ブラジルには，日本人移民の子孫である日系人が 160 万人ほどもくらしています。その一方で 1990 年代以降，(オ)日系人の中には，日本に出稼ぎに来る人もいて，彼らの多くは，自動車関連の工場など主に製造業の分野で働いているそうです。

　今回，日本人移民を通してブラジルについて考えてみて，(カ)日本からとても遠い国であるブラジルが，少し身近に感じられるようになりました。

問1　文中の空らん＿＿＿には，ブラジルの公用語があてはまります。適当なものを，次のうちから1つ選びなさい。

（あ）英語　　　（い）スペイン語　　　（う）フランス語　　　（え）ポルトガル語

問2　下線部(7)について，次の表はブラジルが上位を占める農作物の生産量上位国とその生産量を示したものであり，X～Zには，さとうきび，大豆，バナナのいずれかがあてはまります。農作物名とX～Zとの正しい組み合わせを，下の（あ）～（か）のうちから1つ選びなさい。

（単位：万t）

X		Y		Z	
インド	2,972	ブラジル	73,611	アメリカ合衆国	10,688
中国	1,179	インド	35,214	ブラジル	8,676
フィリピン	888	中国	12,561	アルゼンチン	5,340
ブラジル	695	タイ	10,370	中国	1,215
インドネシア	686	パキスタン	6,283	インド	1,053
エクアドル	676	メキシコ	5,667	パラグアイ	998
世界計	11,413	世界計	188,425	世界計	30,652

統計年次は，2014年。

『データブック　オブ・ザ・ワールド2018』より作成

	（あ）	（い）	（う）	（え）	（お）	（か）
さとうきび	X	X	Y	Y	Z	Z
大豆	Y	Z	X	Z	X	Y
バナナ	Z	Y	Z	X	Y	X

問3　下線部(イ)に関連して，以下の設問に答えなさい。

（1）アマゾン川流域には多くの資源が分布しており，ブラジルは世界でも有数の資源大国となっています。次の図は，木材の伐採量，鉄鉱石の生産量，ボーキサイトの生産量のいずれかについて，世界の上位国とそれらが世界に占める割合を示したものです。項目名とX～Zとの正しい組み合わせを，下の（あ）～（か）のうちから1つ選びなさい。

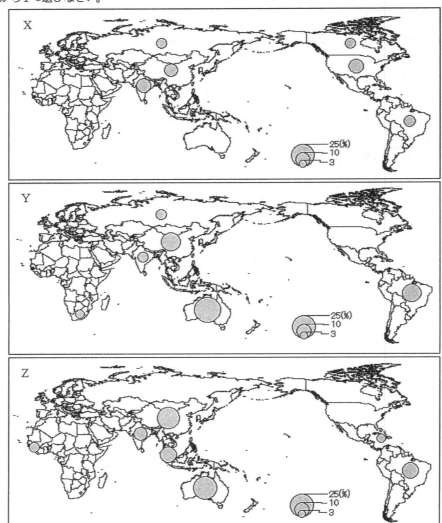

3％未満の国々は省略した。

統計年次は，木材の伐採量が2016年，鉄鉱石の生産量とボーキサイトの生産量が2015年。

（『データブック　オブ・ザ・ワールド2018』より作成）

	（あ）	（い）	（う）	（え）	（お）	（か）
木材の伐採量	X	X	Y	Y	Z	Z
鉄鉱石の生産量	Y	Z	X	Z	X	Y
ボーキサイトの生産量	Z	Y	Z	X	Y	X

（2）次の表は，世界の主な河川の長さと流域面積を示したものであり，表中のX～Zには，アマゾン川，ガンジス川，ナイル川のいずれかがあてはまります。河川名とX～Zとの正しい組み合わせを，下の（あ）～（か）のうちから1つ選びなさい。

	長さ（km）	流域面積（km²）
X	6,695	3,349
Y	6,516	7,050
Z	2,510	1,621

（『データブック　オブ・ザ・ワールド2018』より作成）

	（あ）	（い）	（う）	（え）	（お）	（か）
アマゾン川	X	X	Y	Y	Z	Z
ガンジス川	Y	Z	X	Z	X	Y
ナイル川	Z	Y	Z	X	Y	X

問4　下線部(ウ)に関連して述べた次の文中の空らん［X］にあてはまる語を答えなさい。

> リオデジャネイロでは，毎年夏に［X］という祭りが開催され，趣向をこらした衣装をまとった多くの集団がサンバのリズムに合わせて街をねり歩く。

問5　下線部(エ)に関連して，次の図は，ブラジルの主な都市の位置を示しています。サンパウロにあたるものを，図中の（あ）～（え）のうちから1つ選びなさい。

問6　下線部(オ)に関連して，次の図は，日本の主な工場の所在地を示したものであり，（あ）〜（う）には，自動車工場，製鉄所，セメント工場のいずれかがあてはまります。自動車工場にあたるものを，1つ選びなさい。

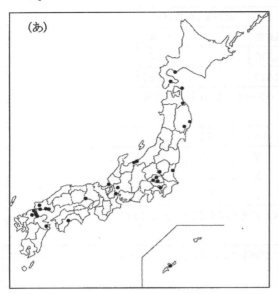

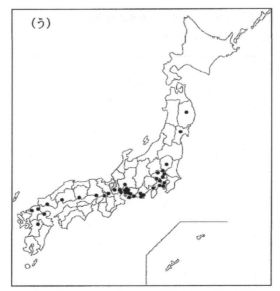

1 点が 1 工場。

統計年次は，2016 年。

（『日本国勢図会 2017/2018』より作成）

問7　下線部(カ)に関連して，東京からブラジルの首都・ブラジリアまで，最短コースで進むとしたとき，東京からみたブラジリアの方位として最も適当なものを，次のうちから1つ選びなさい。

（あ）北北東　　（い）北北西　　（う）東南東　　（え）西南西

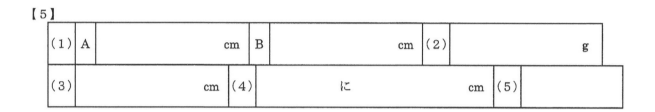

(1)		(2)		(3)	：
(4)	mL	(5)	mL	(6)	%

【5】

(1) A	cm	B	cm	(2)	g
(3)	cm	(4)	に	cm	(5)

【6】

A	
B	(1) 秒 (2) 秒 (3) 往復後

受験番号（　　　　　　）　名前（　　　　　　　　　　　　）

※80点満点
（配点非公表）

| | 1 | | 2 | | 3 | | 4 | |

問1 □ 問2 □ 問3 □ 問4 □

問5 □ 問6 □ 問7 □ 問8 □

5

問1 | 1 | | 2 | | 問2 □ 問3 □ 問4 □ 問5 □

問6 □□□ 問7 □

| 受験番号 | | 氏名 | |

平成31年度　　愛光中学校入学試験　解答用紙　　（社会）

※小計・合計らんには記入しないこと

1

問1 ☐　問2 ☐　問3 ☐　問4 ☐　問5 ☐

問6 ☐　問7 ☐　問8 ☐　問9 ☐　問10 ☐

小計

2

問1 ☐　問2 ☐　問3 ［1］［2］

問4 ☐　問5 ☐　問6 ☐　問7 ☐

小計

3

問1 ☐　問2 ☐　問3 ［　　　　才以上　　　　］

問4 ☐　　　　問5 ☐

小計

平成３１年度　愛光中学校入学試験問題　理科（解答用紙）

【1】

(1)		(2)		(3)	

【2】

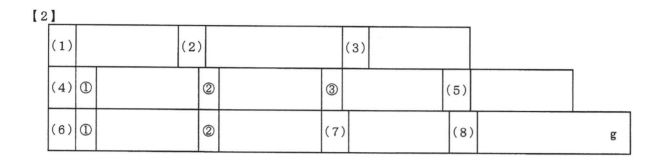

(1)		(2)		(3)	
(4)	①		②		③		(5)	
(6)	①		②		(7)		(8)		g

【3】

(1)			(2)	あ		い		う	
(3)		(4)		(5)		(6)		(7)	

3　次の【A】・【B】の文は，ある中学校の生徒が国会議事堂の見学に行ったあとに書いたレポートです。これを読み，後の問いに答えなさい。

【A】(ア)国会は法律をつくる機関である，ということは知っていましたが，どのようにして法律がつくられているのか，国会議員がどのような仕事をしているのかということはほとんど知りませんでした。しかし実際に議員の方のお話を聞いて，その仕事についてくわしく知ることができました。特に僕は，法律は国会で一度話し合えばすぐに成立すると思っていたので，法律案が出されてから成立するまでに委員会や本会議などで何度も審議をしなければならないと知っておどろきました。また議員は法律の審議以外にもさまざまな活動をしているということも知りました。たとえばその方は，学校の教育内容に関することを話し合う集まりにも参加しており，(イ)省庁の人たちとも意見交換をすることも多いそうです。僕たちの生活にも直接関わることを議員の方たちが話し合っているということを知って，政治がより身近に感じられるようになりました。(ウ)将来，僕が実際に選挙権をもつようになったら，きちんと投票に行くなどして積極的に政治に参加していきたいと思いました。

問1　下線部(ア)に関連して，国会は法律をつくる以外にもさまざまな仕事をおこなっています。それに関して述べた文として誤っているものを，次の中から1つ選びなさい。

（あ）衆議院の解散を決める。

（い）外国と結んだ条約を承認する。

（う）国の予算を決める。

問2　下線部(イ)に関連して，次のa～cの文は各省庁の仕事について述べたものです。a～cの文に書かれた仕事とその仕事をおこなう省庁の組み合わせとして最も適当なものを，下の中から1つ選びなさい。

a　学校の先生の数や建物の基準を決める。

b　伝染病予防の対策をおこなう。

c　地方自治や選挙に関する仕事をおこなう。

（あ）a—総務省　　　　　b—厚生労働省　　　　c—文部科学省

（い）a—総務省　　　　　b—文部科学省　　　　c—厚生労働省

（う）a—厚生労働省　　　b—総務省　　　　　　c—文部科学省

（え）a—厚生労働省　　　b—文部科学省　　　　c—総務省

（お）a—文部科学省　　　b—厚生労働省　　　　c—総務省

（か）a—文部科学省　　　b—総務省　　　　　　c—厚生労働省

問3　下線部(ウ)に関連して，衆議院議員選挙の選挙権は，現在，何才以上の国民にあたえられていますか，数字で答えなさい。

【B】はじめてみる国会議事堂の中は思っていたよりも広く豪華でおどろきました。中央広間の四方には，議会政治の基礎をつくるために活躍した伊藤博文，大隈重信，　X　の3人の銅像と，銅像が置かれていない台座が1つありました。台座しかない理由ははっきりとはわかっていないそうですが，政治というものはいつも理想に向かって進むべきものだということで，わざとあけてあるという説もあるそうです。また，(ｴ)天皇専用の休憩室である御休所や衆議院の本会議場も見学することができました。僕たちが見学した日は，通常国会が開かれている時期だったので，本会議が開かれる直前のようすも見ることができました。議事堂の中には，たくさんの新聞記者やテレビのリポーターがいて，ものすごく張りつめた空気がただよっており，国のことを考え行動をし，責任を持つということの大変さやすごさを感じることができました。

問4　【B】の文中の空らん　X　には，国会開設を求めて自由民権運動をおこし，自由党の党首もつとめた人物があてはまります。それは誰ですか，答えなさい。

問5　下線部(ｴ)に関連して，この休憩室は，天皇が国会の開会式に参加するときに使われます。これは，国会の召集が，天皇の国事行為として憲法に定められているからです。このような国事行為について説明した次の文を読み，文中の空らん　Y　にあてはまる語句を記しなさい。

> 天皇は日本の国や国民のまとまりの象徴であり，国の政治に関する権限はなく，　Y　の助言と承認に基づいて日本国憲法で定められた仕事をおこなっている。

4　ある中学校の社会科の授業で，夏休み中に自分のふるさとにある史跡に行き感想を報告する，という宿題が出されました。次の文は，2学期がはじまって4人の生徒が順番に報告しているようすを述べたものです。これを読んで，文中の空らん［1］～［4］にあてはまる正しい語句を次の中から1つずつ選び，下記の問いに答えなさい。

（あ）金閣	（い）銀閣	（う）東大寺	（え）法隆寺
（お）鶴岡八幡宮	（か）伊勢神宮	（き）厳島神社	（く）日光東照宮
（け）板付遺跡	（こ）菜畑遺跡	（さ）吉野ヶ里遺跡	（し）三内丸山遺跡

【A】私は［1］について調べてみました。この遺跡は弥生時代の集落の跡で，1980年代に県が工業団地を造成しようとしたときに発見されたものだそうです。私は，お父さんに「(ｱ)弥生時代の生活のようすがよくわかると思うよ」と言われて，いっしょに見に行くことにしました。集落のまわりは二重の堀が取り囲んでおり，守りを固めていました。私は「この時代には戦乱がさかんにおこっていたのかな」と思いました。また，高床倉庫や竪穴住居など，各地で発見されているのと同じような建物もありましたが，他ではみられないような大型の住居も復元されていました。さらに，(ｲ)ここではたくさんのお墓も発見されているのですが，「お墓もこの時代のようすを考える手がかりになるんだ」とお父さんが言っていました。

問1　下線部(ア)に関連して，次の文の中には，弥生時代の生活のようすについて述べたものとして正しいものが2つあります。その正しい組み合わせを1つ選びなさい。

（あ）①②	（い）①③	（う）①④	（え）②③	（お）②④	（か）③④

①　鉄器や青銅器などの金属器を使用するようになり，石器は全く使用されなくなった。

②　麻などの糸をつくり，それを織って布にして衣類を作っていた。

③　のぼりがまを使う新しい技術により，丈夫な土器を焼くようになった。

④　米を作るための農具として，木でできた道具も使用されていた。

問2　下線部(イ)に関連して，次の文の中には，この遺跡のお墓について述べたものとして正しいものが2つあります。その正しい組み合わせを1つ選びなさい。

（あ）①②	（い）①③	（う）①④	（え）②③	（お）②④	（か）③④

①　大きな土器を棺おけにして埋葬されているものがある。

②　墓の中の人骨には，戦乱で傷つき倒されたことがわかるようなものもある。

③　この遺跡の近くに，この集落の支配者のものと思われる前方後円墳もつくられている。

④　粘土を焼いて作った埴輪が，人間と一緒に墓の中に埋葬されているものもある。

【B】私は母といっしょに［2］に行ってみました。日本にはいろんな神社やお寺がありますが，この神社は，島の海岸に建っている点がとても変わっています。電車の駅からフェリーに乗りかえ，10分ぐらいでつきましたが，島の港に着く前に最初に見えたのは，海の中に立っている鳥居でした。その他の建物も，海岸から海の方にせり出して建てられているので，海の上に建っているように見えました。母は「島を神聖なものと考えているので，こんなつくり方をしていると言われているんだよ」と言いました。この神社は，もともとは(ウ)聖徳太子の時代に誕生したのですが，(エ)その後，貴族の政治が続いたあと，平清盛によって建物が建て替えられ，今のような姿になったそうです。

問3　下線部(ウ)に関連して，次の文の中には，聖徳太子の時代におこったできごととして正しいものが2つあります。その正しい組み合わせを1つ選びなさい。

（あ）①②	（い）①③	（う）①④	（え）②③	（お）②④	（か）③④

①　中国にならって，国を治めるための律令を定めた。

②　十七条の憲法によって，政治を行う役人の心構えを定めた。

③　初めて遣隋使を派遣し，中国の制度や文化を日本に取り入れようとした。

④　豪族が支配していた土地や人々を国のものにする，という命令をだした。

問4　下線部(エ)に関連して，次の文は貴族の政治がおこなわれていたころのできごとについて述べたものです。年代の古いものから順番に正しくならべかえたものを，1つ選びなさい。

（あ）①⇒②⇒③	（い）①⇒③⇒②	（う）②⇒①⇒③
（え）②⇒③⇒①	（お）③⇒①⇒②	（か）③⇒②⇒①

①　貴族の争いに武士がまきこまれ，都で保元の乱が発生し，さらに平治の乱がおこった。

②　天皇のきさきに教育係として仕えていた紫式部は，かな文字で「源氏物語」を書いた。

③　聖武天皇は平城京を出て，恭仁京・難波宮・紫香楽宮へと次々と都を移した。

【C】私の実家の近くには(オ)室町幕府の将軍，足利義政が建てた [3] があります。その敷地の中に東求堂という建物がありますが，(カ)この建物は書院造という建築様式の典型なんだそうです。私は散歩がてら，家族といっしょに行ってみましたが，残念なことに，この建物は特別の日以外は公開されておらず，見学はできませんでした。パンフレットの写真を見てみると，四畳半の広さに畳をしきつめた一室が写ってました。そこには私の家の和室にもある違棚や障子・ふすまなどがあり，ずいぶん昔の建物のはずなのに，身近な感じがしました。「今のわたしたちの暮らしの出発点はこの時代なのかもしれないね」と母が言いましたが，私もそんな気がしました。

問5　下線部(オ)に関連して，次の文は室町幕府に関するできごとについて述べたものです。年代の古いものから順番に正しくならべかえたものを，1つ選びなさい。

| （あ）①⇒②⇒③ | （い）①⇒③⇒② | （う）②⇒①⇒③ |
| （え）②⇒③⇒① | （お）③⇒①⇒② | （か）③⇒②⇒① |

① 将軍のあとつぎ争いがもとで，全国の大名が争う応仁の乱がおこった。
② 朝廷が北と南に分かれて争いがつづいたので，幕府の政治も安定しなかった。
③ 幕府は明に使者を送り，正式な国交を結んで貿易を始めた。

問6　下線部(カ)に関連して，次の文の中には，書院造の様式が生まれたころの文化にあてはまるものが2つあります。その正しい組み合わせを1つ選びなさい。

| （あ）①② | （い）①③ | （う）①④ | （え）②③ | （お）②④ | （か）③④ |

① 雪舟があらわれて，雄大な自然の美しさを表現する水墨画を描いた。
② 各地の城下町の芝居小屋では，浄瑠璃や歌舞伎などが上演された。
③ 龍安寺の庭園のように，水を使わず，石や砂で自然を表現する枯山水の庭園がつくられた。
④ 宣教師によって布教がおこなわれるようになり，西日本にキリスト教の信者が広まっていった。

【D】私は兄といっしょに［4］に行ってきました。この神社は江戸幕府をつくった徳川家康をまつるために，将軍秀忠によってつくられ，その後，(キ)3代将軍家光がつくり直して現在の姿になったそうです。この神社の建物のうち，とりわけ陽明門はとても大きくて迫力のある建物で，私はしばらく見とれてしまいました。江戸幕府の将軍は，家康の命日に，たくさんの家臣を率いてこの神社にお参りに行ったそうです。兄はその理由として，「人々に幕府の力を示すねらいがあるんじゃないかな」と言いましたが，(ク)平和な江戸時代にどうして力を示す必要があるのか，不思議に思いました。

問7　下線部(キ)について，次の文の中には，家光が関わっているできごととして正しいものが2つあります。その正しい組み合わせを1つ選びなさい。

（あ）①②	（い）①③	（う）①④	（え）②③	（お）②④	（か）③④

① 九州の島原・天草地方でおこった一揆に対して，幕府は大軍を送ってこれをしずめた。

② 大名に対して，自分の領地と江戸の間を行き来するように義務づける参勤交代制度を定めた。

③ 大阪の豊臣氏を滅ぼすとともに，一国一城令をだして大名が住む城以外の城を破壊させた。

④ 秀吉の出兵でとだえていた朝鮮との交流を，交渉をおこなって再開させた。

問8　下線部(ク)に関連して，江戸時代にはさまざまな問題が発生したり，幕府を批判する動きがおきたりしていました。次の文の中には，それらについて述べたものとして正しいものが2つあります。その正しい組み合わせを1つ選びなさい。

（あ）①②	（い）①③	（う）①④	（え）②③	（お）②④	（か）③④

① 天保の大ききんがおこると，大阪の元役人であった大塩平八郎が，町の人々を救おうとしない役人を批判して反乱をおこした。

② ききんによって米のねだんがあがると，村の百姓一揆は減少したが，都市の打ちこわしは増加していった。

③ イギリスやアメリカなどの船が日本に接近したため，幕府は外国船を打ち払うように命令したが，蘭学を学ぶ人の中に幕府のこうしたやり方を批判する人があらわれ，幕府によって処罰された。

④ 本居宣長によって，蘭学が伝わる前の，儒教を中心とする日本人の考え方をさぐる国学が研究され，その後，国学は幕府を批判する考えに大きな影響を与えていった。

5　次の文【A】・【B】は，ある小学校において，「2 つの地域を取り上げて，自然環境が違うと農業・漁業が
どう違うかを調べてみよう」という課題に対して生徒が書いたレポートです。これを読み，後の問いに答えな
さい。

【A】私は，日本で一番長い [1] 川の上流にある長野県の野辺山原という高原と，[1] 川の下流にある新潟県
の越後平野について調べました。

　　野辺山原は 1300m 以上の高い場所にあります。また，八ヶ岳という火山のすそ野にあり，火山灰が降り積
もった土地はやせています。そのため，昔はほとんど農業がおこなわれていませんでしたが，第二次世界大戦
後に開拓が始まり，その後，(ア)この地域の気候をいかした [2] の栽培が大きく発展しました。ここで夜明
け前に収穫された [2] は，東京などの大都市へ運ばれ，「朝どり [2]」として店頭に並べられています。
　　越後平野は，夏は比較的気温が高く，川がもたらした肥えた土と豊富な雪どけ水に恵まれています。その
ため古くから稲作がおこなわれていましたが，低く平らな土地は水はけが悪く，[1] 川をはじめ多くの川が
流れており，梅雨や台風の時期には洪水がたびたびおこり，農民たちを悩ませてきました。そこで明治時代
以降，治水工事や耕地整理などが進められ，現在では，(イ)米づくりがさらにさかんな地域になっています。

問1　文中の空らん [1]・[2] にあてはまる語句を，それぞれ次の中から選びなさい。
　　[1]：(あ) 天竜　　　　(い) 利根　　　(う) 石狩　　　(え) 信濃
　　[2]：(あ) キュウリ　　(い) レタス　　(う) ピーマン　　(え) トマト

問2　下線部(ア)について，次の図①〜③は，野辺山原（長野県南牧村野辺山），秋田市，松山市のいずれかにお
ける気温と降水量を表したものです。図①〜③とこれら 3 地点との組み合わせとして正しいものを，下の
(あ)〜(か)のうちから 1 つ選びなさい。

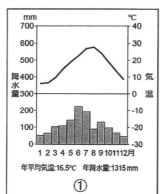 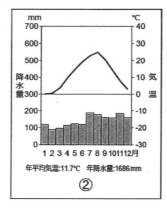 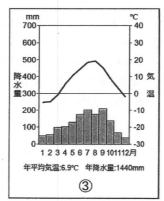

（気象庁ＨＰ資料より作成）

	(あ)	(い)	(う)	(え)	(お)	(か)
①	野辺山原	野辺山原	秋田市	秋田市	松山市	松山市
②	秋田市	松山市	野辺山原	松山市	野辺山原	秋田市
③	松山市	秋田市	松山市	野辺山原	秋田市	野辺山原

問3　下線部(イ)について，日本の米づくりに関連して述べた次の文のうち，誤っているものを1つ選びなさい。

（あ）1990年代以降，外国からの米の部分的な輸入が始まり，現在，米の自給率は100％を下回っている。

（い）近年，遺伝子組み換えの技術により，「あきたこまち」や「はえぬき」などのブランド米が次々と生み出されている。

（う）米の産地では，収穫した米を効率よく乾燥させ，共同で貯蔵するカントリーエレベーターの利用がみられる。

【B】私は，漁業のさかんな北海道の根室と長崎県の松浦について調べました。

　　根室は北海道の東部に位置していて，近くの海を［3］という寒流が流れているため，＜X＞やサケなどの魚がたくさんとれます。＜X＞は主に，棒受け網という集魚灯が付いた網を使い，夜間に魚群を集めてとる漁法でとられています。根室港に水あげされた＜X＞は，(ウ)箱づめされたあと，東京，名古屋などの市場へ出荷されます。松浦は長崎県の北部にあり，近くの海を対馬海流という暖流が流れているため，＜Y＞などを中心に多くの魚がとれます。主な漁場は対馬や五島列島の沖合ですが，季節によっては(エ)東シナ海まで漁に出かけます。＜Y＞は主に，魚をさがす船，魚をとる船，魚を港へ運ぶ船が船団を組んでおこなう，まき網漁という方法でとられ，水あげされた＜Y＞は，ほとんどが県外へ出荷されています。

問4　文中の空らん［3］にあてはまる語句を，次の中から1つ選びなさい。

（あ）リマン海流　　（い）千島海流　　（う）日本海流　　（え）宗谷海流

問5　文中の空らん＜X＞・＜Y＞にあてはまる魚の組み合わせとして最も適当なものを，次の中から1つ選びなさい。

（あ）X：あじ　　　　Y：かつお　　　（い）X：あじ　　　　Y：さんま

（う）X：かつお　　　Y：あじ　　　　（え）X：かつお　　　Y：さんま

（お）X：さんま　　　Y：あじ　　　　（か）X：さんま　　　Y：かつお

問6　下線部(ウ)に関連して，根室では，出荷する魚の品質のよさをアピールするために，魚がとれた場所や温度の管理，出荷した日時などの情報をインターネットで公開するようにしています。消費者がこのような情報を入手することのできるしくみを何と言いますか。カタカナで記しなさい。

問7　下線部(エ)に関連して，東シナ海には，海底に大陸棚という地形が広がり，世界有数のたいへんよい漁場がみられます。この海域によい漁場がみられる理由を述べた文として誤っているものを，次の中から1つ選びなさい。

（あ）大陸棚には海底火山が多くみられ，火山の噴出物の中に含まれている栄養分により魚のえさとなるプランクトンが大量に発生するため。

（い）大陸棚は水深が浅く，太陽光がよくあたるので，魚のえさとなるプランクトンが大量に発生するため。

（う）大陸棚の海中には，陸地からもたらされた豊富な栄養分が流入しているので，魚のえさとなるプランクトンが発生しやすいから。

平成３１年度　愛光中学校入学試験問題

理科

（40分）

【1】　こん虫に関する次の文を読んで，下の問いに答えなさい。

　　　アゲハチョウの幼虫は卵からかえった後，［　１　］の葉を食べ成長する。その後幼虫は，さなぎを経て
　　成虫となる。アゲハチョウのように，幼虫からさなぎの時期を経て成虫になる成長のしかたを［　２　］変
　　態という。

（1）　文中の空らん［　１　］に入る適当な植物を次の(ア)～(オ)から１つ選び，記号で答えよ。

　　　(ア)　サクラ　　(イ)　アサガオ　　(ウ)　キャベツ　　(エ)　ミカン　　(オ)　ヘチマ

（2）　文中の空らん［　２　］に入る適当な語を答えよ。

（3）　アゲハチョウ以外に［　２　］変態を行うこん虫の組み合わせとして正しいものを，次の(ア)～(カ)から
　　１つ選び，記号で答えよ。

　　　(ア)　トンボ・コオロギ　　　　(イ)　トンボ・カブトムシ　　　(ウ)　トンボ・カイコ

　　　(エ)　カブトムシ・カイコ　　　(オ)　コオロギ・カブトムシ　　(カ)　コオロギ・カイコ

【2】　次の文を読んで，下の問いに答えなさい。

　　　農作物の安定的な供給を目的として，温度や照明，空気中の二酸化炭素の濃度などを調整して植物を育
　　てる植物工場が現実のものになりつつある。農家のAさんは，植物がよく育つ環境条件を調べる目的で，図
　　に示すような実験室をつくった。実験室にはインゲンマメの鉢植えを多数並べ，LEDライト，エアコンを
　　設置して光の強さと温度を変えられるようにした。

　　　Aさんは光の強さを変えたときにインゲンマメがどの程度さかんに光合成や呼吸を行うのか調べるため，
　　次の実験を行った。

　　実験　実験室の温度を15℃に，光の強さを500ルクス※にしてイン
　　　　ゲンマメに10時間光合成を行わせた後，室内の二酸化炭素濃度を
　　　　測定した。さらに，LEDライトの明るさを変えて，インゲンマ
　　　　メに当てる光の強さを0ルクス(暗やみ)，1000ルクス，1500ルク
　　　　ス，2000ルクス，3000ルクス，5000ルクスにした場合について
　　　　も同様に，10時間後に室内の二酸化炭素濃度を測定した。ただし，
　　　　光の強さが変わっても温度が変わらなければ，呼吸の量は変わら
　　　　ないものとする。また，実験室内の二酸化炭素濃度の変化はすべ
　　　　てインゲンマメによるもので，植木鉢の土にすむ生物は実験室の
　　　　二酸化炭素濃度に影響を与えていなかった。

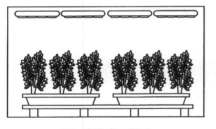

図　実験室の様子

　　※ルクス：明るさの単位。ここでは葉に当たる光の強さを示している。

　　　Aさんは，図書館で本を詳しく調べ，二酸化炭素濃度の測定結果から，インゲンマメに含まれるデンプ
　　ンの量が10時間でどのように変化したかを計算して次の表にまとめた。

光の強さ(ルクス)	0	500	1000	1500	2000	3000	5000
デンプン量の増減	2g減少	増減なし	2g増加	4g増加	6g増加	10g増加	16g増加

表　当てた光の強さと実験室内のインゲンマメ全体に含まれるデンプンの増減量の関係

（1）　現在の大気中の二酸化炭素濃度に最も近い値を次の(ア)～(ク)から１つ選び，記号で答えよ。

　　　(ア)　0.02％　　　　　(イ)　0.04％　　　　　(ウ)　0.2％　　　　　(エ)　0.4％

　　　(オ)　2％　　　　　　(カ)　4％　　　　　　(キ)　20％　　　　　　(ク)　40％

（2）　植物は光合成に必要な気体を葉の裏側にある構造から吸収する。この構造の名称を答えよ。

（3）　植物が光合成を行うためには，光と二酸化炭素以外にも必要となるものがある。それは何か。最も適当なものを次の(ア)～(オ)から１つ選び，記号で答えよ。

（ア）　根で吸収した養分　　　　　（イ）　酸素　　　　　　　　　（ウ）　水
（エ）　水と酸素　　　　　　　　　（オ）　根で吸収した養分と酸素

（4）　次の文は，インゲンマメの葉で光合成によってデンプンがつくられたことを確かめる方法を述べたものである。文中の［ ① ］～［ ③ ］に入る語として適当なものを，下の(ア)～(サ)からそれぞれ１つずつ選び，記号で答えよ。

　　　葉をあたためた［ ① ］にひたして葉の色を抜き真っ白にする。真っ白になった葉を水でよく洗った後，［ ② ］を加え色の変化を見る。［ ③ ］色になった場合，デンプンがつくられたことが確かめられる。

（ア）　うすい塩酸　　　　　（イ）　うすい水酸化ナトリウム水溶液　　　（ウ）　エタノール(アルコール)
（エ）　BTB 溶液　　　　　（オ）　ヨウ素液　　　　　　　　　　　　　（カ）　石灰水
（キ）　赤　　　　　　　　　（ク）　青むらさき　　　　　　　　　　　（ケ）　緑
（コ）　黄　　　　　　　　　（サ）　白

（5）　インゲンマメが発芽するときの様子を示した図として最も適当なものを，次の(ア)～(エ)から１つ選び，記号で答えよ。

（ア）　　　（イ）　　　（ウ）　　　（エ）

（6）　実験室において，① 500 ルクスの強さの光が当たっているとき，② 光が当たっていないとき，インゲンマメではどのようなことが起こっているか。最も適当なものを次の(ア)～(カ)からそれぞれ１つずつ選び，記号で答えよ。

（ア）　呼吸も光合成も行っていない。
（イ）　呼吸だけを行い，光合成を行っていない。
（ウ）　光合成だけを行い，呼吸を行っていない。
（エ）　光合成と呼吸を同じくらいさかんに行っている。
（オ）　光合成よりも呼吸をさかんに行っている。
（カ）　呼吸よりも光合成をさかんに行っている。

（7）　ある強さの光が当たっているとき，インゲンマメが光合成で合成したデンプンの量は，呼吸によって分解される量の２倍となった。それは何ルクスの光を当てたときか。最も適当なものを次の(ア)～(キ)から１つ選び，記号で答えよ。

（ア）　　0 ルクス　　　（イ）　　500 ルクス　　　（ウ）　　1000 ルクス　　　（エ）　　1500 ルクス
（オ）　2000 ルクス　　　（カ）　3000 ルクス　　　（キ）　5000 ルクス

（8）　A さんは 24 時間のうち 14 時間は 5000 ルクスの光を当て，10 時間は光を消して 0 ルクスにするという明暗のサイクルを３日間続ける実験をした。この３日間で室内のインゲンマメの中のデンプンの量は何 g 増えたか。答えが小数になる場合は小数第１位を四捨五入して，整数で答えよ。

【3】 水に関する下の問いに答えなさい。

①水は様々なすがたで地球上に存在している。海の水は［ X ］することで水蒸気となり，風によっていろいろな地域へと運ばれていく。移動している間に水蒸気は冷えて小さな水てきや氷となり，②雲を形成し，雨や雪を降らせる。また，雨が陸地に降ると，水は地下へとしみこんだり，③川や地面の上を流れたりする。これらの水は長い時間をかけて，再び海へと運ばれていく。これを水の循環という。図はこの水の循環を簡単に表したものである。

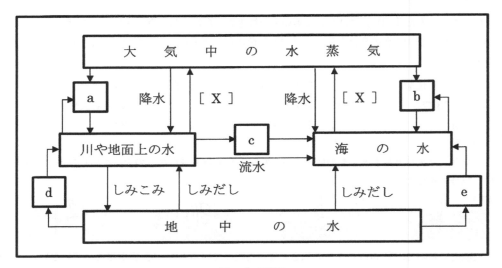

図　水の循環

（1） 文中と図中に共通して入る［ X ］に適当な語を漢字２字で答えよ。

（2） 文中の下線部①に関連して，次の文の［ あ ］～［ う ］に当てはまる語を下の(ア)～(ク)からそれぞれ１つずつ選び，記号で答えよ。
　　天気現象である「きり」や「もや」は，［ あ ］のすがたの水であるため，一日の中で一番気温の［ い ］時間帯である［ う ］に現れやすい。
　(ア) 固体　　　　　　　(イ) 液体　　　　　　　(ウ) 気体
　(エ) 高い　　　　　　　(オ) 低い
　(カ) 夜明け前　　　　　(キ) 昼　　　　　　　　(ク) 日暮れ直後

（3） 文中の下線部②に関連して，次の(ア)～(エ)の中で下線の部分が正しいものを１つ選び，記号で答えよ。
　(ア) 日本ではふつう，雲が東から西へと移動していくため，天気を予想することができる。
　(イ) 一日中雲が多い時は，雲が太陽の光をさえぎるため，気温はだんだん下がっていく。
　(ウ) 快晴，晴れ，くもりは，その地点の上空にある雲の厚さで決まっている。
　(エ) うろこ雲は高い空に小さなかたまりがならぶ雲であり，けん積雲とも呼ばれる。

（4）　文中の下線部③について，流れる水には３つのはたらきがある。この３つのはたらきとは「しん食」，「たい積」ともう１つは何か，答えよ。

（5）　文中の下線部③に関連して，流れる水について述べた次の(A)～(C)の文のうち，正しい文の組み合わせを下の(ア)～(カ)から１つ選び，記号で答えよ。
（A）　川は，流れる水の量が多い時のほうが，少ない時よりも水がにごっていることが多い。
（B）　川が曲がっているとき，外側のほうが，内側よりも多くの土がたい積する。
（C）　川は，流れる水量が少ない山間部のほうが，流れる水量が多い河口部よりもしん食が弱い。
　　　（ア）　(A)のみ　　　　　　　（イ）　(B)のみ　　　　　　　（ウ）　(C)のみ
　　　（エ）　(A)と(B)　　　　　　（オ）　(A)と(C)　　　　　　（カ）　(B)と(C)

（6）　図について，水は文中の循環以外にも様々な場所で存在している。例えば，北極や南極などに積もっている氷はその一例である。この循環の図の中に「北極の氷」を付け足す場合に最も適当な位置を図中のa～eから１つ選び，記号で答えよ。

（7）　水の循環は，水を陸地に運ぶことで，陸上生物の生育に大きな恵みをもたらす一方で，大雨による大水などによって生命をうばうこともある。この大水の被害を少しでもおさえるために，植林活動を行うことがある。川の上流域で行った植林活動によって，下流域での大水の被害がおさえられる理由として最も正しいと考えられる文を次の(ア)～(エ)から１つ選び，記号で答えよ。
（ア）　大気中の水蒸気を葉から吸収することで，大雨が降りにくくなるから。
（イ）　葉を広げることによって木かげを作り，気温を下げるから。
（ウ）　葉を落としたり，根をのばしたりすることで，水を地中にしみこませやすくするから。
（エ）　光合成をすることによって，大気中の二酸化炭素の量を減らすから。

【4】 次の文章を読んで，下の問いに答えなさい。

炭酸カルシウムを 50 % 以上含むたい積物を石灰石という。石灰石は，炭酸カルシウムの割合が高い場合は
白っぽい色をしているが，不純物の割合が大きくなると色がこくなり，灰色や茶色っぽく見えるものもある。
石灰石は，塩酸を加えると気体を発生しながら溶ける性質がある。これは，石灰石に含まれる炭酸カルシウム
が塩酸と反応して気体を発生して溶けるからである。

実験室にある石灰石に含まれる炭酸カルシウムの割合を調べるために，次の実験を行った。

【実験１】

① 5つの 100 mL の三角フラスコ A〜E に
　炭酸カルシウムの粉末を 1.0 g ずつ入れ，
　図のように実験装置を組み立てた。

② 三角フラスコ A〜E に一定のこさの塩
　酸をそれぞれ 5 mL，10 mL，15 mL，20 mL，
　25 mL 加えて，発生する気体の体積を調べ
　た。

③ 気体が発生しなくなったら，三角フラス
　コ A〜E を装置から取り外し，BTB 溶液
　を加えて塩酸が残っているかどうかを調
　べた。

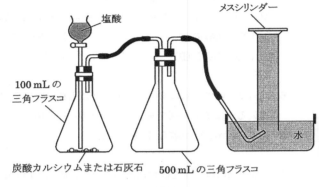

④ ③で残っていた塩酸に，一定のこさの水酸化ナトリウム水溶液を中性になるまで加えて，その水酸化ナト
　リウム水溶液の体積を調べた。

実験１の結果をまとめると次のようになった。

三角フラスコ	A	B	C	D	E
炭酸カルシウムの量〔g〕	1.0	1.0	1.0	1.0	1.0
加えた塩酸の体積〔mL〕	5	10	15	20	25
発生した気体の体積〔mL〕	88	176	220	220	220
BTB 溶液を加えたときの色	緑色	緑色	黄色	黄色	黄色
加えた水酸化ナトリウム水溶液の体積〔mL〕	0	0	2	6	10

【実験２】

① 実験室にある石灰石 1.0 g を小さく砕いて 100 mL のフラスコに入れ，図のように実験装置を組み立てた。

② 実験１と同じ塩酸を 20 mL 加えて気体を発生させ，残った塩酸に実験１と同じ水酸化ナトリウム水溶液を
　中性になるまで加えて，その水酸化ナトリウム水溶液の体積を調べた。

（１） この実験で発生する気体の名前を答えよ。

（２） 実験装置には，発生する気体の体積をできるだけ正確にはかるために，100 mL のフラスコとメスシリン
　ダーの間に 500 mL の三角フラスコが入れてある。その理由となる発生する気体の性質を（ア）〜（ク）から
　2つ選び，記号で答えよ。

（ア） 無色透明でにおいがない　　　　　（イ） 無色透明で鼻をつくにおいがある

（ウ） 空気より軽い　　　　　　　　　　（エ） 空気より重い

（オ） 水に溶ける　　　　　　　　　　　（カ） 有毒である

（キ） 燃えやすい　　　　　　　　　　　（ク） 物を燃やすはたらきがない

（3）　実験で使った塩酸と水酸化ナトリウム水溶液がちょうど中和するとき，塩酸と水酸化ナトリウム水溶液の体積の比を最も簡単な整数比で答えよ。

（4）　炭酸カルシウム 1.0 g とちょうど反応する塩酸の体積は何 mL か。

（5）　実験2でも実験1と同様に，石灰石が反応する際に発生する気体を集めて体積を測定しようとしたが，誤ってメスシリンダーを倒してしまい，発生した気体をすべて集めることができなかった。しかし，実験はそのまま続け，石灰石の反応が終わった後，フラスコの中の水溶液が中性になるまで水酸化ナトリウム水溶液を加えたところ，その体積は 7.5 mL であった。また，石灰石に含まれていた不純物は反応せずに溶け残っていた。もし，実験で発生した気体をすべて集めることができていたら，その体積は何 mL であったと考えられるか。

（6）　実験室にあった石灰石に含まれる炭酸カルシウムの割合は何%か。答えが小数になる場合は小数第1位を四捨五入して，整数で答えよ。

【5】　長さが40cmで重さが50gの棒Aと長さが60cmで重さが50gの棒Bがある。図1のように，棒の両端を糸で支えると，棒Aの左の糸には20g，右の糸には30gの重さがかかり，棒Bの左の糸には10g，右の糸には40gの重さがかかった。

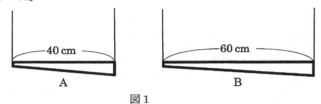

図1

（1）　棒A，Bをそれぞれ1本の糸で支えて水平にするには，棒の左端から何cmのところを支えればよいか。

（2）　図2のように，棒Aの真ん中と右端を糸で支えて水平にすると，右端の糸が支える重さは何gになるか。

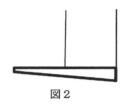

図2

　　　次に，図3のように，棒A，Bの真ん中をそれぞれ糸で支えながら，棒Aの右端と棒Bの左端を糸でつなぐ。このままでは棒Bは右にかたむいてしまうので，次の2つの方法で棒を水平にしたい。

（3）　棒Bに重さが30gのおもりをつるすとき，左端から何cmのところにつるせばよいか。

（4）　棒Bを支えている糸をずらすとき，糸をどちらに何cmずらせばよいか。

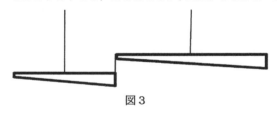

図3

（5）　棒がかたむかないように手で支えながら，図3の状態からさらに図4のように，真ん中を糸で支えた棒Aをもう1本用意し，その棒の左端と棒Bの右端を糸でつなぐ。手をはなすと，棒Bはどうなるか。次の(ア)〜(ウ)から1つ選び，記号で答えよ。

　　　(ア)　右にかたむく　　　　(イ)　水平のまま　　　　(ウ)　左にかたむく

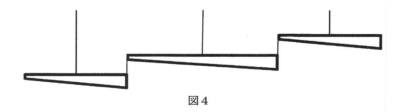

図4

Ⓚ教英出版

【6】 次のA・Bの問いに答えなさい。

A. 図1のように，かん電池にモーターをつないで回すとき，器具の操作や回路の説明が**正しくないもの**を次の(ア)～(オ)からすべて選び，記号で答えよ。

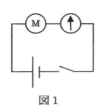

図1

(ア) 検流計の針がきちんとふれるかどうかは，検流計を直接かん電池につないでみればよい。

(イ) かん電池の＋極と－極を入れかえると，モーターの回る向きは反対になる。

(ウ) 電流は，かん電池の＋極から出てモーターを通って－極に流れている。図1では，反時計回りの向きになる。

(エ) 検流計の切りかえスイッチは，まず0.5Aの方にし，針のふれが大きいときは5Aの方に切りかえる。

(オ) かん電池1個のときに比べて，かん電池2個を直列につなぐとモーターは速く回り，並列につなぐとモーターは長く回り続ける。

B. ふりこが1往復する時間のことを周期というが，糸の長さが0.50m，1.0m，2.0mの3種類のふりこの周期を測定したところ，それぞれ1.4秒，2.0秒，2.8秒であった。

(1) この結果から，糸の長さが0.25mのふりこの周期は何秒になるか。小数第2位を四捨五入して小数第1位まで答えよ。

(2) 図2のように，糸の長さが1.0mのふりこの糸を留めてある支点の真下0.50mの位置にくぎをさしてふらせると，周期が短くなった。その周期は何秒か。

図2

(3) 図2のふりこが10往復する時間を測定している途中で，さしていたくぎがはずれてしまったため，その時間が17.9秒となった。くぎがはずれたのはふりこが何往復した後か。くぎがはずれたのは糸がくぎにふれていないときであるとして求めよ。

8

※120点満点

(60分)　　　　受験番号（　　　　）氏名（　　　　　　　　　　　　　）

1　次の各問題の □ にあてはまる数や文字を，答のところに記入しなさい。答だけでよい。

(1) $\left(3.5 - \dfrac{25}{11}\right) \div 0.75 + 2 \div 5\dfrac{1}{2} = $ □

(1)の答

(2) $\left\{ \dfrac{5}{2} - \left(\boxed{} \div 1.5 + 2\dfrac{1}{6} \right) \right\} \times 6 = 1$

(2)の答

(3) 午後7時20分のとき，時計の長針と短針のつくる角度は ① 度です。この後，午後8時までに長針と短針のつくる角度がはじめて90度になるのは午後7時 ② 分で，次に90度になるのは午後7時 ③ 分のときです。ただし， ② ， ③ の答は分数のままでよい。

(3)の答

①	②	③

(4) 右の図のように，高さ16cmの容器が高さ12cmのしきりでA側，B側の2つに分けられています。A側に一定の割合で水を注ぎます。注ぎ始めてから12.6秒後にA側の部分がいっぱいになりA側からB側に水が入りはじめました。その16.8秒後にB側にたまった水の高さが6cmとなりました。このとき，しきりを取ると水の高さは ① cmになります。また，容器を満水にするにはさらに ② 秒かかります。ただし，容器としきりの厚さは考えないものとし， ① の答は分数のままでよい。

A	B

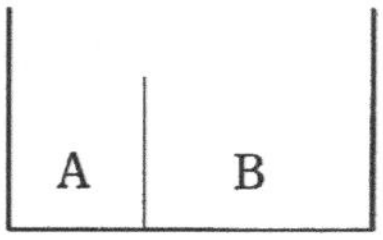

(4)の答

①	②

(5) 右の図のように，正三角形の周上を2点P，Qが頂点Aを同時に出発し，それぞれ一定の速さで反対方向にまわります。1周するのにPは12秒，Qは15秒かかります。出発してからPとQが6回目に出会うのは ① 秒後です。また，出発してからPとQが頂点Cで5回目に出会うのは ② 秒後です。

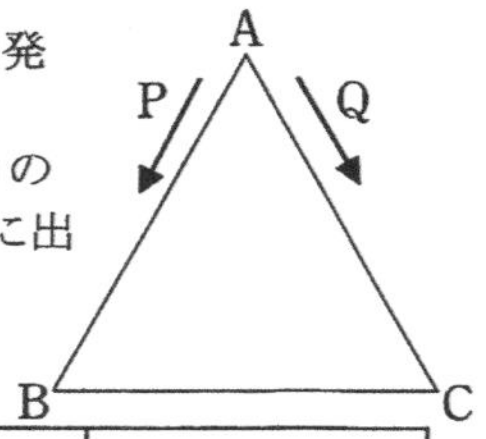

(5)の答

①	②

(2) B 君が C 君に追いついたのは A 君の家から何 m の地点ですか。
   [式と計算]

答 _____

(3) A 君の家から学校までの距離は何 m ですか。
   [式と計算]

答 _____

4　A 君，B 君，C 君の 3 人が店 P，Q，R で買い物をしました。3 人の最初の所持金の合計は 42000 円で，C 君の所持金は 11200 円でした。まず P 店で，A 君が 3360 円，B 君が 1120 円使い，C 君は使いませんでした。次に Q 店で，3 人がそれぞれ同じ金額を使いました。最後に R 店で A 君，B 君，C 君が使った金額の比は 5 : 3 : 2 でした。3 店で買い物を終えた後の 3 人の所持金は同じになり，その金額は A 君の最初の所持金の半分でした。このとき，次の問いに答えなさい。

(1) P 店で買い物を終えた後の，A 君と B 君の所持金の差と，B 君と C 君の所持金の差の比をもっとも簡単な整数の比で表しなさい。答だけでよい。

AとBの差　　BとCの差

答 □ : □

(2) A 君の最初の所持金はいくらでしたか。
   [式と計算]

答 _____

(3) Q 店で 1 人が使った金額はいくらでしたか。
   [式と計算]

答 _____

(6) 分数 $\dfrac{134}{89}$ の分母と分子にそれぞれ同じ整数 ① を加えて約分すると $\dfrac{4}{3}$ になります。

また，$\dfrac{134}{89}$ の分母と分子からそれぞれ同じ整数を引いて約分すると整数になるような整数は ② 個あります。

<table>
<tr><td>(6)の答</td><td>①</td><td>②</td></tr>
</table>

(7) 正方形 ABCD があります。右の図のように，AB を直径とする半円と点 B を中心とする円の一部と対角線 BD が1点 O で交わっています。BD の長さが 20cm のとき，正方形 ABCD の面積は ① cm² で，斜線部分の面積は ② cm² です。ただし，円周率は 3.14 とします。

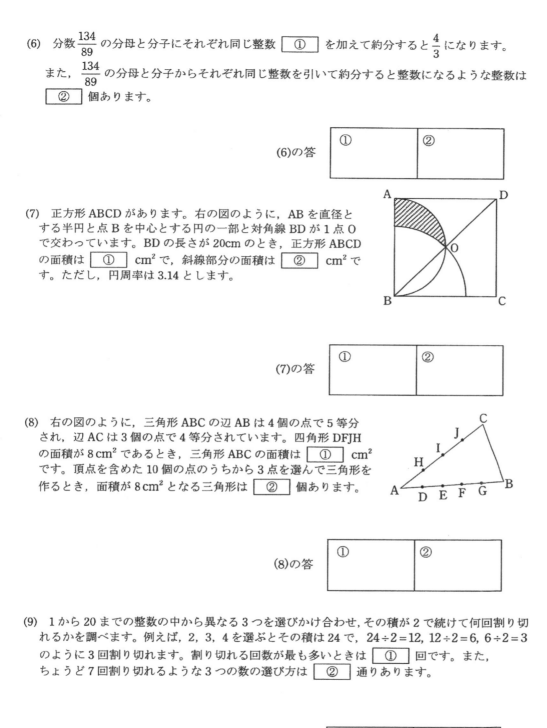

<table>
<tr><td>(7)の答</td><td>①</td><td>②</td></tr>
</table>

(8) 右の図のように，三角形 ABC の辺 AB は4個の点で5等分され，辺 AC は3個の点で4等分されています。四角形 DFJH の面積が 8cm² であるとき，三角形 ABC の面積は ① cm² です。頂点を含めた 10 個の点のうちから3点を選んで三角形を作るとき，面積が 8cm² となる三角形は ② 個あります。

<table>
<tr><td>(8)の答</td><td>①</td><td>②</td></tr>
</table>

(9) 1から20までの整数の中から異なる3つを選びかけ合わせ，その積が2で続けて何回割り切れるかを調べます。例えば，2，3，4を選ぶとその積は24で，24÷2＝12，12÷2＝6，6÷2＝3 のように3回割り切れます。割り切れる回数が最も多いときは ① 回です。また，ちょうど7回割り切れるような3つの数の選び方は ② 通りあります。

<table>
<tr><td>(9)の答</td><td>①</td><td>②</td></tr>
</table>

2　3種類の容器A，B，Cがあります。それぞれの容器にはその容積の$\frac{5}{6}$，$\frac{2}{7}$，$\frac{5}{8}$だけ水が入っています。Aに入っている水の$\frac{2}{5}$をBに，残りをすべてCに入れたところ，Bに入っている水の量はその容積の半分になり，Cはちょうど満水になりました。このとき，次の問いに答えなさい。

(1) AとBの容積の比をもっとも簡単な整数の比で表しなさい。
　　［式と計算］

A　　　　B

答 □ ： □

(2) AとBをちょうど満水にするには，あと4.4リットルの水が必要です。このとき，Cの容積は何リットルですか。
　　［式と計算］

答＿＿＿＿＿＿＿＿＿

3　下の図のように，1本の道に沿ってA君，B君，C君の家と学校があり，A君の家からB君の家までの距離は120m，B君の家からC君の家までの距離は240mです。3人は同時に自分の家を出発し，A君は毎分74mの速さで，C君は毎分56mの速さで，B君はある一定の速さで歩いて学校に向かいました。最初にA君が学校に着き，次にB君が，さらにその30秒後にC君が学校に着きました。また，出発してからA君がB君に追いつくまでの時間と，A君がB君を追いぬいてからC君に追いつくまでの時間の比は3：2でした。このとき，次の問いに答えなさい。

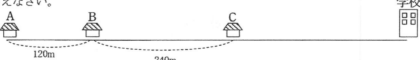

(1) B君の歩く速さは毎分何mですか。
　　［式と計算］

答＿＿＿＿＿＿＿＿＿

平成 30 年度　愛光中学校入学試験問題

社　会

（40 分）

《答えはすべて解答用紙に記入しなさい。選択問題については，記号で答えなさい。》

1 次の【A】～【D】の文を読み，後の問いに答えなさい。

【A】右の絵は，肥後国の御家人である竹崎季長が元軍を相手に奮闘しているようすをえがいたものです。13世紀後半にモンゴル人が中国を支配し元という国をつくると，朝鮮半島の高麗を従えました。そして，日本にも元に従うようにと何度も使者を送ってきました。しかし，(ア)幕府の執権 [1] がこれをこばむと，元軍は2度にわたり九州北部にせめてきました。御家人たちのがんばりや暴風雨などもあって，なんとか元軍を退けましたが，(イ)この戦いの後，幕府と御家人の関係はしだいにくずれていきました。

【B】右の絵は，来日した南蛮人のようすをえがいたものです。ヨーロッパでは，15世紀後半に，アジアの香辛料を求めて新しい航路の開拓が始まり，16世紀前半には東アジアに進出してきました。そうして，16世紀中ごろには，当時，南蛮人とよばれていた [2] 人やスペイン人との貿易が九州各地でおこなわれるようになりました。南蛮人は，(ウ)鉄砲・火薬や中国の生糸などをもたらし，日本からは，おもに銀が輸出されました。南蛮人は，貿易とキリスト教の布教活動を一体のものとしておこなっていたので，(エ)多くの宣教師が来日し，キリスト教は急速に広まりました。

【C】右の絵は，江戸をおとずれた朝鮮の使節団をえがいたもので，この使節団は [3] とよばれていました。豊臣秀吉の出兵以来途絶えていた朝鮮との交流は，(オ)徳川家康の働きかけもあって再開されました。その後は，将軍がかわるごとに，お祝いと友好を目的として使節団が江戸をおとずれるようになりました。(カ)鎖国下の日本において，外国の文化とふれあえる貴重な機会であったので，使節団は各地で人びとの歓迎を受けました。

【D】右の絵は，1854年に横浜に上陸したペリーの一行をえがいたものです。中国との貿易船や太平洋での捕鯨船の寄港地として，日本の開国を強くのぞんだアメリカは，(キ)1853年にペリーを派遣し，開国を求める大統領の手紙を幕府に提出しました。幕府は手紙を受け取り，翌年

回答することを約束してひとまず日本を去らせましたが，翌年再びペリーが来航すると，日米和親条約を結び，［4］と函館の2港を開きました。さらに1858年には(ケ)日米修好通商条約が結ばれ，貿易も始まりました。

問1　文中の空らん［1］〜［4］にあてはまる語句を記入しなさい。

問2　下線部(ア)に関連して，この戦いが起こる以前の鎌倉幕府について述べた次の文Ⅰ〜Ⅲを，古いものから年代順に正しく並べかえたものを，下のうちから1つ選びなさい。

Ⅰ　御家人を地方の守護や地頭につけることを，朝廷に認めさせた。

Ⅱ　武士の裁判の基準として，御成敗式目を定めた。

Ⅲ　朝廷が幕府をたおす命令を出すと，京都に軍隊を派遣し，朝廷を破った。

　（あ）Ⅰ−Ⅱ−Ⅲ　　　　（い）Ⅰ−Ⅲ−Ⅱ　　　　（う）Ⅱ−Ⅰ−Ⅲ

　（え）Ⅱ−Ⅲ−Ⅰ　　　　（お）Ⅲ−Ⅰ−Ⅱ　　　　（か）Ⅲ−Ⅱ−Ⅰ

問3　下線部(イ)に関連して，元寇後，幕府が御家人にほうびの土地をほとんどあたえることができず，御家人が幕府に不満を持つようになったのが両者の関係がくずれた原因の一つですが，なぜ幕府は元寇後に十分なほうびの土地をあたえることができなかったのでしょうか。20字以内で答えなさい。

問4　下線部(ウ)に関連して，織田信長と徳川家康の連合軍が，鉄砲を効果的に使った戦法で武田勝頼軍を破った戦いを何といいますか。次の中から1つ選びなさい。

　（あ）本能寺の変　　　（い）桶狭間の戦い　　　（う）関ヶ原の戦い　　　（え）長篠の戦い

問5　下線部(エ)に関連した，以下の設問に答えなさい。

（1）1549年に日本に初めてキリスト教を伝えたスペイン人の宣教師はだれですか。

（2）織田信長は，寺社の勢力をうばうことをねらってキリスト教を保護し，布教を認めました。このことに関連して述べた次の文を読み，文中の空らん◻︎にあてはまる語句を記しなさい。

> 織田信長は，京都に近く交通の要所である近江国の◻︎に城を築き，全国統一の拠点としました。その城下町では，商人たちが自由に営業することが許されたり，キリスト教の学校を建てることが認められたりしました。

問6　下線部(オ)について，徳川家康の政治について述べた次の文のうち，正しいものを1つ選びなさい。

　（あ）大阪城をせめて豊臣氏をほろぼした後，朝廷から征夷大将軍に任じられ，江戸に幕府を開いた。

　（い）大名や商人に朱印状をあたえて，外国との貿易を保護した。

　（う）島原や天草でキリスト教の信者を中心とした一揆がおこると，禁教令を出して信者を取りしまった。

　（え）武家諸法度の中で，大名が領地と江戸を1年おきに行き来する参勤交代の制度を定めた。

問7　下線部(カ)に関連して，鎖国の下でも日本は外国や周辺の地域と交流をしていました。そのようすについて述べた次の文のうち，誤っているものを1つ選びなさい。

(あ) 松前藩が，アイヌの人びとに不利な条件で交易をおこなったので，シャクシャインを先頭に多くの人びとが反乱をおこした。

(い) 薩摩藩は，琉球王国を支配したが，琉球王国がおこなっていた中国との貿易は続けさせた。

(う) 幕府は，中国の人びとも長崎の出島に住まわせて，そこで貿易をおこなった。

(え) 幕府は，オランダ商館長が毎年提出する報告書によって，外国の情報を手に入れた。

問8　下線部(キ)について，この1853年から1854年の間のできごととして，正しいものを1つ選びなさい。

(あ) 幕府は，開国について諸大名の意見を聞いたり，朝廷に報告したりした。

(い) 幕府は，西洋の天文学や測量術を学んだ伊能忠敬に，全国の地図の作成を命じた。

(う) 薩摩藩と長州藩は同盟を結び，幕府をたおして天皇中心の国家をつくることをめざした。

(え) 大塩平八郎は，生活に苦しむ人びとを救おうとしない役人たちを批判し，大阪で反乱を起こした。

問9　下線部(ク)について，この条約は日本にとって不平等な内容をふくんでいました。その不平等な内容として，以下の2点があげられますが，空らん　　　　にあてはまる語句を漢字5字で記しなさい。

・日本にいる外国人が罪をおかしても日本の法律で裁くことができない。
・　　　　が認められていない。

2　次の会話文は，ある小学校の社会の授業中のようすです。この文を読み，後の問いに答えなさい。

先　生：今日は世界の国ぐにのようすについて，夏休み中に各自調べてもらった国を発表してもらいます。ではAくんお願いします。

Aくん：はい，僕は西アジアのサウジアラビアという国を紹介します。この国には，[1]を中心に油田が数多く点在し，世界有数の産油国となっています。また，この国は(ア)イスラム教が国教とされ，イスラム教の教えが人びとの生活に影響をあたえています。国内にはその聖地メッカがあり，そこに向かって国民は1日5回祈りをささげたり，[2]とよばれる月に断食をしたりするそうです。

先　生：そうですね。西アジアには，産油国でイスラム教を信仰する国が他にも多くあり，調べてみたら面白いかもしれませんね。それでは次にBくんお願いします。

Bくん：はい，僕は中国について紹介します。この国の人口の約9割は漢民族で，それ以外は(イ)少数民族です。漢民族の多くは沿岸部に住んでおり，少数民族の多くは内陸部に住んでいます。1980年代以降，沿岸部に経済特区が設置され，多くの外国企業が進出して発展してきました。この国は「世界の工場」とも呼ばれ，(ウ)日本にも多くの工業製品を輸出しています。

先　生：最近，中国は経済発展がめざましいですね。それでは次にCくんお願いします。

Cくん：はい，私はアメリカについて調べてみました。この国を大きくいくつかの地域に分けて見みると，最初に移民が入植した北東部の大西洋沿岸は早くから発展が進み，(エ)人口が多く，経済がさかんな都市が集中しています。中西部には広大な平原が広がり，農畜産物の生産地となっています。また，南部ではメキシコ湾岸周辺の油田開発もさかんです。そして，大陸西部の(オ)太平洋岸では，コンピュータ関連や航空機などの(カ)先端技術産業などがさかんです。

2018(H30) 愛光中

K 教英出版

－ 3 －

先　生：そうですね。アメリカの先端技術産業は世界をリードしていますね。今日は3か国のようすについて紹介してもらいました。これからも世界の地理に興味をもって勉強していってください。発表してくれたみなさん，どうもありがとうございました。

問1　文中の空らん［1］に入る正しい語句を，次の中から1つ選びなさい。
　　（あ）紅海　　　（い）ペルシア湾　　　（う）カスピ海　　　（え）死海

問2　下線部(ア)について，イスラム教の聖典を何というか，答えなさい。

問3　文中の空らん［2］に入る語句をカタカナで答えなさい。

問4　下線部(イ)について，おもにヒマラヤ山脈に近い高原地域にくらす少数民族として正しいものを，次の中から1つ選びなさい。
　　（あ）ウイグル族　　　（い）モンゴル族　　　（う）チベット族　　　（え）満州族

問5　下線部(ウ)について，次の図は中国から日本への輸出品目の割合を示したものである。図中の【X】の品目に当てはまるものを，下の中から1つ選びなさい。

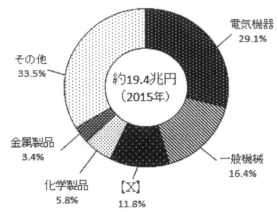

電気機器
29.1%

その他
33.5%

約19.4兆円
（2015年）

一般機械
16.4%

金属製品
3.4%

化学製品
5.8%

【X】
11.8%

（『データーブックオブ・ザ・ワールド2016』より作成）

　　（あ）自動車　　　（い）食料品　　　（う）衣類　　　（え）紙・パルプ

問6　下線部(エ)について，これらの都市の中で特に人口が多く，国連本部がおかれている都市名を答えなさい。

問7　下線部(オ)に関連して，太平洋沿岸のカリフォルニア州ではある国からの移民が増えています。どこの国からの移民が最も多いか，次の中から1つ選びなさい。
　　（あ）ブラジル　　　（い）インド　　　（う）メキシコ　　　（え）カナダ

問8　下線部(カ)について，太平洋側の都市サンフランシスコ郊外にある，半導体やコンピュータなどの先端技術産業や，情報通信技術関連の企業が数多く集まっている地域を何というか答えなさい。

③　次の【A】～【D】の文を読み，後の問いに答えなさい。

【A】右の絵は，明治時代のはじめごろの小学校の授業風景をえがい
たものです。江戸幕府を倒し，新たに成立した(ア)明治政府は，富国
強兵をめざし，積極的に欧米の文化を取り入れました。その中で，
1872 年に，欧米の国ぐににならって学校の制度を定め，全国の町や
村に小学校を設けて，(イ)すべての子どもに教育を受けさせようとし
ました。はじめは入学する子どもはあまり多くありませんでしたが，
20 世紀はじめには，ほぼすべての子どもが学校に通うようになりま
した。

問1　下線部(ア)に関連して，明治時代における制度や生活の変化について述べた文として誤っているも
　　のを，次の中から１つ選びなさい。
　　(あ) 月の満ち欠けをもとにした太陰暦が採用された。
　　(い) 電報や郵便の制度が整えられた。
　　(う) 日刊新聞が発行されるようになった。
問2　下線部(イ)に関連して，『学問のすゝめ』で人間の平等や学問の必要を説き，当時の社会に強い影響
　　をあたえた人物として正しいものを，次の中から１つ選びなさい。
　　(あ) 夏目漱石　　　(い) 野口英世　　　(う) 新渡戸稲造　　　(え) 福沢諭吉

【B】右の写真は，(ウ)大正時代の小学校での授業風景です。
(エ)日露戦争後，日本では重工業が発達し，それにつれて人びと
のくらしが向上していきました。そうした中で，国民自身の力
で政治をすすめていこうとする民主主義の考え方も広まり，さ
らに(オ)社会のさまざまな問題を改善していこうとする動きも
さかんになりました。また，このような風潮の中で，一部の学
校では，右の写真のように机をコの字型に配置して議論する授
業をおこなうなど，これまでの学校教育とはことなる，生徒の
個性や自主性を大切にしようとする自由教育の運動がおこなわれました。

問3　下線部(ウ)の時代におこったできごとについて述べた次の文Ⅰ～Ⅲを，古いものから年代順に正し
　　くならべかえたものを，下の中から１つ選びなさい。
　　Ⅰ　関東大震災がおこった。
　　Ⅱ　米騒動がおこった。
　　Ⅲ　男子普通選挙制が定められた。
　　(あ) Ⅰ－Ⅱ－Ⅲ　　　(い) Ⅰ－Ⅲ－Ⅱ　　　(う) Ⅱ－Ⅰ－Ⅲ
　　(え) Ⅱ－Ⅲ－Ⅰ　　　(お) Ⅲ－Ⅰ－Ⅱ　　　(か) Ⅲ－Ⅱ－Ⅰ

問4　下線部(ｴ)について述べた文として正しいものを，次の中から１つ選びなさい。

(あ)　アメリカの大統領の仲介で，パリで講和会議がおこなわれた。

(い)　この戦争の結果，日本は，ロシアが南満州にもっていた鉄道や鉱山の権利を得た。

(う)　この戦争で得た賠償金を使って，八幡製鉄所が建てられた。

問5　下線部(ｵ)に関連して，このころ新婦人協会を設立し，女性の地位向上をめざす運動をおこなった人物として正しいものを，次の中から１つ選びなさい。

(あ)　平塚らいてう　　　(い)　樋口一葉　　　(う)　津田梅子　　　(え)　与謝野晶子

【C】右の写真は，太平洋戦争中の小学校の授業風景です。(ｶ)1937 年に中国と戦争をはじめた日本は，その後アメリカやイギリスとも戦争をはじめることとなり，(ｷ)戦場は中国からアジア全体，太平洋にまで広がっていきました。小学校では，右の写真のような軍事教練がおこなわれ，教科書にも戦争に関係する内容が多くのるようになりました。

問6　下線部(ｶ)に関連して，これ以前におこったできごとについて述べた文として誤っているものを，次の中から１つ選びなさい。

(あ)　日本とドイツ，イタリアが軍事同盟を結んだ。

(い)　日本は，国際連盟から脱退した。

(う)　日本は満州を中国から切り離し，独立させた。

問7　下線部(ｷ)に関連して，日本が占領した地域として誤っているものを，次の中から１つ選びなさい。

(あ)　マレー半島　　　(い)　ハワイ諸島　　　(う)　ボルネオ島　　　(え)　ジャワ島

【D】右の写真は，敗戦直後の小学校の授業風景です。このころ，校舎が焼けてしまった地域では，右の写真のような「青空教室」での授業がおこなわれていました。(ｸ)日本を占領した連合国軍は，日本の民主化を進めるための指令を出し，教育制度も改革されました。このとき義務教育は，小学校６年，中学校３年の９年間となり，独立後の(ｹ)1960 年代には，小・中学校で使う教科書が無料で配られるようになるなど，義務教育の充実がはかられていきました。

問8　下線部(ｸ)に関連して，日本が連合国軍によって占領されていた時期に周辺国でおこったできごとについて述べた次の文Ｘ・Ｙについて，その正誤の組み合わせとして正しいものを，下の中から１つ選びなさい。

Ｘ　朝鮮戦争がおこり，ソ連軍を中心とした国際連合軍が派遣された。

Ｙ　中国国内で内戦がおこり，中華民国政府が台湾へうつった。

(あ)　Ｘ　正　　Ｙ　正　　(い)　Ｘ　正　　Ｙ　誤

(う)　Ｘ　誤　　Ｙ　正　　(え)　Ｘ　誤　　Ｙ　誤

問9　下線部(ケ)の時期におこったできごととして正しいものを，次の中から1つ選びなさい。

(あ)　日本が国際連合に加盟した。

(い)　日本と中華人民共和国との国交が正常化した。

(う)　東京でオリンピックが開かれた。

[4]　次の文は国の予算について解説した新聞記事を引用したものです。ただし，文の一部を書き直しています。これを読んで，後の問いに答えなさい。

A　国の予算って，どうやってつくるの？

B　まず，[1]にある各省庁が毎年，来年度に取り組みたい施策の費用を見積もり，[2]に8月末までに要求する。その内容を[2]が年末までに詳しく調べて政府の予算案をつくり，(ク)年明けの国会にだす。そこで審議を行って，次の年度が始まる前の3月中の成立をめざすのが普通だね。これは「当初予算」と呼ばれ，年度の途中で景気対策などの費用を追加で盛り込む「補正予算」もあるよ。

A　各省庁はどんな要求をしてもいいの？

B　それだと金額がふくらむから，[2]が7月ごろに「概算要求基準」という要求のルールを決めるんだ。今年の場合，公共事業などの要求額は，前年度の予算額より1割少なくするよう求めた。一方，予算を手厚くしたい特定分野の予算は特別に枠を設けて要求しやすくしている。

A　要求は抑えられる？

B　以前はこの基準の中で，最終的に予算額をどれぐらいに抑えるかという上限も決めていたんだ。だけど，(イ)いまの安倍政権は予算を柔軟につくれるようにと，上限をなくしてしまった。おかげで要求はふくらみがちで，各省庁の要求の総額は4年続けて　　a　　兆円の大台を超えそうだよ。

A　要求をすべて認めるわけにはいかないの？

B　国の予算はいま，毎年使うお金の3分の1以上を借金に頼っている。(ケ)これ以上，将来の世代につけを回さないように，なるべく支出を抑える必要があるんだ。

A　でも，要求を削るのは大変そうだね。

B　要求の裏には業界団体や「族議員」がいる場合も多く，削減しようとすると反発が起きる。妥協を重ねてきた結果，地方もあわせた現在の政府の借金は合計で　　b　　兆円を超えているんだ。

（「朝日新聞」愛媛版　2017年8月26日）

(3)		(4)		(5)	
(6)	g	(7)	g	(8)	g

【4】

(1)		(2)		(3)	

【5】

(1)	cm	(2)	kg	(3)	kg
(4)	cm	(5)	cm		

受験番号 (　　　　　　) 　名前 (　　　　　　　　　　　　　　)

3

問1 [ ] 問2 [ ] 問3 [ ] 問4 [ ] 問5 [ ] 問6 [ ]

問7 [ ] 問8 [ ] 問9 [ ]

4

問1 | 1 | | 2 | | 問2 | a | | b | | 問3 [ ] 問4 [ ] 問5 [ ]

5

問1 | 1 | | 2 | | 3 | | 4 | | 問2 [ ]

問3 [ ] 問4 [ ] 問5 [ ] 問6 [ ] 問7 [ ]

| 受験番号 | | 氏名 | |

平成30年度　　愛光中学校入学試験　解答用紙　　（社会）

※小計・合計らんには記入しないこと

1

問1

1		2	
3		4	

問2 ☐

問3

(20字)

問4 ☐　問5 （1）｜　　　　　　　　　（2）｜

小計 ☐

問6 ☐　問7 ☐　問8 ☐　問9 ☐☐☐☐

2

問1 ☐　問2 ｜　　　　　　　　　　　問3 ｜

問4 ☐　問5 ☐　問6 ｜　　　　　　　　　　　問7 ☐

小計 ☐

【1】

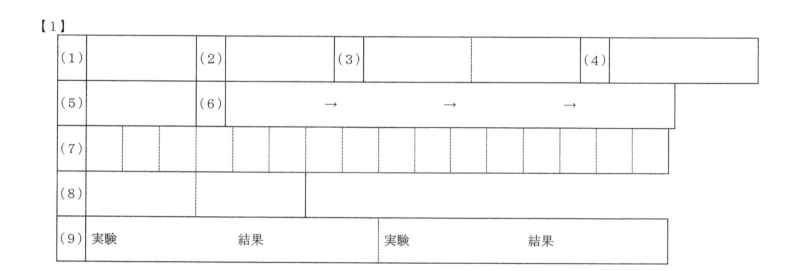

(1)		(2)		(3)			(4)	
(5)		(6)	→		→		→	
(7)								
(8)								
(9)	実験	結果			実験	結果		

【2】

(1)		(2)	B		C		(3)	
(4)			(5)	季節		気象用語		
(6)		(7)						

問1　文中の空らん［1］・［2］にあてはまる語句を，次の中から1つずつ選びなさい。
　　［1］（あ）霞ヶ関　　　（い）日本橋　　　（う）秋葉原　　　（え）丸の内
　　［2］（あ）内閣府　　　（い）金融庁　　　（う）財務省　　　（え）経済産業省
問2　文中の空らん　a　・　b　にあてはまる数字を，次の中からそれぞれ1つずつ選びなさい。
　　（あ）1　　（い）5　　（う）10　　（え）50　　（お）100　　（か）500　　（き）1000　　（く）5000
問3　下線部(ア)に関連して，国会には国の予算を決める以外にもさまざまな仕事があります。国会の仕
　　事として誤っているものを，次の中から1つ選びなさい。
　　（あ）国の法律をつくる。
　　（い）最高裁判所の長官を指名する。
　　（う）裁判官をやめさせるかどうかの裁判をおこなう。
　　（え）国会議員の中から内閣総理大臣を指名する。
問4　下線部(イ)に関連して，安倍晋三首相は，2012 年 12 月に2度目の内閣総理大臣になってから現在
　　まで，約5年間継続して政権を担当していますが，その期間におこったできごととして正しいもの
　　を，次の中から1つ選びなさい。
　　（あ）安全保障などに関わる情報を公開しないようにする，特定秘密保護法が制定された。
　　（い）郵政事業を民間企業に変更する，郵政民営化法が制定された。
　　（う）東日本大震災がおこり，福島第一原子力発電所で事故が発生した。
　　（え）PKO協力法が制定され，自衛隊員がカンボジアに派遣された。
問5　下線部(ウ)に関連して，2017 年度の日本の国家予算において，最も多い支出は次のうちどれに関す
　　るものか，次の中から1つ選びなさい。
　　（あ）防衛　　　（い）公共事業　　　（う）社会保障　　　（え）教育・科学　　　（お）地方財政の援助

⑤　次の文はある小学校の社会の授業のようすを紹介したものです。これを読み，後の問いに答えなさい。

先　生：今日は課題にしていたレポートの発表をしてください。テーマは「都道府県の観光について調べよう」です。ではAくんからお願いします。

Aくん：僕は北海道について調べてきました。道庁の広報によって 2016 年に「その先の，道へ。北海道」というキャッチフレーズが発表されました。北海道に広がるさまざまな可能性や，北海道らしい景色をイメージしてもらいたいようです。景色といえば北海道には，今も雄大な大自然が残っています。世界自然遺産となっている ［1］ は，数多くの生き物の貴重なすみかとなっています。また，(ア)農作物の生産がさかんなことは授業でも習いましたが，広い畑の風景のよさも観光客には人気のようです。

先　生：スケールの大きな風景は，日本の約□□□分の 1 の面積を占める北海道らしいですね。Bくんはどこを調べてきましたか？

Bくん：僕は岡山県についてホームページで調べてきました。ホームページでは「晴れの国おかやま」というキャッチフレーズをよく見かけました。これは，岡山県は他の県に比べて(イ)晴れの日が多く，温暖な気候であることをアピールしようとつけられたようです。温暖な気候を活かして，桃やマスカットなどの生産がさかんです。これらを利用したデザートやお土産もたくさんありました。また，工業もさかんで，県の南部に位置する ［2］ 市の臨海部には，水島コンビナートがあり，その夜景が観光スポットになっています。

先　生：工業の施設も観光の材料になっているのは面白いですね。Cさんはどうでしょう？

Cさん：私は新潟県について調べてきました。公式観光サイトで「うまさぎっしり新潟」というキャッチフレーズをみつけました。食のうまさや世界に誇る技のうまさを伝えようとしています。食のうまさの中心にくるのはやはり(ウ)米づくりで，この県の ［3］ 市をふくむ地域でとれるコシヒカリは特に高級品として有名です。米を原料にした日本酒づくりもさかんで，酒蔵を見学するコースも観光客に人気があるようです。技のうまさでは，金属加工の燕市が有名で，ここには作業の一部を体験できる施設もあります。

先　生：日本酒づくりの様子は(エ)外国から日本にやってくる観光客にも人気が出そうですね。最後はDさんです。

Dさん：私は埼玉県について調べてきました。埼玉県では，20 年以上前から「彩の国」という愛称が観光だけでなく県の活動のいろいろなところで使われています。四季折々の色彩豊かな自然に恵まれ，産業，文化，学術などさまざまな分野で発展するようすを表しています。県庁所在地のさいたま市には国際的なコンサート会場やサッカースタジアムがあってイベントの時にはたくさんの人が訪れます。また，「小江戸」と呼ばれる ［4］ 市内の古い街並みや，岩畳が特徴的で天然記念物に指定されている長瀞渓谷など，見どころがたくさんあることがわかりました。

先　生：人口の多い東京から近いことも観光がさかんになるひとつの理由になりそうですね。ありがとうございました。4 人ともとてもおもしろい発表でした。(オ)4 人が調べた都道府県と他の都道府県のつながりを考えてみると学習がさらに発展しますね。

問1　文中の空らん［1］～［4］にあてはまる語句を，次の中から1つずつ選びなさい。

[1]　(あ) 知床　　(い) 渡島　　(う) 宗谷　　(え) 襟裳

[2]　(あ) 新見　　(い) 倉敷　　(う) 備前　　(え) 津山

[3]　(あ) 酒田　　(い) 能代　　(う) 魚沼　　(え) 新庄

[4]　(あ) 川越　　(い) 所沢　　(う) 熊谷　　(え) 春日部

問2　文中の空らん□にあてはまる数字を次の中から1つ選びなさい。

　　(あ) 3　　　(い) 5　　　(う) 10　　　(え) 15

問3　下線部(ア)について，次の表は北海道が上位をしめる農産物の収穫量の都道府県別順位を示したものであり，X～Zは，ばれいしょ，はくさい，トマトのいずれかである。表の中のX～Zにあてはまる農作物の組み合わせとして正しいものを，(あ)～(か)の中から1つ選びなさい。

	X	Y	Z
1位	北海道	熊本	茨城
2位	長崎	北海道	長野
3位	鹿児島	茨城	群馬
4位	茨城	千葉	北海道
5位	千葉	愛知	栃木

（「平成 25 年産野菜生産出荷統計」より作成）

	(あ)	(い)	(う)	(え)	(お)	(か)
X	ばれいしょ	ばれいしょ	はくさい	はくさい	トマト	トマト
Y	はくさい	トマト	ばれいしょ	トマト	ばれいしょ	はくさい
Z	トマト	はくさい	トマト	ばれいしょ	はくさい	ばれいしょ

問４　下線部(イ)に関連して次の図のX〜Zはそれぞれ岡山市，釧路市，新潟市のいずれかの日照時間の
　　　月別平年値と年間日照時間を示したものである。X〜Zにあてはまる都市の組み合わせとして正しい
　　　ものを，（あ）〜（か）の中から１つ選びなさい。

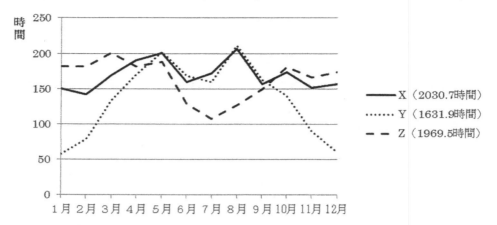

（『理科年表』より作成）

	（あ）	（い）	（う）	（え）	（お）	（か）
X	岡山市	岡山市	釧路市	釧路市	新潟市	新潟市
Y	釧路市	新潟市	新潟市	岡山市	岡山市	釧路市
Z	新潟市	釧路市	岡山市	新潟市	釧路市	岡山市

問５　下線部(ウ)に関連して述べた次の文X・Yについて，その正誤の組み合わせとして正しいものを，
　　　下の中から１つ選びなさい。

　X　政府が米の生産調整を行った結果，近年米の生産量は一貫して増加するようになった。

　Y　米はもともとシベリア地方の低い気温のところでの生産がさかんな作物だった。

　（あ）X　正　　Y　正　　　（い）X　正　　Y　誤

　（う）X　誤　　Y　正　　　（え）X　誤　　Y　誤

問６　下線部(エ)について，次の図は，アメリカ合衆国，韓国，中国から日本を訪れた旅行者の数の移り
　　　変わりを示したものである。中国にあてはまるものを，図の中の（あ）〜（う）から１つ選びなさい。

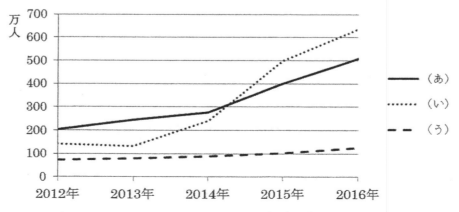

（日本政府観光局（ＪＮＴＯ）資料より作成）

問7　下線部(オ)に関連して，以下の表は，岡山市，さいたま市，札幌市，新潟市の，「住んでいる人のうち，他の都道府県の職場や学校に通っている人の割合」を示したものです。X～Zには岡山市，さいたま市，札幌市のいずれかが入ります。X～Zにあてはまる都市の組み合わせとして正しいものを，（あ）～（か）の中から1つ選びなさい。

X	16.50%
Y	0.86%
新潟市	0.41%
Z	0.22%

（「平成 27 年国勢調査」より作成）

	（あ）	（い）	（う）	（え）	（お）	（か）
X	さいたま市	さいたま市	岡山市	岡山市	札幌市	札幌市
Y	岡山市	札幌市	さいたま市	札幌市	さいたま市	岡山市
Z	札幌市	岡山市	札幌市	さいたま市	岡山市	さいたま市

教英出版

平成３０年度　愛光中学校入学試験問題

理科

（40分）

【1】 メダカの飼育観察について述べた次の文章を読み，下の問いに答えなさい。

　　　愛光太郎君は夏休みの自由研究としてメダカの観察を行うことにした。①ポンプを設置した水そうを用意し，そこに②オスとメスのメダカを入れ，（　③　）をエサとして与えて育てた。すると，しばらく飼っている間に④オスがメスによりそう行動が観察された。その後⑤メスは卵を産み，さらにその卵を（　⑥　）にくっつけた。その卵を別の水そうに移し，⑦毎日観察すると卵の中でメダカの体ができていく様子を観察することができた。⑧ふ化したばかりのメダカはエサを食べなかったが，それでもしばらくの間は成長できた。

（1）　下線部①について，ポンプを設置した理由として最も適当なものを次の（ア）～（エ）から１つ選び，記号で答えよ。

　　（ア）　空気を送りこむことで水の流れを起こし，川の流れを再現するため。

　　（イ）　空気を送りこむことで水の流れを起こし，水そうによごれがつくのをふせぐため。

　　（ウ）　空気を送りこむことで水に空気を溶けこませるため。

　　（エ）　空気を送りこむことで音を出し，メダカを生活音に慣れさせるため。

（2）　下線部②に関連して，メダカのオスのひれの形を正しく示しているものを次の（ア）～（エ）から１つ選び，記号で答えよ。ただし，わかりやすいように，ひれを黒くぬりつぶしてある。

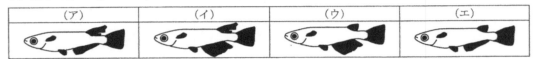

（3）　（　③　）に当てはまるものとして適当なものを次の（ア）～（オ）から２つ選び，記号で答えよ。

　　（ア）　水草の葉　　　　（イ）　ミジンコ　　　　（ウ）　ケイソウ　　　　（エ）　貝　　　　（オ）　小魚

（4）　下線部⑤について，メスが産卵するときのオスの行動について書かれた次の文の（　）に当てはまる語句を答えよ。

　　　メスが産卵すると，オスは（　　）をかけて受精させる。

（5）　（　⑥　）に当てはまる，メダカが好んで卵を産みつける場所を次の（ア）～（オ）から１つ選び，記号で答えよ。

　　（ア）　オスの体の表面　　（イ）　石の表面　　（ウ）　水面　　（エ）　水草の表面　　（オ）　タニシの貝がら

（6）　下線部⑦について，次の（ア）～（エ）を卵の中でメダカの体ができていく順番に並べよ。

（ア）	（イ）	（ウ）	（エ）

（7）　下線部⑧について，ふ化したばかりのメダカがえさを食べなくてもしばらく成長できた理由を１６字以内で答えよ。

下線部④について，オスとメスが出会ってからオスがメスによりそうまでの行動について調べるため，次の実験1と実験2を行った。ただし，水そうは透明なプラスチック製のものを使用し，水そう内の水は実験ごとに新しいものに取りかえた。

〔実験1〕大きめの水そう（水そう1）に小さな水そう（水そう2）を入れ，水そう1にはメダカのメスを，水そう2にはメダカのオスを入れた。その後，水そう1のメスと水そう2のオスを水そう3に移し（図1），オスがメスによりそう行動を始めるまでの時間を測定した。

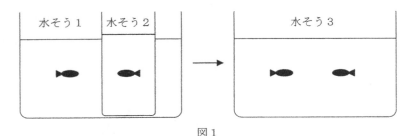

図1

〔実験2〕実験1に使用したものとは別のメダカを用意し，水そう1にメダカのメスを入れ，その後，水そう1のメスと新たなメダカのオスを水そう3に移し，オスがメスによりそう行動を始めるまでの時間を測定した。

図2は実験1と実験2の結果である。ただし，結果は同様の実験を繰り返した平均値である。

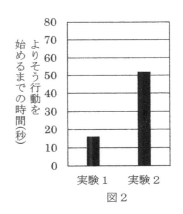

図2

（8）実験1と実験2の結果から，あらかじめオスとメスがお見合いしていると，一緒の水そうに入れてからオスがメスによりそう行動をするまでの時間が短くなることがわかる。お見合いのときに，お互いのコミュニケーションに使っている可能性があるものを次の（ア）～（オ）から2つ選び，記号で答えよ。

（ア）光　　（イ）音　　（ウ）におい　　（エ）電気　　（オ）はだざわり

（9）実験1と実験2だけからはメダカが異性のメダカを1匹1匹区別しているかどうかは分からない。メダカが異性を1匹1匹区別していることを証明するためにはどのような実験を追加すればよいか。実験1と同様の手順で実験を行ったとき，水そう1，水そう2，水そう3に入れる個体の組み合わせとして適当なものを実験（ア）～（オ）から2つ選び，記号で答えよ。ただし，実験にはメダカのオスメスを7匹ずつ用意し，それぞれに1～7の番号をつけて区別した。また，選んだ実験の予想される結果（オスとメスを水そう3に移してから，オスがメスによりそう行動を始めるまでの時間）をそれぞれ結果（カ），（キ）から1つずつ選び，記号で答えよ。

実験

	水そう1	水そう2	水そう3
（ア）	なし	オス1	メス1・オス1
（イ）	メス2	オス2	メス2・オス3
（ウ）	メス3	オス4	メス4・オス4
（エ）	メス5	メス6	メス5・オス5
（オ）	オス6	オス7	メス7・オス6

結果

（カ）実験1と同程度の時間

（キ）実験2と同程度の時間

【2】 地球と気象に関する下の問いに答えなさい。

　　　地球は半径が約6400kmの球状の天体である。地球はある向きに自転しているため，地球上の各地点での太陽が南中する時刻は経度によって決まる。世界の国々はそれぞれ標準時を設定しているが，日本では［ Ａ ］を通る東経135°の経線上の地点で太陽が南中する時刻を正午と定め，これを標準時として用いている。愛媛県松山市は東経132.5°に位置し［ Ａ ］よりも西にずれているため，松山市で太陽が南中する時刻は正午よりも約［ Ｂ ］分間［ Ｃ ］。

　　　地球の周りには様々な人工衛星が打ち上げられ，気象や地形の観測，通信など様々な役割を果たしている。このうち，［ Ｄ ］8号と呼ばれる気象衛星は日本付近の気象を観測している。図1は気象衛星［ Ｄ ］8号が撮影(さつえい)したある季節の画像を示している。

図1

（1） 文中の［ Ａ ］に入る市の名称として適当なものを次の(ア)〜(カ)から1つ選び，記号で答えよ。

　　　(ア) 名古屋市　　　(イ) 京都市　　　　(ウ) 大阪市

　　　(エ) 神戸市　　　　(オ) 明石市　　　　(カ) 岡山市

（2） 文中の下線部について，［ Ｂ ］に入る適当な数値を次の(ア)〜(キ)から，［ Ｃ ］に入る適当な語を次の(ク)，(ケ)からそれぞれ選び，記号で答えよ。

　　　(ア) 1　　　　(イ) 2　　　　(ウ) 4　　　　(エ) 8　　　　(オ) 10　　　　(カ) 12　　　　(キ) 20

　　　(ク) はやい　　　(ケ) おそい

（3） 私たちは日ごろ感じることはないが，地球の自転によって地球上の物体はきわめて速いスピードで動いている。宇宙から見たとき，赤道上に立っている人が動く速さは何km／時になるか計算し，最も近いものを次の(ア)〜(ク)から1つ選び，記号で答えよ。ただし，地球は完全な球であるものとし，円周率は3.14を用いよ。

　　　(ア)　　270 km／時　　　(イ)　　540 km／時　　　(ウ)　　840 km／時　　　(エ)　　1080 km／時

　　　(オ)　　1700 km／時　　　(カ)　　2700 km／時　　　(キ)　　8400 km／時　　　(ク)　　10800 km／時

（4） ［ Ｄ ］に入る気象衛星の名称を答えよ。

（5） 図1の画像はどの季節に撮影されたものか，［ 春・夏・秋・冬 ］から1つ選び，記せ。また，図1の状態を表す気象用語を次の(ア)〜(カ)から1つ選び，記号で答えよ。

　　　(ア) 熱帯低気圧　　　　(イ) 西高東低の気圧配置　　　(ウ) 移動性高気圧

　　　(エ) 太平洋高気圧　　　(オ) 梅雨前線　　　　　　　　(カ) 南高北低の気圧配置

（6）　ある年，大型の台風が勢力を保ったまま愛媛県をかすめるような進路をとった。台風が通過する前後
　　　1時間毎に松山市では図2のような風が観測されたとすると，台風のとった進路はどのようなものであっ
　　　たか。図4を参考に，図3の(ア)～(オ)から適当なものを1つ選び，記号で答えよ。ただし，風の吹く向
　　　きは地形の影響を受けないものとする。

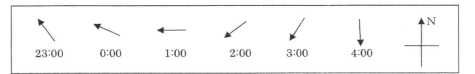

図2　松山市で観測された風の吹く向き

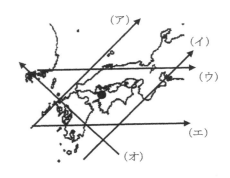

図3　台風の進路。
　　図の●は松山市を示す。

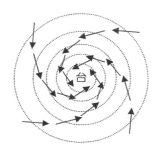

図4　台風の周囲で吹く風の向き。点線は
　　　等圧線を示している。台風の大きさは
　　　図3の地図の縮尺にあわせてある。

（7）　気象衛星［　D　］8号は常に地球の同じ面を観測している。宇宙から見たとき，地球の自転と［　D　］
　　　8号が地球を周回する向きを示す図として適当なものを次の(ア)～(エ)から1つ選び，記号で答えよ。た
　　　だし，図中のNは北極側を示し，●は［　D　］8号を示している。

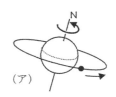

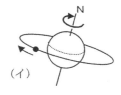

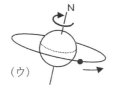

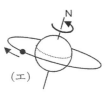

【3】 次の実験Ⅰ・Ⅱ・Ⅲと，その結果をもとにして，下の問いに答えなさい。

〔実験Ⅰ〕

6つのビーカー(A)～(F)に同じこさの塩酸を 100 cm³ ずつ入れた。それらのビーカーに同じこさ(塩酸のこさとは異なる)の水酸化ナトリウム水溶液を下の表に示した量だけ加えてよくかき混ぜた。

〔実験Ⅱ〕

実験Ⅰでつくったそれぞれの水溶液をリトマス紙につけて，リトマス紙の色の変化を調べると，下の表のようになった。なお，この実験における水溶液の体積変化はないものとする。

ビーカー	(A)	(B)	(C)	(D)	(E)	(F)
加えた水酸化ナトリウム水溶液の体積(cm³)	20	40	60	80	100	120
赤色リトマス紙の色の変化	なし	なし	なし	なし	青色	青色
青色リトマス紙の色の変化	赤色	赤色	赤色	なし	なし	なし

〔実験Ⅲ〕

実験Ⅰでつくったビーカー(D)の水溶液と同じものをもう一度つくり，それを加熱して水分を完全に蒸発させると，5.8 g の白色固体が得られた。また，実験Ⅰで用いた水酸化ナトリウム水溶液を 80 cm³ とり，それを加熱して水分を完全に蒸発させると，4.0 g の水酸化ナトリウムが残った。

（1） 塩酸は，水に何が溶けた水溶液か。

（2） 塩酸のように，酸性を示すものを次の(ア)～(キ)から3つ選び，記号で答えよ。

  (ア) さとう水　　　(イ) 炭酸水　　　(ウ) アンモニア水　　　(エ) 虫さされのかゆみ止め

  (オ) お酢　　　(カ) せっけん水　　　(キ) レモン汁

（3） 酸性とアルカリ性が打ち消し合うことを何というか。

（4） 下線部の白色固体の名前を答えよ。

（5） ビーカー(C)の塩酸のこさは，水酸化ナトリウム水溶液を加える前の塩酸のこさの何倍になるか。次の(ア)～(ク)から最も近いものを1つ選び，記号で答えよ。

  (ア) 0.40倍　　　(イ) 0.35倍　　　(ウ) 0.30倍　　　(エ) 0.25倍

  (オ) 0.20倍　　　(カ) 0.15倍　　　(キ) 0.10倍　　　(ク) 0.05倍

（6） ビーカー(B)の水溶液を加熱して水分を完全に蒸発させると，何 g の固体が得られるか。答えは，必要ならば小数第2位を四捨五入し，小数第1位まで求めよ。

（7） ビーカー(E)の水溶液を加熱して水分を完全に蒸発させると，何 g の固体が得られるか。答えは，必要ならば小数第2位を四捨五入し，小数第1位まで求めよ。

（8） ビーカー(A)とビーカー(F)の水溶液を混ぜ合わせた後，加熱して水分を完全に蒸発させると，何 g の固体が得られるか。答えは，必要ならば小数第2位を四捨五入し，小数第1位まで求めよ。

【4】　同じ豆電球(ア)〜(サ)と電池を用いて，図1〜4の回路をつくった。下の(1)〜(3)に当てはまる豆電球を(ア)〜(サ)の記号で答えなさい。ただし，複数ある場合はすべて答えること。

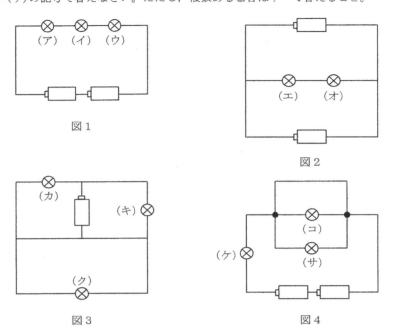

図1

図2

図3

図4

(1)　最も明るいもの

(2)　光る豆電球の中で，最も暗いもの

(3)　つかないもの

【5】 長さ40cmで重さ0.5kgの棒1，長さ20cmで重さ1kgの棒2，長さ50cmで重さがわからない棒3がある。これらの棒はそれぞれの端どうしをつなぐことができる。下の問いに答えなさい。ただし，棒1，棒2，棒3の重さはそれぞれの真ん中にあると考えることができる。

棒1の右に棒2をつないだ。この棒をAとする。

（1） 図1のように，棒Aを水平に保つためには，支点を棒Aの左端から何cmのところにすればよいか。

（2） 図2のように，支点を棒Aの真ん中にし，左端におもりをつるして棒Aを水平に保つためには，何kgのおもりをつるせばよいか。

図1　　　　　　　　　　　　図2

次に，棒1の右に棒3をつないだ。この棒をBとする。

（3） 図3のように，支点を棒Bの真ん中にし，右端から10cmのところに0.3kgのおもりをつるしたところ，棒Bを水平に保つことができた。棒3の重さは何kgか。

（4） 図4のように，棒Bを水平に保つためには，支点を棒Bの左端から何cmのところにすればよいか。

図3　　　　　　　　　　　　図4

最後に，左から順に棒1，棒2，棒3をつないだ。この棒をCとする。

（5） 図5のように，支点を棒Cの真ん中にし，0.5kgのおもりをつるして棒Cを水平に保つためには，棒Cの左端から何cmのところにおもりをつるせばよいか。

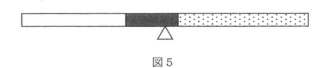

図5

（60分）　　　　　受験番号（　　　　　　）氏名（　　　　　　　　　　　　　　　）

1 次の各問題の □ にあてはまる数や文字を，答のところに記入しなさい。答だけでよい。

(1) $2\frac{3}{4} - 2.75 \div \left(1\frac{7}{9} - \boxed{}\right) = \frac{11}{13}$

(1)の答

(2) 川の上流の A 地点と下流の B 地点の間を船で往復したところ，A 地点から B 地点までは 2 時間かかり，B 地点から A 地点までは 3 時間かかりました。この川の流れの速さが毎時 2.5km のとき，この船の静水での速さは毎時 ① km で，A 地点から B 地点までの距離は ② km です。

(2)の答　① ②

(3) あるクラスの生徒にアメを 1 人 7 個ずつ配ると 32 個余り，9 個ずつ配ると 1 人は 3 個しかもらえず 4 人は 1 個ももらえません。アメの数は ① 個で，8 個ずつ配ると ② 個たりません。

(3)の答　① ②

(4) 太郎君，父，母の 3 人家族がいます。現在の 3 人の年齢の和は 86 歳で，母の年齢は太郎君の年齢の 3 倍より 2 歳上です。また，6 年前には父の年齢は母と太郎君の年齢の和と同じでした。現在，太郎君は ① 歳で，父と母の年齢の和が太郎君の年齢の 3 倍となるのは ② 年後です。

(4)の答　① ②

(5) 6 年生 50 人が算数のテストをしました。問題は A, B, C の 3 問で，A が 1 点，B が 2 点，C が 3 点です。表はその結果をまとめたものです。

得点	0点	1点	2点	3点	4点	5点	6点	合計
人数	2	5	9	16	9	6	3	50

このとき，50 人の得点の平均は ① 点です。また，2 問だけ正解した人は 21 人でした。C を正解した人は ② 人です。

(5)の答　① ②

（3）ある日，2人はこの計画通りに出発しましたが，途中で太郎君は，自転車が故障したため B 地点に向かって毎時 4km の速さで歩き，1km 先のバス停に向かいました。太郎君は，バス停に着いてから 15 分後にやってきたバスで B 地点に向かったところ，次郎君と同時に B 地点に到着しました。バスの速さが毎時 51km のとき，太郎君の自転車が故障したのは何時何分ですか。

　　［式と計算］

答_____

4　A，B，C 3 種類のポンプを使って，あるプールを満水にします。A と B の 2 台を使うと 30 時間，B と C の 2 台を使うと 35 時間，C と A の 2 台を使うと 42 時間かかります。

（1）A と B と C の 3 台を使うと何時間何分かかりますか。

　　［式と計算］

答_____

（2）このプールを，最初の 1 時間は A と B で，次の 1 時間は B と C で，次の 1 時間は C と A で，次の 1 時間は A と B で，……という順に 2 台ずつポンプを使って満水にしました。

　（ア）満水になるまでに何時間何分かかりましたか。

　　　［式と計算］

答_____

　（イ）B のポンプで入れた水の量は全体の何パーセントですか。小数第 2 位を四捨五入して答えなさい。

　　　［式と計算］

答_____

(6) 右の図において，長方形 ABCD と長方形 AEFG の面積は等しく，H は AC と EF の交点です。三角形 AHF の面積が 60cm² で，BE ＝10cm，BC ＝9cm のとき，三角形 CHE の面積は ① cm² で，長方形 ABCD の面積は ② cm² です。

G　　　　F

D　　　　　　　C
　　　H　　　　│9cm
A　　　E　10cm　B

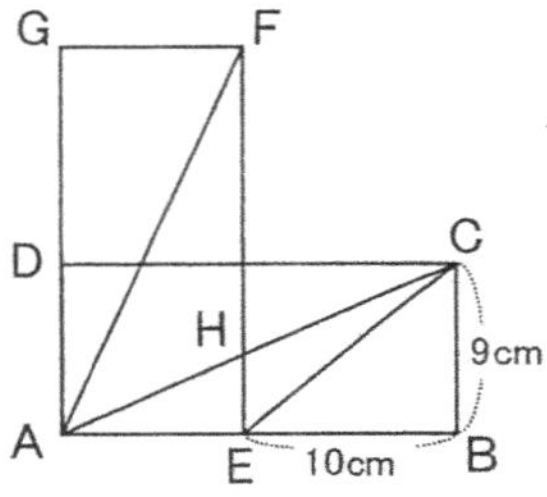

(6)の答　| ① | ② |

(7) 半径が 6cm と 4cm の 2 つの円と正方形 ABCD が右の図のように重なっています。このとき，斜線部分⑦の面積は ① cm² で，斜線部分④の面積は ② cm² です。ただし，円周率は 3.14 とします。

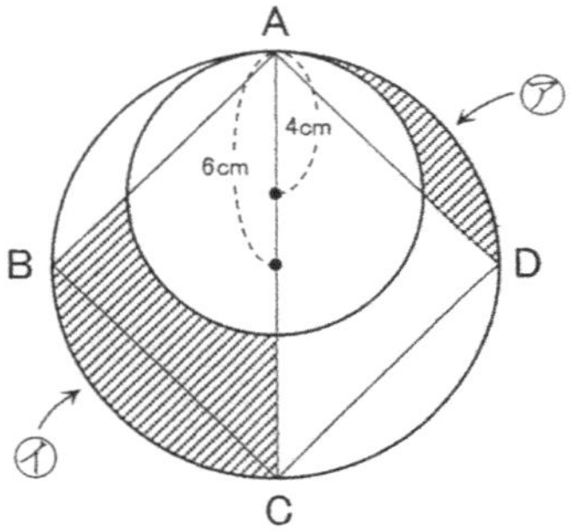

A
4cm
6cm
⑦
B　　　　　　D
④
C

(7)の答　| ① | ② |

(8) 1 から 1000 までの整数のうち，3 で割ると 1 余り，5 で割ると 2 余る数は全部で ① 個あります。また，それらの数をすべてかけたとき一の位の数は ② です。

(8)の答　| ① | ② |

(9) リンゴ，ナシ，柿 1 個の値段の比が17：29：33で，リンゴ，ナシ，柿の売れた個数の比は5：8：17でした。また，ナシの売り上げ金額と柿の売り上げ金額の差が 38493 円でした。このとき，リンゴ，ナシ，柿の売り上げ金額の合計は ① 円で，柿の売れた個数が 150 個以上 200 個以下のとき，柿 1 個の値段は ② 円です。

(9)の答　| ① | ② |

2　ある店で，A, B, C 3 種類の商品を売っています。A 5 個，B 8 個，C 10 個の値段が同じです。

(1) ある日，A, B, C の商品それぞれ 1 個につき 40 円ずつ値引きをしたので，A 4 個と B 7 個の値段が同じになりました。この日の C 1 個の値段はいくらですか。
　　［式と計算］

答＿＿＿＿＿＿＿＿＿＿

(2) 次の日，さらに，それぞれ 1 個につき同じ金額ずつ値引きをしたので，B 13 個と C 18 個の値段が同じになりました。この日値引きした金額は何円ですか。
　　［式と計算］

答＿＿＿＿＿＿＿＿＿＿

3　太郎君と次郎君が A 地点から B 地点まで行く計画を立てました。この計画では，太郎君は午前 7 時に自転車で出発し，正午に到着する予定で，次郎君は午前 8 時 5 分にバイクで出発し，午前 11 時に到着する予定です。また，次郎君は A 地点から 54.6km 離れた P 地点で太郎君に追いつきます。

(1) この計画では，次郎君が太郎君に追いつくのは何時何分ですか。
　　［式と計算］

答＿＿＿＿＿＿＿＿＿＿

(2) A 地点と B 地点の間の距離は何 km ですか。
　　［式と計算］

答＿＿＿＿＿＿＿＿＿＿

平成２９年度　愛光中学校入学試験問題

理科

（40分）

【1】　ヒトの臓器について，次の問いに答えなさい。

（1）　ヒトの臓器のはたらきについて正しく述べているものを次の(ア)～(エ)から２つ選び，記号で答えよ。

　(ア)　胃は強いアルカリ性の消化液を出し食物を消化する。

　(イ)　腎臓は血液中の老廃物をこしとって体外に排出する。

　(ウ)　胆のうでつくられる胆汁には，脂肪を分解する酵素が含まれる。

　(エ)　肝臓は，血液から糖を吸収してたくわえたり，血液へ放出したりして，血液中の糖の量を調節している。

（2）　だ液のはたらきについて正しく述べているものを次の(ア)～(オ)から２つ選び，記号で答えよ。

　(ア)　脂肪を消化して，糖に変える。

　(イ)　デンプンを消化して，糖に変える。

　(ウ)　タンパク質を消化して，糖に変える。

　(エ)　水でうすめたでんぷんのりに，だ液を加え30℃に保った。この液にヨウ素液を加えると青紫色に変化する。

　(オ)　水でうすめたでんぷんのりに，だ液を加え30℃に保った。この液にヨウ素液を加えても色の変化はみられない。

　　　ヒトの心臓には，血液がもどってくる２つの部屋と，血液を肺や全身に送り出す２つの部屋の合計４つの部屋がある。

　　　平常時の心臓は１分間に60～70回収縮し，１回の収縮で0.04～0.07Lの血液を送り出しているが，運動時は収縮回数や１回の収縮で送り出される血液の量が多くなり，より多くの〔　①　〕と栄養分が体の各部に運ばれ，そこで発生した〔　②　〕や老廃物(乳酸など)が回収される。

（3）　上の文中の下線部の２つの部屋は，まとめて何と呼ばれるか。

（4）　右図はヒトの体を正面から見たときの心臓の断面図をかんたんに描いたものである。図のA～Dのうち，全身に血液を送り出している部屋はどれか，記号で答えよ。

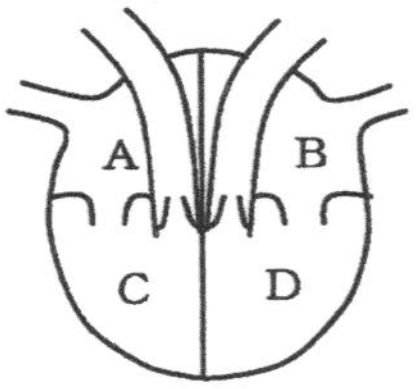

（5）　上の文中の空らん〔　①　〕，〔　②　〕に入る物質名を答えよ。

（6）　太郎君は，小学校のマラソン大会に参加し，ちょうど30分のタイムでゴールした。レース中の太郎君の心臓の収縮回数は１分間に140回，（4）で答えた部屋が１回の収縮で送り出す血液の量は0.08Lであった。太郎君の心臓は，レース中この状態が維持されていた。また，レース中の太郎君の体内では，肺を通った血液１L中に〔　①　〕は0.2Lとけていて，その20%が筋肉に運ばれた。レース中，太郎君の血液は何Lの〔　①　〕を肺から筋肉へ運んだか，小数第2位を四捨五入して小数第1位まで答えよ。

1

【2】 植物は，根で吸収した水を蒸散により水蒸気として気孔から大気中に放出している。蒸散について次のような実験を行った。下の問いに答えなさい。

　ある植物の，葉の大きさ，枚数が同じ枝を３本用意し，水に浸した状態で同じ長さになるように茎を切り，それぞれ下に示すような処理A〜Cを行い，水を入れた試験管にさした。それぞれの試験管の液面には少し油を浮かせた。これらの試験管を，日光の当たっていない明るい窓ぎわの机の上に置き，液面の高さの変化を２時間ごとに測定した。また，右の図は，この植物の葉の表側と裏側を顕微鏡で観察したものである。

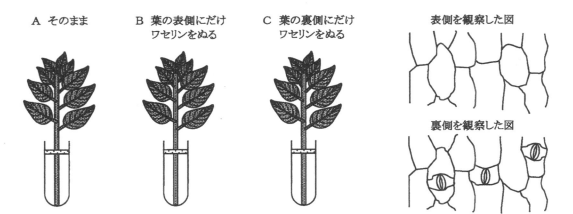

A　そのまま　　　B　葉の表側にだけ　　　C　葉の裏側にだけ　　　表側を観察した図
　　　　　　　　　　ワセリンをぬる　　　　　　ワセリンをぬる

裏側を観察した図

（1）　試験管の液面に油を浮かせた理由として最も適当なものを次の(ア)〜(オ)から１つ選び，記号で答えよ。
　　(ア)　栄養分を与えるため
　　(イ)　より気孔を開かせるため
　　(ウ)　実験を始めた後で気孔が開閉するのをとめるため
　　(エ)　液面からの蒸発を防ぐため
　　(オ)　茎の表面から水を吸収するのを防ぐため

（2）　右の図は，茎の断面を示している。根で吸収した水を運ぶはたらきをもつのはどの部分か。図の(ア)〜(カ)から１つ選び，記号で答えよ。

（3）　A，B，Cの処理を行った枝をさした試験管の，８時間後の液面の低下量をそれぞれ a，b，cとする。
　①　a，b，cを大きい順に左から並べよ。
　②　葉の裏側から蒸散した水の量を表す式として最も適当なものを次の(ア)〜(ク)から１つ選び，記号で答えよ。
　　(ア)　a－b　　　　(イ)　a－c　　　　(ウ)　b－a　　　　(エ)　b－c
　　(オ)　a＋b－c　　(カ)　a＋c－b　　(キ)　b＋c－a　　(ク)　b－c－a
　③　茎から蒸散した水の量を表す式として最も適当なものを②の(ア)〜(ク)から１つ選び，記号で答えよ。

【3】 月は地球にいつも同じ面を向けて，自転しながら地球の周りを公転している。右の図1は，地球の自転と月の公転の様子を北極星の方向から見たものである。次の問いに答えなさい。

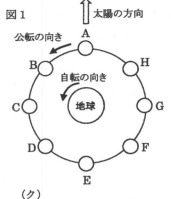

図1

（1） 地球で日食が観察されるとき，月はどの位置にあるか。図1のA〜Hから1つ選び，記号で答えよ。

（2） 図1のC，Hの月は，日本ではどのような形に見えるか。最も適当なものを次の（ア）〜（ク）からそれぞれ1つずつ選び，記号で答えよ。ただし，（ク）は新月を示している。

（ア）　（イ）　（ウ）　（エ）　（オ）　（カ）　（キ）　（ク）

（3） 図1のC，Hの月は，日本ではどのような時刻にどの方角に見えるか。最も適当なものを次の（ア）〜（カ）からそれぞれ1つずつ選び，記号で答えよ。

（ア）　日の入りごろ，南の高い空に見える。　　（イ）　日の入りごろ，南西の空に見える。

（ウ）　日の入りごろ，東の空の地平線付近に見える。　（エ）　真夜中ごろ，南の高い空に見える。

（オ）　真夜中ごろ，東の空の地平線付近に見える。　（カ）　日の出ごろ，南東の空に見える。

　　　SF映画に，環境汚染(おせん)が進み地球に住めなくなった人類が月に移住する，というものがある。図2は日本で真夜中に見たときの満月の図であるが，図中の矢印の地点に月面基地を建設し，人類が生活したとする。

図2

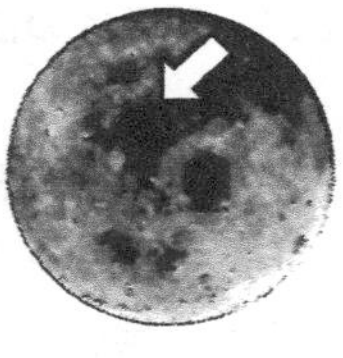

（4） 月が図1のC，Fにあるとき，この月面基地から地球はどのような形に見えるか。太陽の光を受けて光っている部分の形として最も適当なものを次の（ア）〜（ク）からそれぞれ1つずつ選び，記号で答えよ。ただし，（ク）はすべてかげになっていることを示している。

（ア）　（イ）　（ウ）　（エ）　（オ）　（カ）　（キ）　（ク）

（5） この月面基地では，昼と夜はどのような周期で入れかわるか。最も適当なものを次の（ア）〜（カ）から1つ選び，記号で答えよ。ただし，時間や日数は地球上での時間や日数を示すものとする。

（ア）　およそ12時間ごとに昼と夜が入れかわる。　　（イ）　およそ1日ごとに昼と夜が入れかわる。

（ウ）　およそ1週間ごとに昼と夜が入れかわる。　　（エ）　およそ半月ごとに昼と夜が入れかわる。

（オ）　およそ1ヶ月ごとに昼と夜が入れかわる。　　（カ）　昼のままで，入れかわらない。

3

【4】 次の(ア)〜(ケ)に示す9種類の水溶液のうち，いずれか1種類を入れた7つのビーカーA，B，C，D，E，F，Gがあるが，どのビーカーに何が入っているかはわかっていない。そこで，ビーカーの中の水溶液の性質を確かめるために，下の実験操作①〜⑧を行った。これらの実験操作から，7つのビーカーA，B，C，D，E，F，Gには，それぞれどの水溶液が入っているかを推測して，(ア)〜(ケ)の記号で答えなさい。

[水溶液の種類]

(ア) アルコール水溶液　　　　　(イ) アンモニア水　　　　　　(ウ) うすい塩酸

(エ) うすい水酸化ナトリウム水溶液　(オ) うすい過酸化水素水　　　(カ) さとう水

(キ) 食塩水　　　　　　　　　　(ク) 石灰水　　　　　　　　　(ケ) 炭酸水

実験操作①　ビーカーA〜Gの水溶液をそれぞれ青色リトマス紙につけてみると，ビーカーAの水溶液では赤くなったが，それ以外のビーカーB〜Gの水溶液では青色のままで変化しなかった。

実験操作②　ビーカーAの水溶液は，鼻をつくにおいがした。

実験操作③　ビーカーB〜Gの水溶液をそれぞれ赤色リトマス紙につけてみると，ビーカーB，E，Fの水溶液では青くなったが，ビーカーC，D，Gの水溶液では赤色のままで変化しなかった。

実験操作④　ビーカーB，E，Fの水溶液に，それぞれ二酸化炭素を通してみると，ビーカーEの水溶液だけ白くにごった。

実験操作⑤　ビーカーFの水溶液は，鼻をつくにおいがした。

実験操作⑥　ビーカーC，D，Gの水溶液を蒸発皿に少量とり水分をゆっくり蒸発させると，ビーカーCとGの水溶液からは白色の固体が得られたが，ビーカーDの水溶液からは何も得られなかった。

実験操作⑦　実験操作⑥で得られた白色の固体を強く熱してみると，ビーカーGから得られた白色の固体は煙（けむり）を出しながら黒くこげたが，ビーカーCから得られた白色の固体は変化しなかった。

実験操作⑧　ビーカーDの水溶液に二酸化マンガンを加えても，何も変化はみられなかった。

【5】 以下の文章の(①)〜(⑦)の中に入る言葉として最も適当な語句を下の(ア)〜(オ)からそれぞれ1つずつ選び，記号で答えなさい。ただし，同じものを何度選んでもよい。

　身のまわりには電気を利用した道具がたくさんある。トースターは電気を(①)に変えている。扇風（せん）機は電気を(②)に，電話機は電気を(③)に変えている。一方，太陽電池は(④)を(⑤)に変えている。最近では，ハイブリッドカーと呼ばれる自動車が販（はん）売されており，この自動車はエンジンとモーターの力を使って動いている。ブレーキを踏んで車を減速させるとき，ふつうの自動車では運動のエネルギーがブレーキの場所で(⑥)となって空気中に逃げて行ってしまうが，ハイブリッドカーでは運動のエネルギーを使ってモーターを回して(⑦)に変えて再び使えるようにしている。

　　　　(ア) 運動　　(イ) 熱　　(ウ) 光　　(エ) 電気　　(オ) 音

【6】 図1のように，木にひっかかった風船を取るために，台の上に長さ4mで重さ10kgの板を，台から1mだけ右にずらして置いた。その上を体重25kgの子供が右端に向かって歩いていくと，途中で板が傾き始めた。これは，図2のように板の重さが板の真ん中にあるとして考えると，点Aが支点となり，てこのつり合いの計算から10kgの子供までしか板の右端まで行けないからである。次の問いに答えなさい。

図1　　　　　　　　　　　　　　　　　　　　　　　　図2

（1） 図1で25kgの子供が板の上を歩いていくと，点Aから何m過ぎたところで板が傾くか。

（2） 25kgの子供が板の右端まで行くためには，板の左端に最低何kgのおもりをのせればよいか。

次に，図3のように長さ4mで重さ20kgの板を台から1mだけ右にずらして置き，その上に10kgで4mの板を右に1mずらして置いた。

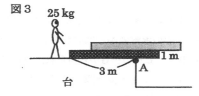

図3

（3） 25kgの子供が板の上を歩いていくと，点Aから何m過ぎたところで板が傾くか。

（4） 25kgの子供が板の右端まで行くためには，10kgの板の左端に最低何kgのおもりをのせればよいか。

図4のように，長さ4mで重さ30kgの板を台から1mだけ右にずらして置き，その上に20kg，10kgの順に4mの板を1mずつ右にずらしながら積み重ねた。ただし，10kgの板の左端には（4）で求めた重さのおもりがのっている。

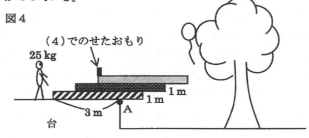

図4

（5） 25kgの子供が板の上を歩いていくと，点Aから何m過ぎたところで板が傾くか。

（6） このままでは風船が取れないので，さらに 20kg の板（上から2番目の板）の左端におもりを置くことにした。25kgの子供が板の右端まで行くためには，最低何kgのおもりをのせればよいか。

平成２９年度　愛光中学校入学試験問題

社会

（40分）

《答えはすべて解答用紙に記入しなさい。選択問題については，記号で答えなさい。》

1　次の会話文は，ある中学校の社会の授業中のようすです。この文を読み，後の問いに答えなさい。

先　生：今日は歴史上の新発見に関する，最近の新聞記事を5人の人に発表してもらいます。では，Aくんお願いします。

Aくん：はい，僕は「淡路島で銅鐸7個　『数十年に一度の大発見』　土砂選別作業がきっかけ」（『産経新聞』2015年5月19日）という記事を紹介します。兵庫県南あわじ市で銅鐸が一度に7個も見つかり，中には最古の形式のものがあったり，銅鐸の内側に取り付けて打ち鳴らすための「舌」という棒も同時に見つかったりするなど，大変珍しい発見だそうです。さらに2016年2月7日の『朝日新聞』の記事によると，この舌を取り付けるためのひももも発見されたそうです。僕は，なぜ(ア)同じ場所にたくさんの銅鐸が埋まっていたのか，またそれは何に使われたのかに興味を持ちました。それにひもが千数百年間も腐らずに残っていたのは，すごいことだと思いました。

先　生：そうですね。銅鐸については，以前授業でやりましたね。他の青銅器にどのようなものがあったでしょうか。復習してみてください。それでは次にBくんお願いします。

Bくん：はい，僕は「二条大路跡に横断溝　下水流すためか　奈文研が発掘」（『毎日新聞』2016年6月10日）という記事を読みました。平城京の二条大路という道路から，下水を流すためと考えられる溝のあとが発掘されたということです。記事によれば，平城京は北から南に緩やかに傾いていて，これを利用して，生活排水などを川へ流すために設けられたものだろうということです。地形を利用して排水を流すということにおどろいたし，町をつくるのにはいろいろ考えなければならないんだと感じました。

先　生：なるほど。たしかにたくさんの人が集まる町では，そういう設備も必要なのですね。(イ)平城京は貴族や役人，お寺の僧侶が住み，(ウ)それに地方からもたくさんの人が集まりました。どうしてこのような町が生まれたのかを考えてみるのもいいかもしれませんね。次はCさんお願いします。

Cさん：私は「九州大箱崎キャンパスに元寇防塁　博多湾東部で初めて発見」（『西日本新聞』2016年9月20日）という記事に興味を持ちました。福岡市にある九州大学の敷地の地下から，鎌倉時代の海岸線に沿って17メートルほどの元寇防塁と見られる石積みが発見されたそうです。授業で見た(エ)『蒙古襲来絵詞』に出てくる防塁とよく似たつくりだそうです。この防塁は現在の鹿児島県の御家人がつくったものと考えられるそうですが，何百年も前の人が，遠くからやってきて，こんな大がかりなものをつくったかと思うと，大変な負担であったんだろうと感じました。

先　生：(オ)元寇での御家人の負担は大変なものだったと考えられています。この防塁をつくるというのも大変だったでしょうね。元寇の後，幕府と御家人の関係が変わっていったといわれるのも，そのことと関係していると考えられています。では，次はDさんお願いします。

Dさん：私は「金閣寺七重塔か　装飾品出土，史料裏付け」（『毎日新聞』2016年7月9日）という記事を紹介します。(カ)金閣のあるお寺の敷地内から，足利義満が建立したという塔の一部と見られる装飾品が見つかったそうです。足利義満がつくった塔は，記録には高さがおよそ110メートルあったと記されていて，現存する木造建築で最も高いもののおよそ2倍もあったと言われています。授業中に見た金閣の写真からは，(キ)足利義満が強い権力を持っていたと感じましたが，今回この記事を読んで，そんなに大きな塔をつくった彼の力の強さに，あらためてびっくりしました。

先　生：それは大きな塔だったんですね。義満がそのような大きな建物をつくることができた背景には経済力もあると思います。どのようにしてその経済力を持ったのでしょうか。少し考えてみてくださ

い。それでは最後にEさんお願いします。

Eさん：はい，私は「『秀頼に落とされ死んだ』　大坂の陣，オランダで新文書」（『朝日新聞』2016年9月
　　　21日）という記事です。まずタイトルにびっくりしました。記事によると，オランダで江戸時代初
　　　期のようすが記された文書が発見されたということで，今まで知られている史料にはない内容も多
　　　く含まれているそうです。その中に(ク)大阪夏の陣に関する記述があり，豊臣を裏切った大名を豊
　　　臣秀頼が城壁から落として殺してしまったという記述があるのだそうです。この文書は当時日本
　　　と貿易をしていたオランダ人が，日本の情報を得るために作成したものだそうです。(ケ)この時期
　　　はポルトガルもまだ日本と貿易をしていたそうで，私は当時のオランダが，ポルトガルと対抗する
　　　ために，このような情報収集をしていたんだと考えました。

先　生：面白い記事ですね。大阪の陣を通じて(コ)江戸幕府の支配は固まり，政治も安定していきます。
　　　今日発表してくれたみなさんの記事から分かるように，私たちが勉強する歴史は，実際にあったこ
　　　とのごく一部でしかなく，日々新しい発見によって今まで知られていなかったことが分かってきた
　　　り，今まで正しいと思っていたことが間違いであることが分かったりします。これからも歴史に興
　　　味を持って新聞をながめてみてください。発表してくれたみなさんは，どうもありがとうございま
　　　した。

問1　下線部(ア)に関連して述べた次の文のうち，正しいものを1つ選びなさい。
　（あ）銅鐸は，むらの収かくを祈る祭りに使われたと考えられている。
　（い）銅鐸は，むらの指導者の墓に，死者とともに埋葬された。
　（う）銅鐸をつくる技術が入ってきた頃，儒教や仏教も伝わった。

問2　下線部(イ)に関連して述べた次の文のうち，正しいものを1つ選びなさい。
　（あ）奈良時代の貴族や役人は，領地の石高に応じて，戦争に行く負担が決められた。
　（い）平城京には法隆寺などの大寺院が建設された。
　（う）平城京に住む人びとは都の東西におかれた市で，生活に必要なものを手に入れた。

問3　下線部(ウ)に関連して，平城京にやってきた地方の人びとについて述べた次の文のうち，誤ってい
　　るものを1つ選びなさい。
　（あ）地方の特産物などを税として納めるために，地方の農民が平城京にやってきた。
　（い）平城京を警備するために，地方の武士が平城京にやってきた。
　（う）東大寺の大仏の建立に協力するために，行基に率いられた人びとが平城京にやってきた。

問4　下線部(エ)の『蒙古襲来絵詞』に関連して述べた次の文のうち，誤っているものを1つ選びなさい。
　（あ）竹崎季長は，集団戦法をとる元軍に対し，一騎討ちをいどんでいった。
　（い）元軍は，当時の日本にはない，火薬を使った武器を利用していた。
　（う）竹崎季長は鎌倉まで行って恩賞を要求したが，結局，恩賞はもらえなかった。

問5　下線部(オ)について，鎌倉幕府の御家人は元寇などの戦争の際にはこうした負担を課せられました。
　　これは将軍から御恩として土地を与えられているためでしたが，この御恩に対して御家人が果たさな
　　ければならない役割を何といいますか。

問6　下線部(カ)の金閣は世界文化遺産の一部を構成しています。日本にはこの他にもさまざまな世界文
　　化遺産がありますが，これに関連して，次の中から世界文化遺産ではないものを1つ選びなさい。
　（あ）富岡製糸場　　（い）首里城跡　　（う）八幡製鉄所　　（え）大阪城　　（お）石見銀山

問7　下線部(キ)に関連して，足利義満のおこなったことについて述べた次の文のうち，誤っているもの
　　を1つ選びなさい。

　(あ)　守護大名を率いて日光東照宮に参拝し，権威を示した。

　(い)　長らく続いた南北朝の争いをおさめた。

　(う)　明と貿易をおこない，大きな利益をあげた。

問8　下線部(ク)に関連して，天下を統一した豊臣氏は大阪夏の陣で滅亡します。豊臣氏の天下統一につ
　　いて述べた文として正しいものを，次のうちから1つ選びなさい。

　(あ)　農民から武器を取り上げて，武士と農民の身分のちがいをはっきりさせた。

　(い)　大名が住む城以外の城を，すべて破壊するように命令した。

　(う)　「天下布武」の印を用い，武力による天下統一をめざした。

問9　下線部(ケ)に関連した次のできごとⅠ～Ⅲを，古いものから年代順に正しく並べかえたものを，下
　　のうちから1つ選びなさい。

　　Ⅰ　島原・天草一揆がおこった。

　　Ⅱ　キリスト教を禁止した。

　　Ⅲ　オランダ商館を出島に移した。

　(あ)　Ⅰ－Ⅱ－Ⅲ　　　　(い)　Ⅰ－Ⅲ－Ⅱ　　　　(う)　Ⅱ－Ⅰ－Ⅲ

　(え)　Ⅱ－Ⅲ－Ⅰ　　　　(お)　Ⅲ－Ⅰ－Ⅱ　　　　(か)　Ⅲ－Ⅱ－Ⅰ

問10　下線部(コ)に関連して述べた次の文のうち，誤っているものを1つ選びなさい。

　(あ)　幕府が置かれた江戸は，人口が100万人をこえ，多くの物資が運ばれたので，「天下の台所」とい
　　　われた。

　(い)　街道が整備され，庶民の間にも，有名な寺院などをお参りすることを目的とした旅が流行した。

　(う)　百姓や町人の子どもたちのなかには，生活に必要な読み書きを学習するために，寺子屋に通う
　　　ものもいた。

社会の試験問題は次に続く。

2　次の文を読み，後の問いに答えなさい。

伊藤博文は1841年に［1］藩の貧しい農家に生まれましたが，後に藩の足軽となり，吉田松陰の松下村塾に学びました。1853年にアメリカのペリーが浦賀に来航し，(ア)その後しばらくして日本と欧米諸国との間に貿易がはじまると，日本の社会は大きな影響を受けました。その中で伊藤は外国勢力を追い払う尊王攘夷運動に参加しましたが，1864年に外国の軍隊によって藩が攻撃され砲台が占領されると，外国勢力を排除することは無理だと考えるようになり，(イ)仲間とともに幕府を打倒し新政府をつくる運動をはじめました。

明治政府が誕生すると，伊藤は政府の役人となり(ウ)明治初期の改革に関わっていきました。1871年の廃藩置県のあとには，政府は欧米に大規模な使節団を派遣しました。伊藤はその一員として欧米に向かい，諸国の制度や文物を調査し，その後の改革の参考にしました。帰国してしばらくすると，国内では政府を批判する自由民権運動がはじまりました。この運動はしだいに国民の支持を集めて高まっていったため，国会は［2］年に開設されることになり，(エ)伊藤は自らが中心となって憲法制定の準備をすすめていきました。また，そのなかで1885年には内閣制度が創設され，伊藤は初の総理大臣になりました。

伊藤博文が2度目の総理大臣になると，長い間交渉していた，(オ)欧米諸国との不平等条約の改正に一部成功しました。また，このとき，日清戦争の開戦に踏み切りました。戦争の後，伊藤は1900年に自らを総裁とする［3］という政党を結成し，日本の政党の歴史に大きな影響をあたえましたが，しばらくして政府の仕事からは引退しました。しかし，(カ)日露戦争後にすすめられた韓国の植民地化については，その中心的な役割を果たしていきました。そのため，1909年には，植民地化に反対する韓国の活動家によって暗殺されてしまいました。

問1　文中の空らん［1］〜［3］にあてはまる語句・数字を書きなさい。
問2　以下の設問について答えなさい。その際，組み合わせはすべて下の選択肢から選びなさい。

（あ）①・②　　（い）①・③　　（う）①・④　　（え）②・③　　（お）②・④　　（か）③・④

設問1　下線部(ア)に関連して，幕末の貿易について述べた次の文のうち，正しいものが2つある。その組み合わせを1つ選びなさい。
① 日本は欧米諸国と修好通商条約を結び，下田・函館の港を開いて貿易をおこなった。
② 国内で綿製品の生産が活発におこなわれていたので，外国製の綿製品の輸入はあまりふえなかった。
③ 日本からの生糸の輸出がふえたが，それによって国内の生糸の値段は上昇していった。
④ 貿易開始とともに，米の値段も上昇するようになった。

設問2　下線部(イ)に関連して，次のうち，この時期に幕府を打倒する運動をおこなった人物として正しいものが2つある。その組み合わせを1つ選びなさい。
① 福沢諭吉　　　② 西郷隆盛　　　③ 木戸孝允　　　④ 勝海舟

設問3　下線部(ウ)に関連して，明治初期の改革について述べた次の文のうち，正しいものが2つある。その組み合わせを1つ選びなさい。
① 基準を設けて地主の土地をとりあげ，貧しい小作人に安く売り渡していった。
② 全国に小学校をつくり，6歳になった子供を入学させるようにした。
③ 20歳になった男子に身体検査を受けさせ，3年間，軍隊に入らせる制度をはじめた。
④ 米などの食料を政府が強制的に買い上げて，国民に公平に分配する配給制度をはじめた。

設問４　下線部(ェ)に関連して，この憲法の内容について述べた次の文のうち，正しいものが２つある。その組み合わせを１つ選びなさい。

① 天皇が陸海軍を統率するとされた。
② 国民は法律の範囲内で言論・集会・結社の自由をもつとされた。
③ 衆議院と貴族院の２つの議会の投票で総理大臣を選ぶとされた。
④ 皇帝の力の強いフランスの憲法を参考に制定された。

設問５　下線部(オ)に関連して，このときの条約改正交渉について述べた次の文のうち，正しいものが２つある。その組み合わせを１つ選びなさい。

① このときに交渉を担当した外務大臣は小村寿太郎であった。
② この条約改正のあと，ノルマントン号事件が発生した。
③ この条約改正交渉の結果，日本で罪を犯した外国人を日本の法律で裁判できるようになった。
④ 日本は最初にイギリスとの改正交渉に成功し，その後，他の諸国も改正に応じていった。

設問６　下線部(カ)に関連して，その後の韓国や朝鮮半島の歴史について述べた次の文のうち，正しいものが２つある。その組み合わせを１つ選びなさい。

① 韓国は 1910 年に日本に併合され，完全に植民地となった。
② 朝鮮が植民地化されていくなかで土地の調査が行われ，そのなかで朝鮮の多くの人びとが土地を取り上げられた。
③ 朝鮮戦争がはじまると，朝鮮は韓国と北朝鮮に分裂し，両国の対立がはじまった。
④ サンフランシスコ講和会議には韓国もよばれ，韓国は平和条約に調印して日本と国交を結んだ。

設問７　伊藤博文が生まれた 1841 年から，死亡した 1909 年までの間のできごとについて述べた次の文のうち，正しいものが２つある。その組み合わせを１つ選びなさい。

① 岡倉天心が日本の伝統的な美術を守る運動を行った。
② 25 歳以上のすべての男子に衆議院の選挙権があたえられた。
③ 西郷隆盛らによって九州で西南戦争が引きおこされた。
④ 関東地方で大規模な地震がおき，その混乱のなかで多くの朝鮮の人びとが殺害される事件もおこった。

3　次の文は，A中学校のある生徒が夏休みに体験したホームステイの感想文です。これを読み，後の問いに答えなさい。

　　私は外国の文化や英語を学ぶため，夏休みを利用してアメリカのニューヨークでホームステイをしてきました。(ア)アメリカは国土が広く産業もさかんな国ですが，人びとのくらしや社会も日本とはちがっているため，不安もありました。実際に行ってみると，受け入れ先の家族が優しくむかえてくれ，とても楽しく充実（じゅうじつ）した2週間を過ごすことができました。午前中は，私と同じように英語を学ぶためにやってきた(イ)韓国やサウジアラビア，ブラジルなどの学生たちといっしょに授業を受け，その中でそれぞれの国やくらしについて話しました。授業が終わるとみんなでスポーツを楽しんだり，映画をみに行ったりしました。また，休日には，(ウ)国際連合本部やウォール街を見学に行きました。あっという間に過ぎた2週間でしたが，帰国後も(エ)インターネットを利用して受け入れ先の家族や各国の友達との交流を続けています。いろいろな人びとと交流し，ちがった文化を感じることができた貴重な経験になりました。もっともっと英語を勉強して，もう一度アメリカに行きたいと思っています。

問1　下線部(ア)に関連して，以下の設問に答えなさい。
　（1）アメリカの国土について述べた文として正しいものを，次の中から1つ選びなさい。
　　（あ）ミシシッピ川は中央平原を通り，太平洋に注いでいる。
　　（い）西部にはアパラチア山脈が，東部にはロッキー山脈が走っている。
　　（う）アメリカの国土面積は日本の約25倍である。
　（2）アメリカの工業や農業について述べた文として誤っているものを，次の中から1つ選びなさい。
　　（あ）世界でも有数の農業国であり，「世界のパンかご」とよばれている。
　　（い）太平洋岸のシアトルやロサンゼルスは航空機の生産がさかんである。
　　（う）北部の五大湖周辺では，綿花の生産がさかんである。
　（3）アメリカの人びとのくらしや社会について述べた文として正しいものを，次の中から1つ選びなさい。
　　（あ）人口は10億人を超えており，人口が増えることを防ぐための対策がとられている。
　　（い）自動車の保有台数は世界一で，無料の自動車専用道路が発達している。
　　（う）インドからの移民が急激に増加したため，人種間の対立が起こるようになってきた。

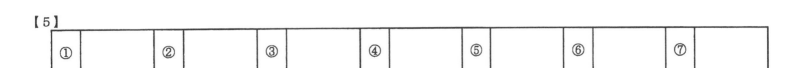

【5】

①		②		③		④		⑤		⑥		⑦	

【6】

(1)	m	(2)	kg	(3)	m
(4)	kg	(5)	m	(6)	kg

受験番号 （　　　　　　　） 名前 （　　　　　　　　　　　　　　　）

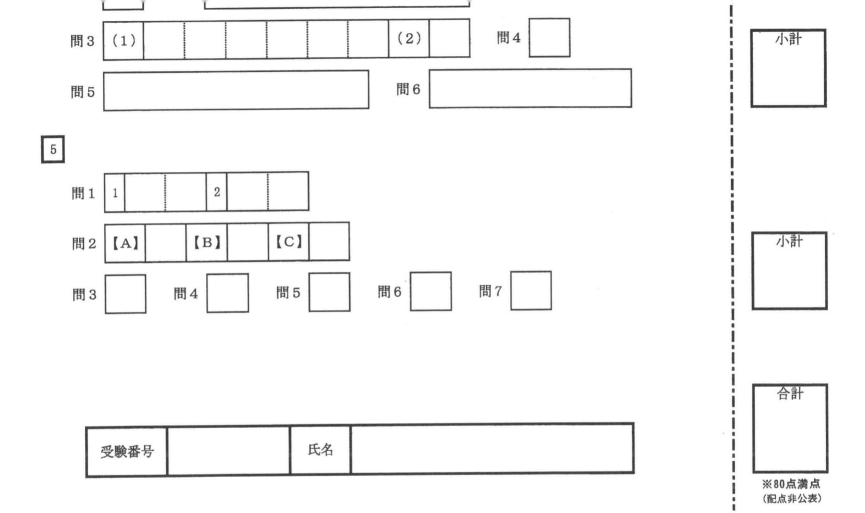

問3 （1） （2） 問4

問5 問6

5

問1 1 2

問2 【A】 【B】 【C】

問3 問4 問5 問6 問7

受験番号 氏名

小計

小計

合計

※80点満点
（配点非公表）

平成29年度　　愛光中学校入学試験　解答用紙　　（社会）

※小計・合計らんには記入しないこと

1

問1 [　]　問2 [　]　問3 [　]　問4 [　]　問5 [　　　　　]

問6 [　]　問7 [　]　問8 [　]　問9 [　]　問10 [　]

小計 [　]

2

問1　1 [　　　　] 2 [　　　] 3 [　　　]

問2　設問1 [　] 設問2 [　] 設問3 [　] 設問4 [　]

設問5 [　] 設問6 [　] 設問7 [　]

小計 [　]

3

問1　（1）[　]　（2）[　]　（3）[　]

問2 [　]　問3 [　]　問4 [　]

小計 [　]

平成２９年度　愛光中学校入学試験問題　理科（解答用紙）

※80点満点
（配点非公表）

【1】

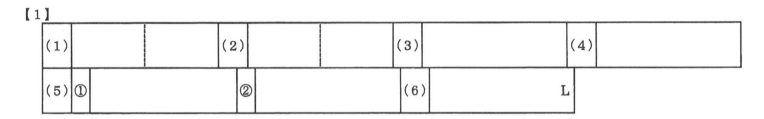

(1)		(2)		(3)		(4)	
(5)	①	②		(6)			L

【2】

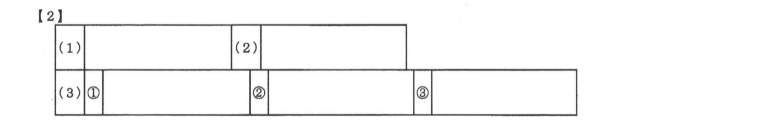

(1)		(2)	
(3)	①	②	③

【3】

(1)		(2)	C	H		(3)	C	H	
(4)	C	F		(5)					

問2　下線部(イ)に関連して，次の図はこの3つの国ぐにのうち，いずれかの国の首都の雨温図をしめしたものです。この雨温図はどの国の首都のものですか，下の（あ）～（う）のうちから1つ選びなさい。

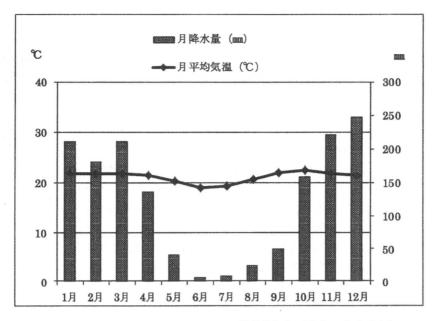

（『理科年表　平成28年』より）

（あ）韓国　　（い）サウジアラビア　　（う）ブラジル

問3　下線部(ウ)について，国際連合やその活動について述べた文として誤っているものを，次の中から1つ選びなさい。
（あ）国際連合は，毎年1回，世界の諸問題について話し合う主要国首脳会議（サミット）を開いている。
（い）国際連合は，1945年に，アメリカなど51か国が参加してつくられた。
（う）国際連合には，停戦を働きかけたり，戦争の広がりを防いだりするために，安全保障理事会が置かれている。

問4　下線部(エ)について，インターネットがふきゅうしたことでたくさんの情報の中から必要な情報を自分で選び出し，活用する能力や技能が求められています。このような能力や技能を何といいますか，次の中から1つ選びなさい。
（あ）トレーサビリティ　　　　（い）メディアリテラシー　　　　（う）ナショナルトラスト

4　以下の【A】・【B】は，1947年8月に文部省（現在の文部科学省）から出された『あたらしい憲法のはなし』という教科書の記述とさし絵です。これをみて，後の問いに答えなさい。（本文は一部をあらためています。）

【A】

　　　そこでこんどの憲法では，日本の国が，けっして二度と戦争をしないように，二つのことをきめました。その一つは，兵隊も軍艦も飛行機も，およそ戦争をするためのものは，いっさいもたないということです。これからさき日本には，陸軍も海軍も空軍もないのです。これを戦力の放棄といいます。「放棄」とは「すててしまう」ということです。しかしみなさんは，けっして心ぼそく思うことはありません。日本は正しいことを，ほかの国よりさきに行ったのです。世の中に，正しいことぐらい強いものはありません。

　　　もう一つは，よその国と争いごとがおこったとき，けっして戦争によって，相手をまかして，じぶんのいいぶんをとおそうとしないということをきめたのです。おだやかにそうだんをして，きまりをつけようというのです。なぜならば，いくさをしかけることは，けっきょく，じぶんの国をほろぼすようなはめになるからです。また，戦争とまでゆかずとも，国の力で，相手をおどすようなことは，いっさいしないことにきめたのです。これを戦争の放棄というのです。

問1　【A】の文に関する内容が書かれているのは日本国憲法の第何条ですか，次の中から1つ選びなさい。

　（あ）第一条　　　（い）第九条　　　（う）第十四条　　　（え）第二十五条

問2　1950年に朝鮮戦争が起こると，日本国内の治安を守るためにある組織が作られ，後に自衛隊となりました。この組織の名前を答えなさい。

問3　2014年当時の内閣は，これまでは使うことができないと考えられていた，「仲間の国が攻撃されたとき，一緒に反撃することができる権利」を使うことができる，と憲法の解釈を変えました。これに関する以下の設問に答えなさい。

　（1）この権利を何といいますか，漢字6字で答えなさい。

　（2）この時の内閣総理大臣を，次の中から1つ選びなさい

　　（あ）小泉純一郎　　　（い）鳩山由紀夫　　　（う）麻生太郎　　　（え）安倍晋三

【B】

　　自由と平等とがはっきりみとめられ，これを侵されないとするなら
ば，この自由と平等とは，みなさんの権利です。これを「自由権」と
いうのです。しかもこれは人間のいちばん大事な権利です。このいち
ばん大事な人間の権利のことを「(ア)基本的人権」といいます。あたら
しい憲法は，この基本的人権を，侵すことのできない永久に与えられ
た権利として記しているのです。これを基本的人権を「保障する」と
いうのです。（中略）

　　こんなりっぱな権利を与えられましたからには，みなさんは，じぶ
んでしっかりとこれを守って，失わないようにしてゆかなければなり
ません。(イ)しかしまた，むやみにこれをふりまわして，ほかの人に
迷惑をかけてはいけません。ほかの人も，みなさんと同じ権利をもっ
ていることを，わすれてはなりません。国ぜんたいの幸福になるよう，
この大事な基本的人権を守ってゆく責任があると，憲法に書いてあり
ます。

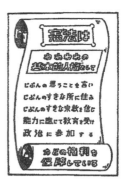

問4　下線部(ア)に関連して，日本国憲法制定後，社会が大きく変化するにつれて，人権のとらえ方がよ
　　り広くなりました。こうした，憲法に明記されていないあたらしい人権として正しいものを，次の中
　　から1つ選びなさい。
　　（あ）健康で文化的な生活を営む権利　　　（い）裁判を受ける権利　　　（う）労働者が団結する権利
　　（え）職業を自由に選ぶ権利　　　　　　　（お）よい環境のもとで生きる権利
問5　下線部(イ)について，日本国憲法は，基本的人権を無制限に保障しているわけではありません。第
　　十二条では，権利はみだりに用いるものではなく，　X　のためにこれを利用する責任を負う，とさ
　　れています。空らん　X　に当てはまる語句を答えなさい。
問6　日本国憲法の三大原則は，戦争の放棄と基本的人権の尊重とあと1つは何ですか，答えなさい。

5　次の文【A】～【C】は，日本のいずれかの都道府県における工業について述べたものです。これを読み，後の問いに答えなさい。（ただし，文中では都道府県をすべて「県」と呼んでいます。）

【A】この県では，150年ほど前から，着物のうら地として最高級品とされた「羽二重」という織物の生産がおこなわれてきました。この伝統のもと，せんい産業がさかんですが，現在では，せんいの技術が応用され，夏に建物の中の熱を下げるための屋上緑化用シートや，(ア)砂漠化を防ぐためのシートなど，環境を守るさまざまな製品の開発もおこなわれています。また，この県には，国内のめがねフレーム生産量の90％以上を生産している都市があります。この県は，漆器や建設用機械の生産で有名な県や，薬の生産で有名な県などとともに，［１］工業地域にふくまれています。

【B】この県は，(イ)自動車などを製造する機械工業がとりわけさかんなことで有名です。とくに［２］市では，80年ほど前に織物の機械の製造がさかんになり，戦後は日本における自動車の一大生産地になりました。県内には，自動車工業と関係の深い製鉄所や石油化学工場も多いですが，伝統的に陶器や刃物などの生産もさかんです。また，この県には，国内最大級の貿易港があり，(ウ)貿易がさかんにおこなわれています。この県は，(エ)石油化学工業がさかんなとなりの県とともに，日本最大の工業生産額をほこる工業地帯を形成しています。

【C】この県は，早くからせんい工業を中心とする軽工業がさかんで，戦前には，となりの県とともに日本最大の工業生産額をほこる工業地帯を形成していた時期もありました。戦後の高度経済成長期には，(オ)臨海地区を中心に，鉄鋼や造船，機械などの重化学工業が発達しました。しかし，臨海地区の重化学工業は高度経済成長の終わりとともに衰退していき，代わって内陸地区が発展してきています。内陸地区は，大手家電メーカーが本社を置いたため電器産業が発達していますが，化学・医薬などの分野の工場や研究所も多くみられます。

問１　文中の空らん［１］・［２］にあてはまる語句を記入しなさい。ただし，空らんにはそれぞれ漢字2字が入ります。

問２　【A】～【C】の各文がしめす都道府県を，次の図中の①～⑧の中から１つずつ選びなさい。

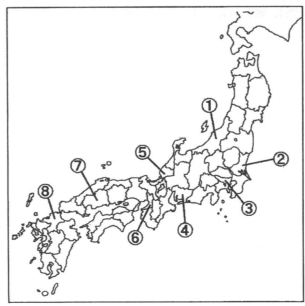

問3　下線部(ア)について，近年，地球温暖化にともなう砂漠化が世界中で問題になっており，地球温暖化をくいとめるため CO_2（二酸化炭素）削減のための取り組みがさまざまな形でおこなわれています。そのうち，植林事業・リサイクル事業などの CO_2（二酸化炭素）削減事業を企業がおこない，その企業の製品やサービスを消費者が購入することで支援する取り組みを何といいますか。次の中から1つ選びなさい。

（あ）スマートグリッド　　　　　（い）ゼロエミッション

（う）コージェネレーション　　　（え）カーボンオフセット

問4　下線部(イ)に関連して，近年，自動車メーカーは環境にやさしい自動車の製造を進めています。これに関連して述べた次の文のうち，誤っているものを1つ選びなさい。

（あ）ハイブリッドカーは，電気とガソリンを使って効率よく走ることで，有害な排出ガスを減らすことができる。

（い）天然ガス自動車はガソリンではなく天然ガスを使うので，有害な排出ガスを減らすことができる。

（う）燃料電池自動車は，水と酸素から電気をつくって走ることができ，水素だけを排出するエコカーである。

（え）リサイクルしやすい部品を使った自動車の開発が進み，今では自動車の部品の大半がリサイクルされている。

問5　下線部(ウ)に関連して，次の表は，日本のおもな貿易相手国に関して，日本の輸出額・輸入額（2013年）をしめしたもので，表中の①～④は，アメリカ合衆国，オーストラリア，中国，韓国のいずれかです。アメリカ合衆国と韓国に該当する番号の組み合わせとして正しいものを，下の（あ）～（え）のうちから1つ選びなさい。

相手国	輸出額（億円）	輸入額（億円）
①	126,284	176,526
②	129,310	68,117
③	55,152	34,941
④	16,561	49,771

※中国に香港・マカオ・台湾は含まない。
※アメリカ合衆国にプエルトリコは含まない。
（『データブック・オブ・ザ・ワールド 2015』による）

（あ）アメリカ合衆国＝①，韓国＝③　　（い）アメリカ合衆国＝①，韓国＝④

（う）アメリカ合衆国＝②，韓国＝③　　（え）アメリカ合衆国＝②，韓国＝④

問6　下線部(エ)の県では，日本でおきた公害の中でもとくに被害の大きかった四大公害病の1つが発生しました。これに関連して，四大公害病について述べた次の文のうち，誤っているものを1つ選びなさい。

（あ）四大公害病のうちの2つは，同じ原因物質で汚染された魚などを食べたことによって起こった。

（い）神通川流域で発生した公害病は，鉱山の排水にふくまれるダイオキシンによる水や食物の汚染によって起こった。

（う）四日市市で発生した公害病は，おもに亜硫酸ガスに汚染された空気を吸ったことによって起こった。

（え）四大公害病の裁判は，すべて訴えた被害者側の勝訴で終わっている。

問7　下線部(オ)に関連して，日本では外国から輸入した鉄鉱石を用いて，臨海地区で鉄鋼の生産がおこなわれています。次の表は，2013年の日本の鉄鉱石の輸入先上位5カ国の輸入量と，合計にしめる割合（%）をしめしたもので，表中のX〜Zは，南アフリカ共和国，ブラジル，オーストラリアのいずれかです。南アフリカ共和国とブラジルに該当する記号の組み合わせとして正しいものを，下の（あ）〜（か）のうちから1つ選びなさい。

	国名	輸入量 （万トン）	%
1位	X	8,400	61.8
2位	Y	3,645	26.8
3位	Z	766	5.6
4位	カナダ	212	1.6
5位	インド	211	1.6
合計*		13,582	100.0

＊その他と合わせた合計。
（『データブック・オブ・ザ・ワールド2015』による）

（あ）南アフリカ共和国＝X，ブラジル＝Y　　　（い）南アフリカ共和国＝X，ブラジル＝Z

（う）南アフリカ共和国＝Y，ブラジル＝X　　　（え）南アフリカ共和国＝Y，ブラジル＝Z

（お）南アフリカ共和国＝Z，ブラジル＝X　　　（か）南アフリカ共和国＝Z，ブラジル＝Y

受験番号（　　　）　氏名（　　　　　　）

（60分）

1　次の各問題の □ にあてはまる数や文字を、答のところに記入しなさい。答だけでよい。

(1) $13\frac{2}{3} \div 0.75 - (3.75 - 2\frac{7}{12}) \div 5.25 = □$

(1)の答　① ②

(2) $8 \div \frac{6}{7} \times 3 + 16 \times (2.125 - □) = 42$

(2)の答

(3) ボート A、B の静水時の速さは、A が毎時 14km、B が毎時 22km です。川に沿って P 町より Q 町が 27km 下流にあり、A は P 町から 12km 下流の地点で出発していたところ、A と B は P 町で出会いました。B は Q 町から P 町へ同時に出発したところ、A と B が出会ったのは出発してから ① 分後で、川の流れの速さは毎時 ② km です。

(3)の答　① ②

(4) A、B、C、D 4 人が算数のテストをしました。4 人のうち 3 人ずつの得点の平均をとったところ、70 点、74 点、77 点、79 点でした。4 人の得点の平均は ① 点です。また、最高点と最低点の差は ② 点です。

(4)の答　① ②

(5) 右の図のような図形の内側を半径 1cm の円を辺に沿ってすべらないように転がして 1 周させます。このとき、円の中心が動いた長さは ① cm で、円が動いてできる部分の面積は ② cm² です。ただし、円周率は 3.14 とします。

(5)の答　① ②

15cm　6cm　6cm　6cm

(6) 右の図のような、1 辺の長さが 1cm の正六角形があります。そのそれぞれの辺上を、点 P、Q は A 点を同時に出発して、P は毎秒 2cm、Q は毎秒 1cm の速さで動きます。P は常に P と同じ向きに動き、P と重なるたびに、続けて動きますが、Q は最初 P と同じ向きに動き、P と重なるたびに、向きを反対に変えて動きます。出発してから P と Q が 3 回目に重なるのは ① 秒後で位置は ② です。また、出発してから P と Q が A 点で 5 回目に重なるのは ③ 秒後です。

(6)の答　① ② ③

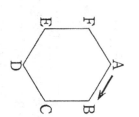

(7) 幅 3cm、長さ 45cm の長方形の形をしたリボンを折り曲げて、右の図のようにしました。
[1]角⑦の大きさが 73 度のとき、角④の大きさは ① 度です。
[2]AB＝10cm、BC＝6cm、AC＝8cm のとき、リボンが重なっている部分の面積は ② cm² で、リボンが重なっていない部分の面積は ③ cm² です。

(7)の答　① ② ③

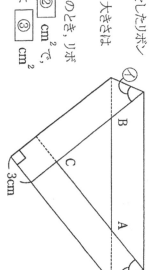

(8) 1 から 1000 までの整数があります。これらの整数から 1 つを取り出して、各位の数をたして整数を作るという操作を行います。例えば、3 は操作後 3 に、408 は操作後 12 になります。この操作をもとの 1000 個の整数すべてに 1 回ずつ行ったとき、異なる整数は全部で ① 個あり、この操作を行った後 25 になる整数は 1 から 1000 までに ② 個あり、操作後 18 になる整数は 1 から 1000 までに ③ 個です。

(8)の答　① ② ③

平成 28 年度　愛光中学校入学試験問題　算数　（その 2）

受験番号（　　　　　）氏名（　　　　　　　　　）

② 最初、A 君と B 君の所持金の比は 3：5 でした。A 君は 2400 円、B 君は 2800 円使ったところ、A 君と B 君の所持金の比は 6：11 になりました。さらに、B 君が A 君にいくらかあげたので、A 君と B 君の所持金の比は 5：7 になりました。

(1) 最初の A 君の所持金はいくらでしたか。
[式と計算]

答 _____

(2) B 君は A 君にいくらあげましたか。
[式と計算]

答 _____

③ 父、母、長男、次男の 4 人家族がいます。現在の家族の年齢の和は 100 歳です。7 年前は次男が生まれていなかったので、7 年前の家族の年齢の和は 74 歳で、父の年齢は母と長男の年齢の和の 3 倍で、父と母の年齢の和は長男と次男の年齢の和より 12 歳多くなります。5 年後は、父と母の年齢の和は長男と次男の年齢の和の 3 倍と同じになります。

(1) 現在の次男の年齢は何歳ですか。
[式と計算]

答 _____

(2) 現在の父の年齢は何歳ですか。
[式と計算]

答 _____

(3) 現在の母の年齢は何歳ですか。
[式と計算]

答 _____

④ 太郎君、次郎君、三郎君の 3 人が 10km 走をしました。3 人は同時に出発し、最初、太郎君と次郎君は同じ速さで、三郎君は 2 人より速い速さで走りました。太郎君と次郎君がスタート地点から 8km の P 地点を通過したとき、三郎君は Q 地点を通過しました。太郎君と次郎君は P から、三郎君の Q までの速さと同じ速さでゴールまで走れましたが、次郎君はゴールまで速さに下げてゴールしました。三郎君は Q から速さを上げてゴールまで走りました。その結果、太郎君と三郎君は同時にゴールし、次郎君は P を通過してから 6 分後に三郎君に抜かれ、2 人より 30 秒遅れてゴールしました。

（スタート　10km　8km　Q　P　ゴール）

(1) もし、三郎君が最初の速さのまま走ったとすると、Q から P まで何分かかりますか。
[式と計算]

答 _____

(2) 速さを変えた後の次郎君と三郎君の速さの比を、もっとも簡単な整数の比で表しなさい。
[式と計算]

答　次郎 □ ：□ 三郎

(3) 太郎君が出発してからゴールするまでの時間を求めなさい。
[式と計算]

答 _____

（40分）

【１】　以下の問いに答えなさい。

　　植物の水分の吸収について調べるために，鉢植えのホウセンカを使って，次の観察を行った。

　観察１　３本のホウセンカを茎の部分で切り，切り口を赤いインクの入ったビーカーに入れた。すると，３本とも30分後には葉が赤く
　　　　　なり始めた。その後，葉はどんどん赤色が濃くなり，60分後には濃い赤色になった。さらに，120分後まで観察を続けたが，色
　　　　　の変化はなかった。

　観察２　３本のホウセンカを鉢から引き抜き，土を洗い流した後，根を赤いインクの入ったビーカーに入れた。すると，３本とも60分
　　　　　後には葉が赤くなり始めた。その後，葉の赤色はだんだん濃くなっていったが，120分たっても観察１の60分後ほどには赤くな
　　　　　らなかった。また，葉の赤さは３本それぞれで違っていた。

　観察３　３本のホウセンカを鉢から土ごと取りだし，根が切れないように注意して土を洗い流した後，根を赤いインクの入ったビーカー
　　　　　に入れた。すると，１本の葉は観察２と同様に赤く変色したが，かなり薄い赤色だった。残りの２本では，葉は120分たっても
　　　　　赤くならなかった。

　　なお，どの実験でも120分後に葉はしおれていなかった。

（１）　観察１を始めて30分後に１本の茎の端を薄く切ってその断面を観察すると，どのように見えるか。適当なものを次の（ア）～（ク）
　　　の模式図から１つ選び，記号で答えよ。なお，赤くなった部分を黒で塗りつぶしている。

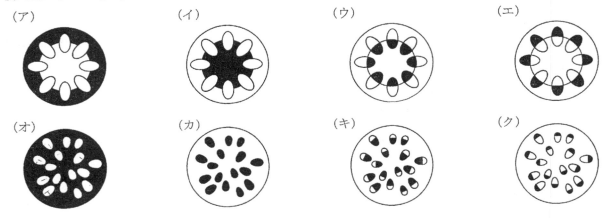

（２）　トウモロコシで（１）と同じことを行うと，どのように見えるか。適当なものを（１）の（ア）～（ク）から１つ選び，記号で答えよ。

（３）　観察１の60分後と，観察２の120分後の葉の赤さを比較すると違いが見られた。その理由として最も適当だと考えられるものを，
　　　次の（ア）～（エ）から１つ選び，記号で答えよ。ただし，観察中の10分毎の蒸散量を調べると，どちらも同じであった。

　　（ア）　根の有無による植物の吸水量の違い　　　　　　　　　（イ）　根の有無による植物の体積の違い

　　（ウ）　根の有無による植物体内での水の移動速度の違い　　　（エ）　根の有無による赤いインクの吸収量の違い

　　　観察３で３本とも同じ処理をしたにもかかわらず結果に違いが生じたので，その
　　理由を調べるために，ホウセンカの根のつくりを調べた。まず，根をうすく切って
　　顕微鏡で観察し，模式図にした（右の図）。また，ホウセンカの芽生えを使って，次
　　の観察４～６を行った。

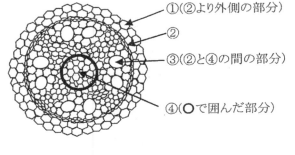

　　　①（②より外側の部分）
　　　②
　　　③（②と④の間の部分）
　　　④（〇で囲んだ部分）

根の断面の模式図

　観察４　①を取り除いて赤いインクの入ったビーカーに入れると，葉は赤くならな
　　　　　かった。

　観察５　①と②を取り除いて赤いインクの入ったビーカーに入れると，葉は赤く
　　　　　なった。

　観察６　④だけにして赤いインクの入ったビーカーに入れると，葉は赤くならな
　　　　　かった。

（４）　次の文は観察４～６の結果をまとめたものである。文中の空らん（　Ａ　）・（　Ｂ　）に入る図の部位を，下の（ア）～（ク）から選び，
　　　記号で答えよ。

　　　　『葉が赤いインクによって赤く変色するためには（　Ａ　）が必要で，赤くならないようにしている部位が（　Ｂ　）である。』

　　（ア）　図の①　　　　　　　（イ）　図の②　　　　　　　（ウ）　図の③　　　　　　　（エ）　図の④

　　（オ）　図の①・②　　　　　（カ）　図の①・②・③　　　（キ）　図の①・②・④　　　（ク）　図の③・④

（５）　ホウセンカを鉢から抜かずに，鉢の部分全体を赤いインクの入ったバケツに120分間入れると，葉の色はどうなると考えられるか。
　　　適当なものを次の（ア）～（カ）から１つ選び，記号で答えよ。

　　（ア）　すぐに赤くなり始める　　　　　　　（イ）　30分後には赤くなり始める　　　　　　　（ウ）　60分後には赤くなり始める

　　（エ）　90分後には赤くなり始める　　　　　（オ）　120分後には赤くなり始める　　　　　　（カ）　赤くならない

【２】　自然界で見られる一般的な生物のつながりを下図に示したが，それを畑のような人工的な環境(かん)にあてはめて考えてみた。以下の問いに答えなさい。

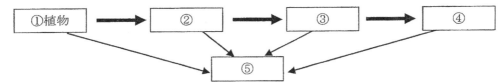

（１）　図の①～④のつながりを何というか。

（２）　一般に，最も個体数が少ないのはどれか。次の(ア)～(オ)から１つ選び，記号で答えよ。

（ア）　①　　　　（イ）　②　　　　（ウ）　③　　　　（エ）　④　　　　（オ）　⑤

（３）　図の③は何と呼ばれるか。適当なものを次の(ア)～(ク)から**すべて**選び，記号で答えよ。

（ア）　生産者　　　　　　　（イ）　一次消費者　　　　　（ウ）　二次消費者　　　　　（エ）　三次消費者

（オ）　四次消費者　　　　　（カ）　分解者　　　　　　　（キ）　草食動物　　　　　　（ク）　肉食動物

（４）　図の③の個体がいなくなると，②の個体数はどのように変化すると考えられるか。適当なものを次の(ア)～(オ)から１つ選び，記号で答えよ。

（ア）　変化しない　　　　　　　　　　（イ）　減少していく　　　　　　　　　　（ウ）　増加し続ける

（エ）　はじめは減少するがそのうち増加する　　　　　　　（オ）　はじめは増加するがそのうち減少する

（５）　畑で作物の収穫量を増やすためにヒトが行っている作業を，A群の(ア)～(オ)に示した。その作業のうち，①～⑤の生物で代わりができるものを２つ選び，B群の(カ)～(コ)の生物と組み合わせて記号で答えよ。

A群　（ア）　肥料を与える　　　　　　（イ）　間引きする　　　　　　（ウ）　農薬をまく

　　　（エ）　水をまく　　　　　　　　（オ）　枠組み(わく)を作り透明(とう)なビニールをかぶせる

B群　（カ）　①　　　　　　（キ）　②　　　　　　（ク）　③　　　　　　（ケ）　④　　　　　　（コ）　⑤

【３】　図１～３は日本の季節による特徴(とくちょう)がよく現れた6月・8月・1月のいずれかの天気図を模式的に示している。以下の問いに答えなさい。

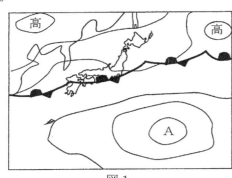
図１

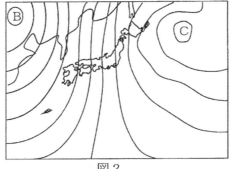
図２

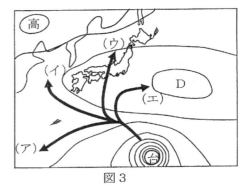
図３

（１）　図１～３のA～Dは，高気圧か低気圧を表している。高気圧の場合はH，低気圧の場合はLと書け。

（２）　図１～３のうち，本州全域で強い風が吹いていると考えられるのはどれか。

（３）　図１～３のうち，松山でむしむしした暑い晴れの日が続いていると考えられるのはどれか。

（４）　図１～３のうち，日本海から日本上空にかけてすじ状の雲が見られるのはどれか。

（５）　梅雨明けはどのようにして起こるか。正しい記述を次の(ア)～(エ)から１つ選び，記号で答えよ。

（ア）　図１の右上の高気圧が梅雨前線を南に押し下げる。　　（イ）　図１の左上の高気圧が梅雨前線を北に引き上げる。

（ウ）　図１のAが梅雨前線を南に引き下げる。　　　　　　（エ）　図１のAが梅雨前線を北に押し上げる。

（６）　図２のときの日本列島の太平洋側と，日本海側の天気として適当なものを，次の(ア)～(エ)から１つ選び，記号で答えよ。

（ア）　太平洋側も日本海側も雪や雨が降る。　　　　　　（イ）　太平洋側は雪や雨が降り，日本海側は乾燥(かんそう)した晴れになる。

（ウ）　太平洋側も日本海側も乾燥した晴れになる。　　　（エ）　太平洋側は乾燥した晴れになり，日本海側は雪や雨が降る。

（７）　図３の高気圧やDの位置が変わらない場合，この時期の台風の予想進路として最も適当なものを図３の(ア)～(エ)から１つ選び，記号で答えよ。

（８）　図３の台風の風の吹き方と回転について，正しい記述を次の(ア)～(エ)から１つ選び，記号で答えよ。

（ア）　風は中心から周辺方向に吹き，時計回りに回転する。　　（イ）　風は中心から周辺方向に吹き，反時計回りに回転する。

（ウ）　風は周辺から中心方向に吹き，時計回りに回転する。　　（エ）　風は周辺から中心方向に吹き，反時計回りに回転する。

【4】　次のⅠ，Ⅱに答えなさい。

Ⅰ　金属A，B，C，Dはアルミニウム，鉄，銅，金のいずれかである。水溶液E，F，G，Hはうすい塩酸，炭酸水，アンモニア水，水酸化ナトリウム水溶液のいずれかである。A～Hが何であるかを調べるために，次の実験1～6を行った。

【実験1】　金属A～Dに磁石を近づけるとBだけくっついた。

【実験2】　金属A～Dを空気中に長期間放置するとAは変わらず，Bは表面が赤色になり，Cは表面が緑色になり，Dは表面が白っぽくなった。

【実験3】　水溶液E～Hのにおいをかぐと，E，Gからは鼻をつくようなにおいがした。

【実験4】　水溶液E～Hの一部をスライドガラスにとり，加熱し，水を蒸発させるとFのみ固体が生じた。

【実験5】　金属A～Dを水溶液Eに入れるとB，Dが激しく反応し，気体が発生した。

【実験6】　水溶液Eと水溶液Fを少量ずつ混ぜた。この混合液を赤色リトマス紙と青色リトマス紙につけても変化しなかった。さらにこの混合液の一部をスライドガラスにとり，加熱し，水を蒸発させると固体が生じた。

（1）　金属Cは何か，（ア）～（エ）から1つ選び，記号で答えよ。

　（ア）　アルミニウム　　　　　（イ）　鉄　　　　　　　　（ウ）　銅　　　　　　　　（エ）　金

（2）　水溶液Gは何か，（ア）～（エ）から1つ選び，記号で答えよ。

　（ア）　うすい塩酸　　　　　（イ）　炭酸水　　　　　（ウ）　アンモニア水　　　　（エ）　水酸化ナトリウム水溶液

（3）　実験5で発生した気体の名前を答えよ。

（4）　実験6で生じた固体の名前を答えよ。

Ⅱ　水100gにとけるミョウバンの最大量を，温度を変えて調べたところ，表の結果になった。

水の温度	20℃	40℃	60℃	80℃
最大量	5.9g	11.7g	24.8g	71.0g

（1）　60℃の水100gにミョウバンを最大にとかしたときの水溶液の濃度は何%か。四捨五入して整数で答えよ。

（2）　80℃の水50gにミョウバンを20gとかした水溶液を20℃に冷やすと何gのミョウバンがとけずに出てくるか。四捨五入して整数で答えよ。

（3）　40℃の水30gにミョウバンを8g加えるとすべてとけずに少しとけ残った。40℃の水をあと何g加えればすべてとけるか。四捨五入して整数で答えよ。

（4）　80℃で40%のミョウバン水溶液80gと20℃で1%のミョウバン水溶液20gを混ぜ，60℃にした。このときできた水溶液の濃度は何%か。四捨五入して整数で答えよ。

【５】　右図のように，長さ１ｍの重さがない棒の両端Ａ，Ｂの真ん中Ｏを糸でつるし，赤・黒・黄・白・青の５種類のおもりを用いて，実験１〜４を行った。赤のおもりは１２ｇであることがわかっているが，他のおもりの重さはわからない。下の問いに答えなさい。必要なら，右の作業用の図を用いよ。

【実験１】　黒のおもりをＡにつるし，赤のおもりをＯから右に 12.5cm の位置につるすと，棒は水平になった。

【実験２】　黒のおもりをＡに，黄のおもりをＯから左に 15cm の位置につるし，赤のおもりをＯから右に 20cm の位置につるすと，棒は水平になった。

【実験３】　白のおもりをＯから左に 40cm の位置につるし，青のおもりをＯから右に 25cm の位置につるすと，棒は水平になった。

【実験４】　白と黒のおもりをＯから左に 30cm の位置につるし，青のおもりをＯから右に 30cm の位置につるすと，棒は水平になった。

（１）　赤以外の４種類のおもりの重さはそれぞれ何ｇか。

（２）　赤のおもりをＡにつるし，他の４種類のおもりをすべてＢにつるして棒を水平に保つためには，棒をつるしている糸をＡから何 cm の位置にすればよいか。小数第２位を四捨五入して小数第１位まで答えよ。

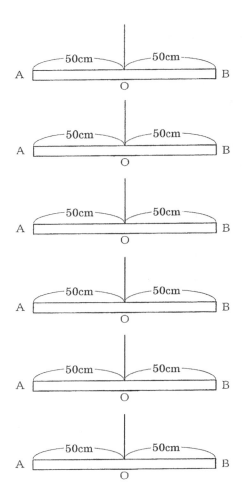

【６】　右図のように，同じ電池３個と電球１個，スイッチＳ1〜Ｓ8をつないだ回路がある。次の（ア）〜（カ）のつなぎ方をしたとき，下の問いに当てはまるものはどれか，記号で答えなさい。必要なら，下の作業用の図を用いよ。

（ア）　スイッチＳ1，Ｓ2，Ｓ5，Ｓ8を入れる　　（イ）　スイッチＳ1，Ｓ2，Ｓ5，Ｓ6，Ｓ8を入れる
（ウ）　スイッチＳ1，Ｓ6，Ｓ7を入れる　　　　　（エ）　スイッチＳ3，Ｓ6，Ｓ7を入れる
（オ）　スイッチＳ3，Ｓ4，Ｓ7を入れる　　　　　（カ）　スイッチＳ3，Ｓ4，Ｓ8を入れる

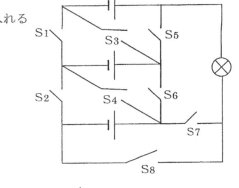

（１）　電球がつかないものが１つだけある。それはどれか。
（２）　電球が一番明るいものはどれか。
（３）　電球が一番長い間ついているものはどれか。
（４）　電球の明るさが同じものはどれか，すべて選べ。

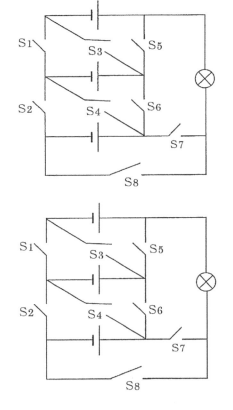
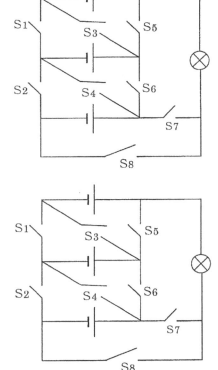
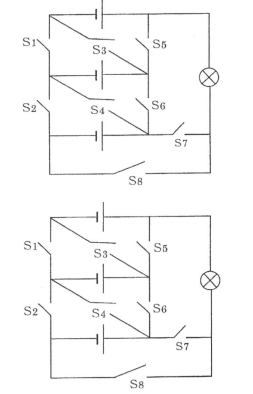

（40分）　　　《答えはすべて解答用紙に記入しなさい。選択問題については，記号で答えなさい。》

1　次の【A】～【C】の文を読み，後の問いに答えなさい。

【A】右の絵は，日本で最初に操業した新橋・横浜間を走る列車をえがいたものです。この
ころ(ア)明治政府は，欧米の国ぐにに追いつくため，積極的に西洋の進んだ技術や制度を
とり入れていきましたが，政府による官営鉄道の運行もその1つで，運行がはじまると
鉄道が国内の物資や人の輸送に重要な役割を果たすようになり，やがて各地で私鉄の営
業もはじまりました。また，政府のすすめる(イ)産業の近代化にともなって鉄道はさらに
延長され，(ウ)日露戦争のころには約7,000kmにまで達しました。

問1　下線部(ア)について，明治政府が西洋の技術や制度をとり入れるようになると，人び
とのくらしの中にも西洋の習慣が広がっていきました。このころの人びとの習慣や町
のようすについて述べた文として誤っているものを，次の中から1つ選びなさい。

（あ）都市では，れんがづくりの建物やガス灯があらわれた。

（い）ラジオ放送がはじまるとともに，テニスや野球などのスポーツもさかんになった。

（う）洋服やくつを身につけ，牛肉を食べたり牛乳を飲んだりするようになった。

問2　下線部(イ)に関連して，近代的な工業をさかんにするため，当初明治政府は各地に官営工場を設立しました。その1つである官
営富岡製糸場について述べた文として誤っているものを，次の中から1つ選びなさい。

（あ）フランスから技術者を招き，外国の機械を買い入れて建てられた。

（い）全国から女性労働者を集め，外国の技術を学ばせた。

（う）日清戦争の賠償金の一部を使って建てられた。

問3　下線部(ウ)に関連して述べた文として正しいものを，次の中から1つ選びなさい。

（あ）朝鮮半島でおこった内乱をしずめるために，日本とロシアはそれぞれ軍隊を送り，戦争がはじまった。

（い）この戦争の直前，日本は領事裁判権の撤廃に成功した。

（う）戦争がつづく中，ロシア国内では食料や生活に必要な物が不足し，これをきっかけに革命運動がおこった。

【B】右の絵は，南満州鉄道の特急あじあ号です。南満州鉄道は日露戦争後，巨額の資金で設立され，戦
争で日本が獲得した旅順・大連などの地域と中国の東北地方を結びつける鉄道として運行されました。
(エ)第1次世界大戦がはじまると，日本は中国への進出を強めましたが，そのころにはこの鉄道会社は
沿線で製鉄会社の設立などの開発をすすめていきました。昭和に入り(オ)満州事変がおこり，満州国が
建国されると，この絵のような特急列車を走らせ，高速で乗客を運び，日本による満州国支配に協力し
たのです。

問4　下線部(エ)について，第1次世界大戦中の日本のようすについて述べた文として誤っているものを，
次の中から1つ選びなさい。

（あ）日本は戦争の被害を直接受けることはなく，輸出が増えて景気がよくなった。

（い）戦争が長引き，国内で物資が不足すると，食料などが切符制・配給制となった。

（う）米の値段がはげしく上がったため，各地で暴動がおこり，これをしずめるために軍隊が出動した。

問5　下線部(オ)について，以下の問いに答えなさい。

（1）満州事変について述べた文として正しいものを，次の中から1つ選びなさい。

　（あ）南満州鉄道の線路の一部が爆破され，これをきっかけに満州事変がはじまった。

　（い）北京郊外で，日本軍と中国軍がしょうとつし，これをきっかけに満州事変がはじまった。

　（う）満州事変がはじまると，アメリカは日本への石油や鉄の輸出を禁止した。

（2）満州国を建国した後の日本のようすについて述べた文として正しいものを，次の中から1つ選びなさい。

　（あ）差別に苦しんできた人たちは，全国水平社をつくり，自分たちで差別をなくす運動をすすめた。

　（い）天皇を中心とする政治のしくみを作ろうとする軍人たちによって，政治家を暗殺する事件が引きおこされた。

　（う）関東大震災がおこり，震災の混乱の中で，多くの中国人や朝鮮人が殺された。

【C】右の写真は，1964年におこなわれた東海道新幹線の開通式のようすです。日本は
(カ)太平洋戦争の敗戦後，(キ)占領のもとで民主化や経済の復興をはかっていきましたが，
(ク)1952年には独立を達成し，さらにしばらくすると高度経済成長をとげていくように
なりました。新幹線の開通はアジアではじめてとなる東京オリンピックの開催にあわせ
ておこなわれましたが，どちらも(ケ)経済発展をとげた日本の国力を象徴するものとし
て国民に歓迎されました。

問6　下線部(カ)について，太平洋戦争は1941年12月8日にはじまりましたが，この戦
争中のできごとについて述べた文として正しいものを，次の中から1つ選びなさい。

（あ）日本は大量の兵士と兵器を中国に送りこみ，南京占領をはじめた。

（い）アメリカやイギリスなどに対抗するため，日本はドイツ・イタリアと軍事同盟を結んだ。

（う）日本と戦争をしないという条約を結んでいたソビエト連邦が条約を破り，満州や南樺太にせめこんできた。

問7　下線部(キ)に関連して，日本が占領されていたころにおこったできごととして誤っているものを，次の中から1つ選びなさい。
（あ）20歳以上のすべての男女に選挙権が与えられた。
（い）自分の土地を持たない農民に，農地を安い値段で分け与えた。
（う）6年間の義務教育が定められた。

問8　下線部(ク)に関連して，この時に国交を結べなかった国のうち，1956年に日本と国交を結んだ国として正しいものを，次の中から1つ選びなさい。
（あ）イギリス　　　（い）中華人民共和国　　　（う）大韓民国　　　（え）ソビエト連邦

問9　下線部(ケ)について，日本の戦後の経済に関して述べた次の文Ⅰ～Ⅲを，古いものから年代順に正しくならべかえたものを，下の中から1つ選びなさい。
Ⅰ　国民総生産はアメリカについで資本主義国で世界2位になった。
Ⅱ　2度にわたる石油危機がおこった。
Ⅲ　政府は国民所得倍増計画を発表し，産業を急速に発展させる政策をとった。
（あ）Ⅰ－Ⅱ－Ⅲ　　　（い）Ⅰ－Ⅲ－Ⅱ　　　（う）Ⅱ－Ⅰ－Ⅲ
（え）Ⅱ－Ⅲ－Ⅰ　　　（お）Ⅲ－Ⅰ－Ⅱ　　　（か）Ⅲ－Ⅱ－Ⅰ

2　次の文【A】～【D】は，中国，ブラジル，アメリカ合衆国，エジプトのいずれかにおける自然と農業について述べたものです。（各文の示す国をそれぞれA国・B国・C国・D国とよびます。）これを読み，後の問いに答えなさい。

【A】この国の北部は年中気温が高く雨が多いので，［1］とよばれる森林が広がっており，その中を世界一の流域面積をほこる河川が流れています。南部は北部にくらべてすずしく降水量は少なめで，コーヒーの栽培などがさかんです。20世紀初頭に日本人のこの国への移住がはじまりましたが，彼ら日系移民が未開の森林を切り開き，農業の発展につくしたことは，この国でもよく知られています。

【B】この国の国土の大部分は年中乾燥しており，砂漠が広がっています。その国土を世界最長の河川である［2］川が南北に貫いて流れており，国民の多くはこの河川にそってくらしています。雨が少なく水がたいへん貴重なこの国は，［2］川に巨大なダムを建設して治水とかんがいにつとめ，小麦や綿花の農地を拡大させました。

【C】この国は世界有数の広大な国土をもっています。この国の中心部分をみると，乾燥した西部には大山脈が南北に走り，湿潤な東部には台地や平野が広がっています。また，北部の隣国との国境付近には，［3］と総称される複数の大きな湖がみられます。この国では適地適作といって，自然環境の違いにあわせた効率的な農業が行われています。たとえば，［3］南方の湿潤な地域では，とうもろこし・大豆を中心とする作物の栽培と牛や豚などの家畜の飼育がさかんです。

【D】この国は世界有数の広大な国土をもっています。国土を全体的にみわたすと，標高は西高東低で，西部には高く険しい山脈や高原が多くみられるのに対し，東部には広大な平野が広がり，その中をいくつかの大河が東へ向かって流れています。東部のうち，気温が高く雨の多い南東部では≪　X　≫が，気温がより低く雨が少ない北東部では≪　Y　≫がさかんです。これに対し，寒冷で乾燥している西部では，≪　Z　≫がおもに行われています。

問1　文中の空らん［1］～［3］にあてはまる語句を記入しなさい。ただし，空らん［1］には漢字4字，空らん［3］には漢字3字が入ります。

問2　文中の空らん≪　X　≫～≪　Z　≫にあてはまる語句の組み合わせとして正しいものを，次の中から1つ選びなさい。
（あ）X＝家畜の放牧　　　　　Y＝小麦・大豆などの栽培　　　Z＝米・茶などの栽培
（い）X＝家畜の放牧　　　　　Y＝米・茶などの栽培　　　　　Z＝小麦・大豆などの栽培
（う）X＝小麦・大豆などの栽培　Y＝家畜の放牧　　　　　　　Z＝米・茶などの栽培
（え）X＝小麦・大豆などの栽培　Y＝米・茶などの栽培　　　　Z＝家畜の放牧
（お）X＝米・茶などの栽培　　　Y＝家畜の放牧　　　　　　　Z＝小麦・大豆などの栽培
（か）X＝米・茶などの栽培　　　Y＝小麦・大豆などの栽培　　Z＝家畜の放牧

問3　A国の首都名を記しなさい。

問4　下線部に関連して，右の写真は，この河川からのかんがい水や地下水などを用いて古来からB国で栽培されてきた，栄養豊富で甘い実がとれる樹木作物を示しています。この作物の2011年の生産量世界第1位はB国であり，第2位以下の上位国にはB国周辺の乾燥した気候の国々が名前をつらねています。この作物名を，次の中から1つ選びなさい。
（あ）カカオ　　（い）バナナ　　（う）ココヤシ　　（え）ナツメヤシ

問5　本文の４か国のうち，C国とD国は日本との貿易がとくにさかんな国です。次の表（あ）～（え）は，日本の，「C国への輸出」，「C国からの輸入」，「D国への輸出」，「D国からの輸入」のいずれかにおける主要品目の割合（2008年）を示したものです。「D国からの輸入」にあてはまるものを，表（あ）～（え）の中から１つ選びなさい。

（あ）	
化学製品	13.6%
電気機器	12.7%
半導体など	10.3%
鉄鋼・金属類	8.9%
自動車・部品	5.1%
その他	49.4%

（い）	
食料品	23.2%
化学製品	14.0%
電気機器	9.0%
航空機	6.6%
半導体など	5.2%
その他	42.0%

（う）	
電気機器	13.6%
衣料	12.7%
コンピューター類	9.5%
化学製品	6.3%
半導体など	5.4%
その他	52.5%

（え）	
自動車	29.8%
電気機器	12.2%
自動車部品	5.6%
化学製品	5.5%
コンピューター類	5.5%
その他	41.4%

（2009年財務省資料より作成）

問6　右の図は，日本に住む外国人の国籍（出身地）別割合（2008年末）を示しており，図中の（あ）～（う）は，本文の４か国のうち，A国・C国・D国のいずれかの国に対応しています。A国にあてはまるものを，（あ）～（う）の中から１つ選びなさい。

日本に住む外国人の国籍（出身地）別割合
（2008年末，法務省資料より作成）

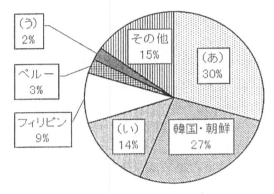

3　次の文は，愛媛県のある小学生が書いた修学旅行１日目の感想文です。これを読み，後の問いに答えなさい。

今日から１泊２日の修学旅行です。朝の６時に学校に集合して，(ア)しまなみ海道を通って，広島にバスで向かいました。途中の瀬戸内海の景色がとてもきれいで感動しました。

広島市に到着すると，まずは(イ)世界遺産に登録されている原爆ドームに行きました。そして平和記念公園のさまざまな資料や展示を見て，戦争や(ウ)核兵器のおそろしさがわかりました。前に，社会の授業で(エ)日本国憲法の平和主義について習いましたが，この旅行で本当に平和は大事だと実感しました。

その後，お昼にお好み焼きを食べて，宮島に行きました。ここにも世界遺産の厳島神社があり，それを見学しました。バスガイドさんの説明によると，広島ではこれらの観光地を維持していくため，きちんと(オ)制度やきまりを作って努力しているそうです。

これで１日目の予定は終了です。とても楽しく，充実した一日でした。

問1　下線部(ア)について，この道路の本州側の起点である都市を，次の中から１つ選びなさい。
（あ）明石　　（い）倉敷　　（う）尾道　　（え）岩国

問2　下線部(イ)について，世界遺産の登録をおこなっている組織を，次の中から１つ選びなさい。
（あ）UNICEF　　（い）UNESCO　　（う）WHO　　（え）FAO

問3　下線部(ウ)に関連して，1960年代に日本政府は「核兵器を，持たず，作らず，　X　」という非核三原則を打ち出しました。空らん　X　にあてはまる語句を記入しなさい。

問4　下線部(エ)に関連して，日本国憲法の前文や第９条に関する次の文を読み，誤っているものを１つ選びなさい。
（あ）国際紛争を解決するために武力を用いることを，永久に放棄すると書いている。
（い）自衛隊は国際貢献のために活動すると書いている。
（う）陸海空軍その他の戦力は保持しないと書いている。
（え）国の交戦権は認めないと書いている。

問5　下線部(オ)について，各都道府県や市町村などの議会は，その地方独自の制度やきまりなどを作っています。このような制度やきまりを何といいますか，漢字２字で答えなさい。

4　次の文は日本のいずれかの都道府県について述べたものです。これを読み，後の問いに答えなさい。（ただし，文中では都道府県をすべて「県」とよんでいます。）

【A】この県は東北地方に位置し，日本海に面しています。県の東部の県境には［1］が南北に走っており，冬にはたくさん雪が降り日本有数の豪雪地帯となっています。他地域との交通が不便な地域でしたが，1997年には新幹線が開業し，また1998年には空港が開港して，東京への移動が大変便利になりました。農業では稲作がさかんです。男鹿半島の八郎潟では干拓によって広大な農地が生まれ，大型の機械を使った稲作がさかんに行われてきましたが，①最近では銘柄米の生産に力を入れるようになりました。林業もさかんで，とりわけスギの産地として昔から知られており，江戸時代から植林も行われてきました。

【B】この県は関東地方に位置し，周囲を陸で囲まれた海のない内陸県です。全体に山がちですが，南東部は関東平野につながる平地になっており，県内を流れる川はほとんどが利根川に流れこんでいます。冬には冷たく乾燥した「からっかぜ」とよばれる季節風が吹き，それを利用してコンニャクの生産が行われてきました。この県では②標高差のある地形をいかし，さまざまな種類の野菜が栽培されていますが，とくに浅間山麓の嬬恋村では夏の涼しい気候を利用して［2］の栽培がさかんです。

【C】この県は中部地方に位置し，太平洋に面しています。東部には大きな半島があり，北部には高い山々がそびえています。気候は北部の山岳地帯をのぞけば温暖で冬に霜がおりることはほとんどありません。古くから東日本と西日本を結ぶ重要な道路が通っており，江戸時代には宿場町もつくられて発展しました。農業では牧之原を中心に茶の栽培がさかんで，生産量は全国のおよそ4割をしめています。また，メロンやイチゴ，ミカンの生産も全国有数です。県のなかほどには焼津港があり，［3］やマグロなどの漁獲量が大変多く，遠洋漁業では日本最大の基地になっていますが，③現在は漁獲量はのびなやんでいます。

【D】この県は近畿地方に位置し，太平洋に面しています。県の大部分は山地がしめており，北部にある平野をのぞくとほとんど大きな平地はありません。気候は年中温暖で，④降水量が多いのが特徴です。森林資源にめぐまれており，昔から林業がさかんで，スギ，ヒノキの製材が行われ，家具・建具の製造も行われています。農業の中心はくだものの生産で，とくに有田川流域は江戸時代から続く［4］の産地で，ここから江戸に向けて出荷されていたのは有名です。また，ウメはこの県の特産物として全国一の生産量をほこり，梅干しなどの加工品の生産もさかんです。

【E】この県は中国地方に位置しており，日本海に面しています。山地が海岸の近くまでせまっており，平野が狭く，8割が森林になっています。気候の面では，冬の降水量が多い，日本海側の気候の特徴をもっていますが，沖合を［5］が流れているため比較的温暖だといわれています。東部には大きな半島があり，その内側には宍道湖がありますが，⑤ここではシジミやシラウオの漁がさかんです。かつて，ここに広大な干拓地をつくる計画がありましたが，環境への影響を考えて途中で中止になりました。県のなかほどには出雲大社という古い歴史のある神社があり，観光客がたくさん訪れています。

問1　【A】～【E】の各文が示す都道府県を，下の図の中から1つずつ選びなさい。（下の図は小さな湖や半島，島などの地形を省略しています。また，縮尺は一定ではありません。）

（あ）　　　（い）　　　（う）　　　　（え）　　　　（お）　　　（か）　　　（き）　　　（く）

問2　文中の空らん［1］～［5］にあてはまる語句を，それぞれの選択肢から選びなさい。

［1］（あ）奥羽山脈　　（い）出羽山地　　（う）北上高地　　（え）越後山脈
［2］（あ）キャベツ　　（い）トマト　　　（う）カボチャ　　（え）キュウリ
［3］（あ）タイ　　　　（い）カツオ　　　（う）ウナギ　　　（え）イカ
［4］（あ）ミカン　　　（い）ブドウ　　　（う）モモ　　　　（え）リンゴ
［5］（あ）黒潮　　　　（い）親潮　　　　（う）対馬海流　　（え）リマン海流

問3　【A】・【C】・【E】の各文が示す都道府県にあてはまる文を，次の中から1つずつ選びなさい。

（あ）県の南部には山で修行をする人々が訪れる，熊野三山とよばれる霊場がある。
（い）県の中部には江戸時代に最盛期をむかえた石見銀山の遺跡がある。
（う）県の北部の県境周辺にブナの原生林が世界最大級の規模で分布している。
（え）県の西部には徳川家康ゆかりの神社があり，周囲の自然の美しさとともに観光客を集めている。
（お）県の北東部には日本最高峰の富士山があり，毎年たくさんの登山者が訪れている。
（か）県の北部にある白川郷の集落には合掌造りの民家が保存されており，美しい景観になっている。

問4　文中の下線部①～⑤について，その理由を述べた次の文のうち，誤っているものを1つ選びなさい。

①　できるだけ高い値段で売れる米を生産することで利益をあげるため。
②　標高が異なると，同じ時期でも気温が異なり，それに適した野菜の種類も異なるため。
③　各国の200海里内での自由な操業ができなくなったため。
④　北西からの湿った季節風が吹いてくるため。
⑤　淡水と海水の混じった水で，シジミやシラウオの生育に適しているため。

5　次の【A】～【C】の文を読み，後の問いに答えなさい。

【A】右の絵は，田植えの時の田楽という芸能をえがいたものです。この絵がえがかれたのは(ア)足利義満が活躍した時代ですが，田楽そのものは，遅くとも(イ)平安時代中ごろには存在していました。この絵からは(ウ)当時の農業のようすも知ることができ，牛を使って田畑を耕していたことが分かります。

問1　下線部(ア)に関連して，足利義満や彼が活躍した時代のようすについて述べた文として誤っているものを，次の中から1つ選びなさい。

（あ）足利義満は南北朝の争いをおさめた。

（い）足利義満は明との貿易を開始した。

（う）足利義満の時代に，室町に花の御所がつくられた。

（え）足利義満の建てた金閣は，書院造の代表的な建物である。

問2　下線部(イ)について，このころのようすを述べた文として正しいものを，次の中から1つ選びなさい。

（あ）世の中に対する不安が高まり，仏が極楽浄土へ導いてくれるという教えが広まった。

（い）お茶を飲む風習が人々に広まり，静かにお茶を楽しむための茶室がつくられるようになった。

（う）天皇を中心とする国家をつくるために，中国へさかんに留学生が送られた。

（え）新たに発明されたかな文字を，庶民が寺子屋で学んだ。

問3　下線部(ウ)に関連して，室町時代の農業や農村のようすについて述べた文として正しいものを，次の中から1つ選びなさい。

（あ）備中ぐわや千歯こきなどの新しい農具が使用されるようになった。

（い）村が独自のおきてをつくり，用水や山林の利用のしかたを寄合で決めるようになった。

（う）戸籍に登録された農民が，政府から貸し出された土地を耕した。

（え）所有している土地の値段が政府によって決められ，それに応じて税が支払われた。

【B】右の絵は，室町時代に京都で演じられた能のようすをえがいたものです。能のもととなったものは，(エ)古代に中国から伝わった芸能と，日本古来の芸能が結びついてできたと考えられています。それが独自の発展をとげて，現在と同じような能が完成したのが室町時代でした。能の演技のあいまには□□□が演じられましたが，これは民衆の生活を題材として，またせりふも日常の会話を用いていました。この後，能は支配者に受け入れられて，(オ)江戸時代には大名のたしなみとされました。

問4　下線部(エ)のように，古代の日本では中国などから大きな文化の影響を受けました。このことに関連して述べた次の文Ⅰ～Ⅲを，古いものから年代順に正しくならべかえたものを，下の中から1つ選びなさい。

Ⅰ　中国の制度にならって，日本でもはじめて元号が制定された。

Ⅱ　大陸から伝えられたのぼりがまによる新しい製法で，これまでよりじょうぶな土器がつくられるようになった。

Ⅲ　渡来人の子孫である行基が仏教の教えを広めながら，道路や橋などをつくり農民のくらしを助けた。

（あ）Ⅰ－Ⅱ－Ⅲ　　　（い）Ⅰ－Ⅲ－Ⅱ　　　（う）Ⅱ－Ⅰ－Ⅲ

（え）Ⅱ－Ⅲ－Ⅰ　　　（お）Ⅲ－Ⅰ－Ⅱ　　　（か）Ⅲ－Ⅱ－Ⅰ

問5　文中の空らん□□□にあてはまる最も適当な語句を漢字で書きなさい。

問6　下線部(オ)に関連して，江戸時代の大名について述べた文として誤っているものを，次の中から1つ選びなさい。

（あ）将軍の家臣のうち，石高が1万石以上のものが大名とよばれた。

（い）大名は将軍との関係をもとに，親藩・譜代・外様などに分けられた。

（う）大名が武家諸法度に違反した場合，領地を取り上げられるなど厳しく罰せられた。

（え）大名は，妻子とともに1年ごとに国もとと江戸を往復する参勤交代を課せられた。

【C】右の絵は，1798（寛政10）年に江戸の中村座で演じられた歌舞伎のようすをえがいたものといわれています。歌舞伎は江戸時代のはじめごろ，(カ)経済の中心地であった大阪や京都の町人の間で人気となり，さらにその後の経済発展によって(キ)江戸でも大流行しました。江戸時代には平和が続き，町人たちにもしだいに余裕ができてきたこともあり，(ク)歌舞伎だけでなくさまざまな娯楽が生まれました。しかし，この絵がえがかれたころは，だんだんと外国の勢力がせまってきていたり，(ケ)ききんが発生したりするなど，社会の不安が大きくなった時代でした。

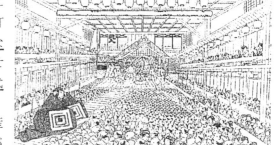

問7　下線部(カ)に関連して，大阪には年貢米が全国各地から送られました。米の一大産地である東北地方の日本海側から大阪へ米が運ばれる際，おもにどのようなルートが使われましたか。次の中から最も適当なものを1つ選びなさい。

（あ）船で日本海を南下して，下関を通ってから瀬戸内海を進んだ。

（い）船で日本海を南下して鹿児島沖を通り，太平洋を北上して，徳島沖から大阪へ向かった。

（う）船で現在の福井県まで運び，琵琶湖までは陸上で運んで，琵琶湖から船を使い，淀川を通った。

（え）船で日本海を北上し，津軽海峡を通ってから，太平洋を南下して，紀伊半島沿いに大阪へ向かった。

問8　下線部(キ)に関連して，江戸について述べた文として正しいものを，次の中から1つ選びなさい。

（あ）織田信長から与えられた領地の中心地として，徳川家康が築いた城下町である。

（い）江戸は陸上交通の中心地で，ここを中心に東海道や中山道などの五街道が整えられた。

（う）江戸時代を通じて，江戸の人口が大阪の人口をこえることはなかった。

（え）幕末には江戸は開港地とされ，日本最大の貿易港となった。

問9　下線部(ク)について述べた文として誤っているものを，次の中から1つ選びなさい。

（あ）人形浄瑠璃が，琵琶の伴奏に合わせた語りによって演じられた。

（い）旅に対する関心が高まり，「東海道五十三次」など風景版画が人気となった。

（う）書物が高価であったこともあり，本を貸し出してくれる貸本屋が流行した。

（え）すもうの興行は人気を集め，多くの人が観戦する娯楽であった。

問10　下線部(ケ)に関連して，19世紀前半におこったききんをきっかけに，大阪で反乱をおこした幕府の元役人は誰ですか。次の中から1人選びなさい。

（あ）益田時貞　　　（い）本居宣長　　　（う）大塩平八郎　　　（え）伊能忠敬

平成２８年度　愛光中学校入学試験問題　理科（解答用紙）

※60点満点
（配点非公表）

【１】

(1)		(2)		(3)	
(4)	(A)　　(B)			(5)	

【２】

(1)		(2)		(3)	
(4)		(5)	A群　B群		A群　B群

【３】

(1)	A　B　C　D						
(2)		(3)		(4)		(5)	
(6)		(7)		(8)			

【４】

Ⅰ	(1)		(2)		(3)		(4)	
Ⅱ	(1)	%	(2)	g	(3)	g	(4)	%

【５】

(1)	黒　g	黄　g	白　g	青　g	(2)	cm

【６】

(1)		(2)		(3)		(4)	

受験番号（　　　　　）　名前（　　　　　　　　　　）

2016年度　愛光中学校入学試験　解答用紙　（社会）

※小計・合計らんには記入しないこと

（配点非公表）

1

問1 ☐　問2 ☐　問3 ☐　問4 ☐　問5 （1）☐ （2）☐

問6 ☐　問7 ☐　問8 ☐　問9 ☐

小計

2

問1　1 ☐　2 ☐　3 ☐

問2 ☐　問3 ☐

問4 ☐　問5 ☐　問6 ☐

小計

3

問1 ☐　問2 ☐　問3 ☐

問4 ☐　問5 ☐☐

小計

4

問1　【A】☐　【B】☐　【C】☐　【D】☐　【E】☐

問2　[1]☐　[2]☐　[3]☐　[4]☐　[5]☐

問3　【A】☐　【C】☐　【E】☐　問4 ☐

小計

5

問1 ☐　問2 ☐　問3 ☐　問4 ☐

問5 ☐　問6 ☐

問7 ☐　問8 ☐　問9 ☐　問10 ☐

小計

合計

受験番号 ☐　氏名 ☐

※60点満点
（配点非公表）

H28. 愛光中
K 教英出版

※120 点満点
(配点非公表)

(60分)　　受験番号（　　　　　）氏名（　　　　　　　　　　　　　）

1　次の各問題の □ にあてはまる数を, 答のところに記入しなさい。答だけでよい。

(1) $1\frac{2}{3} \div 0.25 - \left(5\frac{1}{6} - 2.25\right) \div 1.75 = \boxed{}$

(1)の答

(2) $4 \div \left\{6 - 4\frac{1}{6} \div \left(2\frac{1}{4} - \boxed{}\right)\right\} = 9$

(2)の答

(3) 長いすに生徒がすわります。5 人ずつすわると長いすをすべて使い, 最後の 1 脚は 2 人だけ
　すわることになります。また, 3 人ずつすわると長いすがあと 5 脚あればちょうど全員がすわれます。
　長いすは ① 脚あり, 生徒の人数は ② 人です。

(3)の答　① ②

(4) 列車 A は長さ 175m で, 毎時 72km の速さで走っており, 列車 B は長さ 105m で, 毎時 54km
　の速さで走っています。列車 A が長さ ① m の鉄橋をわたり始めてからわたり終わるまでに
　50 秒かかります。また, 列車 A と列車 B が同じ向きに走るとき, 列車 A が列車 B に追いついて
　から追いこすまでに ② 秒かかり, 列車 A と列車 B が反対向きに走るとき, 出会ってからはな
　れるまでに ③ 秒かかります。

(4)の答　① ② ③

(5) ある道路ぞいに学校と図書館があり, その間の道のりは 4350m です。その道路を, A 君は学校
　から図書館に向かって, B 君は図書館から学校に向かって同時にあるき始めたところ, 30 分後に
　出会いました。A 君が 7 歩であるく距離を B 君は 5 歩であるき, A 君が 3 歩あるくのにかかる時間
　で B 君は 2 歩あるきます。このとき, A 君と B 君のあるく速さの比をもっとも簡単な整数の比で表す
　と ① : ② であり, A 君のあるく速さは毎分 ③ m です。

(5)の答　① ② ③

(6) 右の図のように, 円の内側と外側に 2 つの正方形があり, 内側の
　正方形の 1 辺の長さは 5cm です。このとき, 外側の正方形の面積は
　① cm² で, 斜線部分の面積は ② cm² です。ただし, 円周率
　は 3.14 とします。

5cm

(6)の答　① ②

(7) 右の図のように, 3 つの円ア, イ, ウがあり, その円周上に
　9 個の白丸があります。この白丸に 1 から 9 の異なる整数
　を一つずつ入れたところ, 4, 6, 7, 8 は図の位置に入り,
　アの円周上にある整数の和は 23, イの円周上にある整数
　の和は 24, ウの円周上にある整数の和は 25 になりました。
　このとき, A に入った整数は ① です。次に, この 9 個
　の整数のうち 2 個を選んで入れ替えると, アの円周上にある
　整数の和は 23, イの円周上にある整数の和は 21, ウの円
　周上にある整数の和は 28 になりました。このとき, 入れ替え
　た整数は ② と ③ です。ただし, ② は ③
　より小さい整数です。

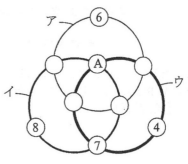

(7)の答　① ② ③

(8) A 店と B 店で同じ商品を 1 個 800 円で同じ個数仕入れ, それぞれ定価をつけて売りました。
　A 店では 28 個売れ残り, B 店では 25 個売れ残りましたが, A 店, B 店ともに利益は仕入れに
　かかった代金の 15% でした。A 店でつけた定価が 1150 円のとき, 一つの店で仕入れた商品の
　個数は ① 個で, B 店でつけた定価は ② 円です。

(8)の答　① ②

(9) 右の図のように, EG, HF をひいて長方形 ABCD を 4 つの
　部分に分けます。四角形 AEIH の面積は 29cm² で, 四角形
　IFCG の面積は 17cm² です。四角形 EFGH の面積は三角形
　AFG の面積より ① cm² 大きく, 三角形 CHE の面積は
　三角形 AFG の面積より ② cm² 大きいです。

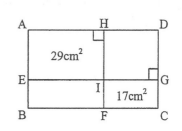

(9)の答　① ②

(10) 2, 2, 4, 2, 4, 6, 2, 4, 6, 8, 2, 4, 6, 8, 10, 2, 4, …
　のように数があるきまりにしたがって並べられています。このとき, 初めて 20 が現れるのは左
　から ① 番目で, 左から 818 番目の数は ② です。

(10)の答　① ②

2　ある仕事を仕上げるのに，A1人では96日，B1人では160日，C1人では150日かかります。

(1) A，B2人がいっしょにこの仕事をすると，仕上げるのに何日かかりますか。
　　［式と計算］

答＿＿＿＿＿＿＿＿＿＿

(2) AとBとCの3人でこの仕事をします。BはAと同じ日数，CはAの半分の日数だけ働きます。この仕事を仕上げるのにCは何日働きますか。
　　［式と計算］

答＿＿＿＿＿＿＿＿＿＿

(3) A，B2人がいっしょにこの仕事をして仕上げる予定でしたが，56日で仕上げなければならなくなったため，Cに手伝ってもらうことにしました。Cは何日手伝えばよいですか。
　　［式と計算］

答＿＿＿＿＿＿＿＿＿＿

3　A，B，Cは3人兄弟です。12月31日には，AとBはそれぞれいくらかずつ，Cは3840円持っていました。1月1日から3人は毎日120円ずつおこづかいをもらいます。1月16日におこづかいをもらったあとのAとBの所持金の和は，Cの所持金のちょうど3倍でした。

(1) 12月31日のAとBの所持金の和はいくらでしたか。
　　［式と計算］

答＿＿＿＿＿＿＿＿＿＿

(2) 1月26日におこづかいをもらったところで，BはCと同じ金額を，AはCの2倍の金額を出して母の誕生日プレゼントを買いました。その結果，BとCの所持金の和は，Aの所持金より4400円多くなりました。12月31日のAとBの所持金はそれぞれいくらでしたか。
　　［式と計算］

答　A：＿＿＿＿＿＿　B：＿＿＿＿＿＿

4　円柱の形をした3つの容器A，B，Cがあり，AとBとCの底面積の比は6：10：15です。

(1) A，B，Cにそれぞれ水が入っています。Aに入っている水の量の$\frac{1}{5}$をBに移し，その後，Bに入っている水の量の$\frac{1}{6}$をCに移すと，A，B，Cに入っている水の高さは同じになりました。A，B，Cにはじめに入っていた水の量の比を，もっとも簡単な整数の比で表しなさい。
　　［式と計算］

答　| A | ： | B | ： | C |

(2) (1)の水を捨て，新たにA，B，Cにそれぞれ水を入れなおしました。その後，Cに入っている水の量の$\frac{2}{7}$をAへ，残りの水の量の$\frac{1}{5}$をBへ移しました。次に，Aに入っている水の量の$\frac{1}{4}$をBへ移し，さらにBに入っている水の量の$\frac{1}{6}$をCへ移すと，A，B，Cに入っている水の量は等しくなりました。A，B，Cに水を入れなおしたときの水の高さの比を，もっとも簡単な整数の比で表しなさい。
　　［式と計算］

答　| A | ： | B | ： | C |

（40分）

【１】　「ある植物の種子の発芽に必要な条件は何か」を調べる目的で，次のような実験を行った。発芽は，根が出た段階で発芽したとみなした。実験１～５の結果について，下の問いに答えなさい。

実験１　種子をだっし綿をしいたガラス皿に入れたところ，種子はすべて発芽しなかった。

実験２　種子をだっし綿をしいたガラス皿に入れ，だっし綿に水を十分にふくませたところ，種子はすべて発芽した。

実験３　一度ふっとうさせた後，冷ました水を用意した。この水を満たしたビーカーに種子を入れたところ，種子はすべて発芽しなかった。

実験４　実験３と同じ条件で，金魚を飼育するときに使うポンプで空気を水の中に送り込んだところ，種子はすべて発芽した。

（１）　次の①と②の（ア）～（ウ）について，実験からわかることを述べている文として適当なものをそれぞれ１つずつ選び，記号で答えよ。

①　（ア）　実験１と２だけでは，種子の発芽に必要な条件を調べることはできない。

　　（イ）　実験１と２から，種子の発芽には水が必要であることがわかる。

　　（ウ）　実験１と２から，種子の発芽には水と適当な温度が必要であることがわかる。

②　（ア）　実験３と４から，種子の発芽に空気が必要であることがわかる。

　　（イ）　実験３と４から，種子の発芽に酸素が必要であることがわかる。

　　（ウ）　実験３と４から，種子の発芽に水が必要であることがわかる。

この植物の芽生えは成長とともに茎は上に，根は下に曲がった。茎や根が曲がるしくみを調べる目的で，次のような実験を行った。

実験５　まっすぐに伸びるように育てた茎と根の上側と下側に等間かくに印をつけ，水を含ませただっし綿の上に横に置いた（図１）。芽生えが成長し茎と根が曲がったときの様子をスケッチし（図２），曲がった部分を拡大図にした。

図１　　　　図２　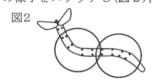　　　拡大図　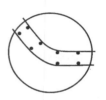

（２）　実験５の結果からわかることについて述べた次の文中の［　①　］と［　②　］に入る適当な文を，下の（ア）～（エ）から１つずつ選び，記号で答えよ。

文　「図２の拡大図から，茎が上に曲がったのは［　①　］で，根が下に曲がったのは［　②　］であることが分かる。」

（ア）　曲がった部分の下側がよく成長したから　　　　（イ）　曲がった部分の上側がよく成長したから

（ウ）　曲がった部分の下側があまり成長しなくなったから　　　（エ）　曲がった部分の上側があまり成長しなくなったから

【２】　ため池の水を，スライドガラスにのせカバーガラスをかけて，顕微鏡で観察したところ，ある生物が右図のように視野の左下に見えた。

（１）　観察した生物の名前を次の（ア）～（オ）から１つ選び，記号で答えよ。

（ア）　ゾウリムシ　　　　（イ）　ミドリムシ　　　　（ウ）　ミカヅキモ

（エ）　アメーバ　　　　（オ）　ミジンコ

（２）　観察した生物についての説明として適当なものを次の（ア）～（オ）からすべて選び，記号で答えよ。

（ア）　ほとんど動かない　　　　（イ）　光合成を行う　　　　（ウ）　呼吸を行う

（エ）　他の生物を食べて生きている　　　　（オ）　体はかたい殻でおおわれている

（３）　よく観察するために，端に見えた生物を視野の中央にもってきたい。スライドガラスをどの向きに動かせばよいか。右図の（ア）～（ク）から適当なものを１つ選び，記号で答えよ。

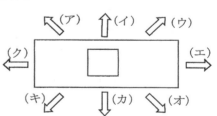

１辺の長さが 0.01mm の小さな正方形を，10倍の接眼レンズと10倍の対物レンズの組み合わせで，観察した。

（４）　この正方形の拡大された像の面積は，何 mm² になるか。正しいものを次の（ア）～（カ）から１つ選び，記号で答えよ。

（ア）　10mm²　　　（イ）　1mm²　　　（ウ）　0.1mm²　　　（エ）　0.01mm²　　　（オ）　0.001mm²　　　（カ）　0.0001mm²

（５）　対物レンズを40倍にかえて観察すると，さらに拡大された正方形が見えた。観察された像は，対物レンズ10倍のときの像に比べると，どのように拡大されて見えるか。最も適当なものを次の（ア）～（オ）から１つ選び，記号で答えよ。

（ア）　１辺の長さが４倍に拡大され，面積が４倍に拡大された像が見える。

（イ）　１辺の長さが４倍に拡大され，面積が８倍に拡大された像が見える。

（ウ）　正方形の対角線の長さが４倍に拡大され，面積が16倍に拡大された像が見える。

（エ）　正方形の対角線の長さが４倍に拡大され，面積が40倍に拡大された像が見える。

（オ）　正方形の対角線の長さが４倍に拡大され，面積が400倍に拡大された像が見える。

【３】 川の近くにある地層（図１）を観察した。この地層について説明した次の文章を読み，下の問いに答えなさい。

　　　地層に近づいて観察したところ，層４はでい岩，層３は火山灰が固まってできた岩石でできていた。
　　層４の岩石を構成している粒を手に取り，さわると（　①　）していた。層３の岩石の１つ１つの粒は
　　（　②　）形をしていた。また，層１と層２は，高い位置にあったため，どのような岩石でできている
　　のか分からなかった。しかし，この地層は層４の時代から層１にかけて土地が持ち上がってできたこ
　　とが知られているので，層１と層２は，それぞれ（　③　）と（　④　）でできていると考えられる。

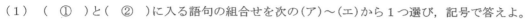
図１　（層１・層２・層３・層４）

（１）　（　①　）と（　②　）に入る語句の組合せを次の（ア）～（エ）から１つ選び，記号で答えよ。

	（ア）	（イ）	（ウ）	（エ）
①	さらさら	さらさら	ざらざら	ざらざら
②	角ばった	丸い	角ばった	丸い

（２）　（　③　）と（　④　）に入る語句の組合せを次の（ア）～（エ）から１つ選び，記号で答えよ。

	（ア）	（イ）	（ウ）	（エ）
③	砂岩	砂岩	れき岩	れき岩
④	でい岩	れき岩	でい岩	砂岩

（３）　図２は調査した地層の近くを流れている川の上流付近を空から見たものである。図中のa～eの
　　うち，川原が存在する可能性が高い地点の組合せとして最も適当なものを次の（ア）～（オ）から１
　　つ選び，記号で答えよ。ただし，矢印は川の流れの方向を示している。

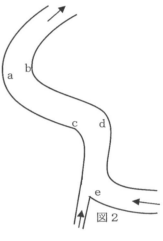
図２

　　　（ア）　a，d　　　　　　　（イ）　b，c　　　　　　　（ウ）　a，d，e
　　　（エ）　b，c，e　　　　　　（オ）　a，b，c，d

（４）　地層の近くの川原の石の種類を調べてみると，地層を構成している岩石の種類と異なることが
　　ある。この理由を次の（ア）～（エ）から１つ選び，記号で答えよ。
　　　（ア）　地層中の岩石が圧力を受けることで岩石の種類が変化したため
　　　（イ）　川原の小石が離れたところから運ばれてきたため
　　　（ウ）　地層からはがれ落ちた岩石が川の水に触れて化学反応を起こしたため
　　　（エ）　地層からはがれ落ちた岩石が風化したため

（５）　この川の上流にはダムが建設されていた。ダムが建設されたときに起こる現象として最も適当なものを次の（ア）～（エ）から１つ選
　　び，記号で答えよ。
　　　（ア）　下流で川はばが広くなる　　　　　　　　（イ）　河口付近の砂浜が縮小する
　　　（ウ）　下流域でけずられる作用が増大する　　　（エ）　下流域で水位が上昇する

【４】　ある日に東の空を観察したところ，図１のような星座が観察された。図１中の矢印は，この後星座が動いていく方向を示している。
　　これらに関して，次の問いに答えなさい。

（１）　Ａ座，Ｂ座，Ｃ座は，夏の大三角を構成する３つの星座である。この星座の組合せ
　　を正しく表しているものを次の（ア）～（カ）から１つ選び，記号で答えよ。

選択肢	（ア）	（イ）	（ウ）	（エ）	（オ）	（カ）
Ａ座	オリオン座	オリオン座	こと座	こと座	カシオペヤ座	カシオペヤ座
Ｂ座	わし座	はくちょう座	わし座	はくちょう座	わし座	はくちょう座
Ｃ座	はくちょう座	わし座	はくちょう座	わし座	はくちょう座	わし座

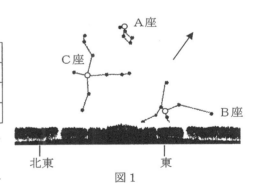
図１

（２）　星座を観察した次の日に，Ｂ座とＣ座が西の地平線にしずむ位置と方向を正しく示し
　　ているものを図２の（ア）～（カ）からそれぞれ１つずつ選び，記号で答えよ。

（３）　図１の星座の○で示した星が１時間ごとに動いた距離を，とう明半球に写し取って計
　　測した。このときの結果を正しく表しているものを次の（ア）～（オ）から１つ選び，記号
　　で答えよ。
　　　（ア）　Ａ座とＢ座の星の１時間ごとに動いた距離はほぼ同じだった。
　　　（イ）　Ｂ座とＣ座の星の１時間ごとに動いた距離はほぼ同じだった。
　　　（ウ）　Ａ座とＣ座の星の１時間ごとに動いた距離はほぼ同じだった。
　　　（エ）　Ａ座とＢ座とＣ座の星の１時間ごとに動いた距離はほぼ同じだった。
　　　（オ）　Ａ座とＢ座とＣ座の星の１時間ごとに動いた距離は大きく異なっていた。

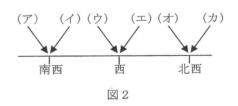
図２

【5】　決まった量の水にとける物質の量には限度がある。その限度量のことを溶解度（ようかいど）という。一般に，溶解度は100gの水にとける物質の限度量(重さ)で表す。次の表は，物質A〜Dの溶解度を温度別に表したものである。例えば，ミョウバンは20℃の水100gに11gまでとけることを示している。下の問いに答えなさい。

表　物質 A〜D の溶解度（g）

物質名	0℃	20℃	40℃	60℃	80℃
A．ミョウバン	6	11	24	57	322
B．りゅう酸銅	24	36	54	81	128
C．塩化ナトリウム	38	38	38	39	40
D．しょう酸カリウム	13	32	64	109	169

（1）　液体の体積をはかるときに用いる実験器具 X と，ものの重さをはかるときに用いる実験器具 Y の名前を答えよ。

実験器具 X

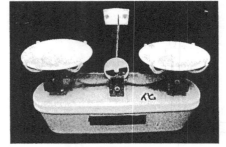

実験器具 Y

（2）　実験器具 X，Y の使い方として**誤っている**ものを次の(ア)〜(キ)から3つ選び，記号で答えよ。

　(ア)　実験器具 X で水の体積をはかるとき，実験器具 X は水平な台の上に置いて使う。

　(イ)　実験器具 X で水の体積をはかるとき，液面の一番低いところを，真横から1目盛りの10分の1まで目分量で読みとる。

　(ウ)　実験器具 X でアルコールの体積をはかりとるとき，はかろうとする体積よりも少なめに入れ，足りない分はスポイトを使いつぎ足す。

　(エ)　実験器具 X でアルコールの体積をはかりとるとき，はかろうとする体積よりも多めに入れ，多過ぎた分はスポイトを使い取り除く。

　(オ)　実験器具 Y でものの重さをはかるとき，はじめに，はかりたいものよりも軽いと思われる分銅からのせ，軽すぎたら，少し重い分銅にかえることでつり合いをとる。

　(カ)　実験器具 Y でものの重さをはかるとき，はじめに，はかりたいものよりも重いと思われる分銅からのせ，重すぎたら，少し軽い分銅にかえることでつり合いをとる。

　(キ)　実験器具 Y でものの重さをはかるとき，右ききの人であれば，右皿にはかりたいものをのせ，左皿に分銅をのせていく。

（3）　物質 A〜D を 50g ずつ別々のビーカーにとり，それぞれのビーカーに 40℃の水を少しずつ加えていった（水の温度は時間がたっても変わらないとする）。物質が完全にとけきったとき，水よう液の重さが最も重くなるのはどの物質か。A〜D の記号で答えよ。

（4）　60℃の水を 70g ずつ別々のビーカーにとり，それぞれのビーカーに物質 A〜D をとけるだけとかしたとき，水よう液の重さが最も重くなるのはどの物質か。A〜D の記号で答えよ。

（5）　（4）で選んだ最も重い水よう液の濃度（%）を求めよ。答えは小数第1位を四捨五入して整数で答えよ。

（6）　20℃の水 200g が入っているビーカーに，りゅう酸銅 100g を入れてかき混ぜたところ，ビーカーの底にとけ残りができた。このとけ残りをすべてとかすための操作として正しいものを次の(ア)〜(ク)からすべて選び，記号で答えよ。

　(ア)　20℃のりゅう酸銅水よう液を 40℃まで温める。　　　(イ)　20℃のりゅう酸銅水よう液を 50℃まで温める。

　(ウ)　20℃のりゅう酸銅水よう液を温度を変えずに長時間置いておく。　　　(エ)　ガラス棒を使い，とけ残りを強くかき混ぜる。

　(オ)　ガラス棒を使い，とけ残りを押しつぶしながら強くかき混ぜる。　　　(カ)　とけ残りを取り出して，60℃の水 40g にとかす。

　(キ)　とけ残りを取り出して，40℃の水 50g にとかす。　　　(ク)　とけ残りを取り出して，20℃の水 70g にとかす。

（7）　高温の水に物質をとけるだけとかしたあと，その水よう液を冷やすと，とけていた物質が結晶（けっしょう）として水よう液中にあらわれる。物質 A，B，D はこの方法で多くの結晶をとり出すことができるが，物質 C は温度によって溶解度があまり変化しないため，この方法で多くの結晶をとり出すことができない。水にとけている物質 C を結晶として多くとり出すにはどうすればよいか。**10字以内**で述べよ。

（8）　水よう液の性質について，正しいものを次の(ア)〜(オ)から2つ選び，記号で答えよ。

　(ア)　水よう液には固体がとけたものの他に，液体がとけたものや気体がとけたものがあり，とけている物質の種類にかかわらず，温度を高くするとたくさんとける。

　(イ)　食塩水をろ過すると，ろ紙に食塩がたまり，ろ過したあとの液体は水になる。

　(ウ)　水に物質をとかしたとき，こさが均一でとう明ならば，水よう液であると言える。

　(エ)　水に物質をとかして水よう液をつくると，とけている物質は目に見えなくなるが，決して無くなったわけではなく，目に見えないほど小さな粒子となって水中に存在している。

　(オ)　水よう液は，かき混ぜずにしばらく置いておくと底の方が少しずつこくなる。

【６】　図１のように，穴があいている長さ１mの棒がある。棒の左端（Ａ点）に重さ20ｇのおもりをつるし，真ん中にばねはかりをつけて支えると，棒は水平になった。このときばねはかりの値は120ｇを示した。次の問いに答えなさい。

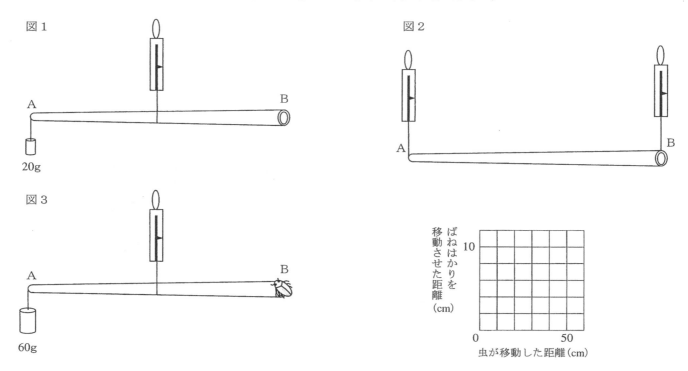

図１

図２

図３

20g

60g

（１）　この棒の重さは何ｇか。

（２）　20ｇのおもりをはずし，この棒をばねはかり１個で水平に支えるには，Ａ点から何cmの場所を支えるとよいか。

（３）　図２のように，棒のＡ点と右端（Ｂ点）をばねはかりで支えると，その値はそれぞれ何ｇを示すか。

　　　図１のときに，棒のＢ点に虫がとまったので棒は右に大きくかたむいた。そこで，図３のようにＡ点に60ｇのおもりをつるすと，棒は水平になった。

（４）　この虫の重さは何ｇか。

（５）　虫が棒の中をごそごそ左へ進んでいったとき，棒を支えるばねはかりの位置を移動させていつも水平になるようにしたい。虫が移動した距離とばねはかりを移動させた距離の関係をグラフで表せ。

（６）　虫はどんどん左へ進んでいったが，やがて途中でつまって動けなくなった。このとき棒を支えるばねはかりの位置は棒の真ん中から15cm移動したところであった。この虫はＢ点から何cmの場所でつまったか。

（７）　図３の状態から虫が途中でつまるまでの間，ばねはかりの値はどうなっていったか。次の（ア）～（オ）から正しいものを１つ選び，記号で答えよ。

　（ア）　大きくなっていった　　　　　　　　　（イ）　小さくなっていった

　（ウ）　変わらなかった　　　　　　　　　　　（エ）　大きくなったあと小さくなっていった

　（オ）　小さくなったあと大きくなっていった

【７】　同じ豆電球Ａ，Ｂ，Ｃ，Ｄと電源装置を使って，図１～図３の回路をつくった。次の問いに答えなさい。

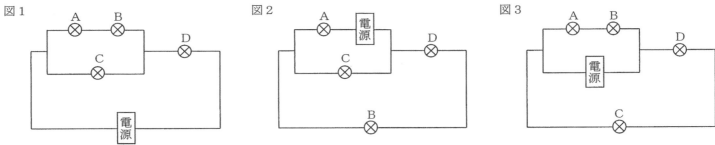

図１

図２

図３

（１）　図１～図３について，豆電球Ａ，Ｂ，Ｃ，Ｄの明るさの大小関係を，例を参考に（左側に明るいものがくるように）してそれぞれ式で表せ。

　（例）ＡがＢよりも明るく，ＣとＤが同じ明るさでＢよりも暗いとき，Ａ＞Ｂ＞Ｃ＝Ｄ

（２）　豆電球Ａの明るさを図１～図３で同じにするために，それぞれの電源装置の電圧を調整した。このとき電源装置の電圧の大小関係を，例を参考に（左側に大きいものがくるように）して式で表せ。

　（例）図１が図２より大きく，図２と図３が同じ大きさのとき，図１＞図２＝図３

（40分）　　　　　　《答えはすべて解答用紙に記入しなさい。選択問題については，記号で答えなさい。》

1　次の文は，ある中学校の地理の授業中のようすを紹介したものです。これを読み，後の問いに答えなさい。

先　生：今日は(ア)アメリカ合衆国と中国の地理について勉強してみよう。みんな，アメリカについて何か知っていることはあるかな。A君，どうですか。

A　君：はい，アメリカは多くの移民によって成り立っている国です。また，広大な国土を利用して，農業も非常にさかんな国です。

先　生：そうだね。アメリカはヨーロッパ系の人々がいたり，アフリカ系の人々がいたり，(イ)さまざまな人種や民族の人々がともにくらす多民族社会です。農業に関しても「世界の食料庫」といわれていて，例えば，小麦，［1］，とうもろこしなどの輸出は世界一をほこっているね。それでは，他にBさんはどうかな。

Bさん：はい，アメリカは世界をリードする工業国というイメージがあります。資源も豊富だと思います。

先　生：なるほど。アメリカは最先端の工業技術を生み出している国で，コンピューター・宇宙・［2］産業などの分野で世界をリードしているね。また，石油や石炭などの鉱物資源も豊富で，最近ではシェールガスの開発もさかんだね。

C　君：先生，［2］産業は太平洋側のシアトルでさかんですよね。

先　生：よく勉強しているね。アメリカでは，これらの新しい産業の発展に，大学などの研究機関が大きな役割を果たしているんだよ。それでは，次に近年急成長をとげている中国についても見てみよう。中国について何か知っていることはあるかなA君。

A　君：はい先生，中国はアメリカと同じくらいの広さの国なのに，人口がアメリカの4倍以上もあります。

先　生：そのとおりだね。中国には13億人もの人々がいて，(ウ)ことばや生活習慣の異なる50以上の民族が住んでいるんだよ。

Bさん：先生，それだけの人々を支えるにはたくさんの食料が必要になりますね。

先　生：そうだね。そのため中国では昔から農業がさかんだね。例えば，国土の南東部では気温が高く雨も多いので，昔から米の生産がさかんですが，北東部は気温が低く雨も少ないので，小麦や［1］などを生産しているんだよ。それではC君はどうかな。

C　君：はい先生，中国は最近工業製品をたくさん作っていますね。

先　生：そのとおり。中国には世界中の企業が進出して，機械類や衣料品などを中心に，多くの工場が集まっているね。特に(エ)沿岸部の大都市の(オ)シャンハイ周辺などの地域を中心に工業がさかんだね。

A　君：先生，世界にはいろんな国があって興味深いですね。

先　生：そうだね。世界の国々について興味をもって，これからも地理を勉強していきましょう。

問1　文中の空らん［1］・［2］にあてはまる語句を，それぞれの選択肢から1つずつ選びなさい。

　［1］（あ）茶　　　　（い）大豆　　　　（う）コーヒー豆　　　（え）さとうきび
　［2］（あ）造船　　　（い）自動車　　　（う）航空機　　　　　（え）鉄鋼

問2　下線部(ア)に関連して，以下の（あ）～（え）の文は，右の地図1の中のA～Dに位置するアメリカ合衆国のいずれかの州を説明したものです。そのうち，CとDの州にあたるものを，それぞれ1つずつ選びなさい。

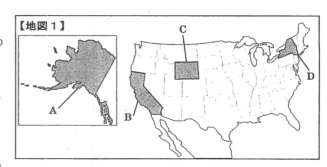

【地図1】

（あ）険しいロッキー山脈が連なり，大部分が森林におおわれ，国立公園などがある。

（い）現在でも氷河が多く見られ，アザラシなどをとる先住民なども住んでいる。

（う）自由の女神像や国連の本部などがあることで知られている有名な都市がある。

（え）コンピューター産業などがさかんで，ロサンゼルスやサンフランシスコなどの有名な都市がある。

問3　下線部(イ)に関連して述べた文として誤っているものを，次の中から1つ選びなさい。

（あ）アメリカは，イギリスを含むヨーロッパ系の人々が中心になって建国された。

（い）アメリカには，ネイティブアメリカン（インディアン）と呼ばれる先住民が住んでいる。

（う）アフリカ系の人々の多くは，移民としてアメリカにわたってきて，西部開拓を行った。

（え）アメリカには，日系人や中国系などアジア地域からの移民も住んでいる。

問4　下線部(ウ)に関連して，右の地図2の中で，ウイグル族が数多く住む地域として正しいものを，A～Dの中から1つ選びなさい。

問5　下線部(エ)に関連して，沿岸部にあるシェンチェンに代表されるように，税制上の優遇措置などをもうけて外国企業を積極的に誘致して発展をした，このような地域のことを何というか答えなさい。

問6　下線部(オ)について，右の地図2の中で，シャンハイの場所として正しいものを，（あ）～（え）の中から1つ選びなさい。

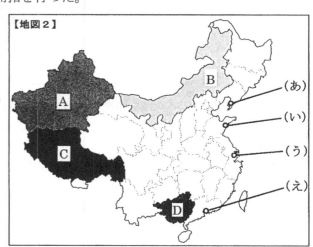

【地図2】

2　次の会話文を読み，後の問いに答えなさい。

先　生：今日は課題にしていたレポートの発表をしてもらいます。テーマは「前回の東京オリンピックがあった1960年代と，2回目の東京オリンピックが決定した現在の日本について」でした。ではA君からお願いします。

A　君：ぼくは日本の貿易の変化について調べてきました。このグラフは輸入品，輸出品の取りあつかい額の割合の変化をあらわしたものです。これをみると，輸入品では1962年は燃料となる(ア)原油などの割合が一番多く，2008年でもその割合はさらに増えています。しかしその一方で，近年は機械類の輸入も多くなっています。このように機械類の輸入が増えたのは，海外，特にアジアで工業がさかんになり，この地域から多く輸入するようになったことが影響（えいきょう）しているようです。(イ)これまでと貿易のようすが変化してきたのかもしれません。輸出品は，1960年は軽工業品であるせんい品の割合が一番多かったのですが，近年は機械類の割合が大きく，(ウ)自動車とあわせると5割をこえることがわかります。

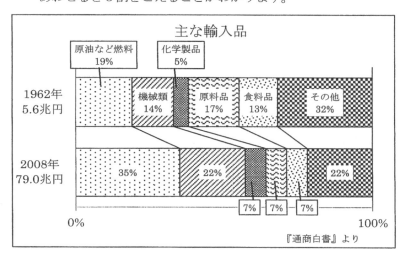

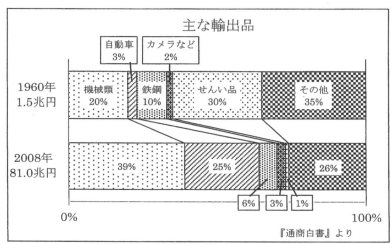

先　生：ありがとうございました。この約半世紀の間に貿易のようすが変化しているのがよくわかりました。次にBさんお願いします。

Bさん：私は日本の国家予算のうつりかわりについて調べてきました。国家予算は，もとになる案を(エ)内閣が作成し，(オ)国会に提出します。そして国会で予算の内容を話し合って決めることが日本国憲法で定められています。下のグラフは，1964年度と2013年度の国家予算の収入と支出をあらわしたものです。支出をみると，2013年度は(カ)社会保障費の割合が一番多いことがわかります。この年の割合は1964年度の約2倍です。新聞で調べてみると，社会保障に必要なお金は今後も増えることが予想されていて，［1］税が2014年4月から［2］％になることになったのも社会保障のお金を準備するためだそうです。収入をみると，1964年度はほとんどの収入が租税（そぜい）などだったのですが，2013年度の収入の半分くらいは公債金と呼ばれる借金（こうさい）でまかなっていることがわかります。日本は今とてもたくさんの借金をしていて，きちんと返せるか不安が高まっているそうです。

先　生：Bさんもよく調べていました。2人ともいい発表だったと思います。ありがとうございました。

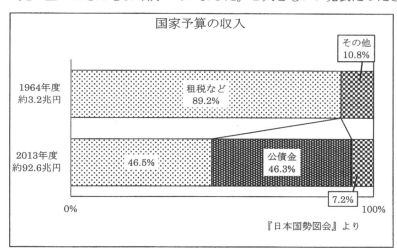

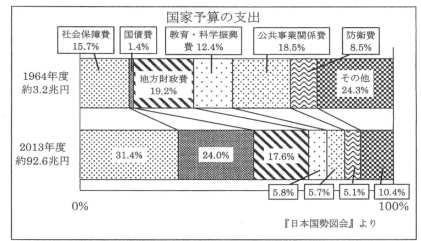

問1　下線部(ア)について，右のグラフは日本の原油の輸入先の割合（輸入量による）をあらわしたものです。空らん［X］に当てはまる国名として正しいものを次の中から1つ選びなさい。

（あ）アメリカ合衆国　　（い）中華人民共和国（ちゅうか）　（う）インドネシア
（え）サウジアラビア　　（お）ロシア　　　　　　　　　（か）カタール

問2　下線部(イ)に関連して，原料を外国から輸入し製品につくりかえて輸出する貿易を何というか答えなさい。

問3　下線部(ウ)に関連して，次の文の中から正しいものを1つ選びなさい。

（あ）完成した自動車の多くは，一度に大量の台数を運べる大きな飛行機で輸出される。
（い）現在，日本で生産された自動車がもっとも多く輸出されている国は中国である。
（う）近年，日本の自動車会社の海外生産が増え，輸出台数よりも海外生産台数のほうが多い。

問4　文中の空らん［1］・［2］にあてはまる語句・数字を，それぞれの選択肢から1つずつ選びなさい

［1］（あ）消費　　（い）所得　　（う）法人　　（え）住民

［2］（あ）5　　　（い）8　　　（う）10　　　（え）15

問5　下線部(エ)について，内閣の仕事として正しいものを次の中から1つ選びなさい。

（あ）都道府県の知事を選ぶ。　　（い）国会の決めた法律が憲法に違反していないか判決を下す。

（う）外国と条約を結ぶ。　　　　（え）条例を制定する。

問6　下線部(オ)に関連して，国会は国民から選挙で選ばれた議員によって構成されています。選挙について述べた次の文のうち，正しいものを1つ選びなさい。

（あ）納税額や性別に関わりなく選挙権がもてるようになったのは1925年である。

（い）衆議院議員選挙には25歳以上の人が立候補できることになっている。

（う）参議院の議員の任期は4年間だが，途中で解散され選挙が実施されることもある。

（え）国民の選挙に対する関心は高く，衆議院議員選挙の投票率は常に80%をこえている。

問7　下線部(カ)について，社会保障費に含まれる予算として正しいものを次の中から1つ選びなさい。

（あ）国民の生活や健康を守るための予算

（い）公園や道路を整備するための予算

（う）学校の整備やスーパーコンピューターなどを開発するための予算

（え）自衛隊の装備を整えるための予算

3　次の文を読み，後の問いに答えなさい。

【A】縄文時代には，人々は主に［1］住居に住み，弓矢を使って狩りをしたり，木の実を採集したりしてくらしていました。また，その食料を，(ア)土器を使って煮たきしたり，たくわえたりしました。その後，縄文時代の終わりごろには，朝鮮半島や中国から移り住んだ人々によって米づくりの技術が伝えられ，弥生時代には，九州北部から東日本に広まっていきました。(イ)人々は水田の近くのむらに住み，水田づくりからとり入れまで協力して米をつくりました。また，米づくりとともに金属器も伝わり，［2］製の道具は主に祭りの道具に使われました。

【B】奈良時代には，唐の進んだ制度や文化を学ぶために，(ウ)遣唐使や留学生が唐に派遣されました。そのため，都を中心に，唐の文化の影響を強く受けた国際的な文化が栄えました。やがて平安時代の中ごろになると，それまでの唐の文化を消化しながら，日本風の文化がしだいに形づくられるようになりました。なかでも，漢字をもとにしてかな文字が作られると，日本人の感情をより自由に表現できるようになり，(エ)すぐれた文学作品が数多く生み出されました。

【C】鎌倉時代には，それまでの貴族を中心とした伝統文化をもとに，(オ)新たに支配者となった武士の気風にあった文化が生まれました。彫刻では東大寺南大門の金剛力士像などの力強い作品が生まれ，文学では武士の活躍をえがいた『［3］』がびわ法師によって語られました。やがて室町時代には，武士の文化と貴族や庶民の文化がとけあうようになり，武士や貴族だけでなく，(カ)町や村の人々も参加して，こうした文化を楽しむようになりました。また，幕府が禅宗を保護したこともあり，禅宗の影響を受けた水墨画や［4］の建築などの文化が発達しました。

【D】江戸時代には(キ)産業や交通が発達し，(ク)さまざまな都市が発展しました。そうした中，町人の経済力が強まると，17世紀末ころ大阪や京都を中心に，町人の生活や気持ちにあった文化が生まれました。大阪の町人の　X　は，当時の町人のくらしをありのままに小説にえがきました。また，　Y　は歌舞伎や人形浄瑠璃の脚本家として，町人の生き生きとしたすがたをえがきました。その後，(ケ)19世紀のはじめころには，文化の中心は大阪・京都から江戸に移り，新たな発展をみせました。

問1　文中の空らん［1］〜［4］にあてはまる語句を，それぞれの選択肢から1つずつ選びなさい。

［1］（あ）移動式　　（い）竪穴　　　（う）高床　　　（え）石造

［2］（あ）金　　　　（い）鉄　　　　（う）青銅　　　（え）銀

［3］（あ）平家物語　（い）源氏物語　（う）古事記伝　（え）蒙古襲来絵詞

［4］（あ）寝殿造　　（い）武家造　　（う）校倉造　　（え）書院造

問2　下線部(ア)について，縄文時代の土器について述べた次の文のうち，正しいものを1つ選びなさい。

（あ）土器が発見された場所の地名にちなんで，縄文土器とよばれている。

（い）人や動物，家や船などをかたどった，はにわがつくられた。

（う）山のしゃ面を利用したのぼりがまで焼かれることが多かった。

（え）弥生時代の土器に比べて，低温で焼かれて厚手でもろいものが多かった。

問3　下線部(イ)について，弥生時代のむらのようすについて述べた次の文のうち，誤っているものを1つ選びなさい。

（あ）むらどうしで争いがおこるようになり，周りに堀やさくをめぐらしたむらもあらわれた。

（い）豊作をいのって，田植えの時には猿楽をおどった。

（う）稲は石包丁などで収穫され，高床倉庫にたくわえられた。

（え）貧富や身分の差が生まれ，指導者の中には，その力を示す品々と一緒に埋葬される人もあらわれた。

問4　下線部(ウ)について，遣唐使について述べた次の文のうち，正しいものを1つ選びなさい。

（あ）遣唐使として中国に渡った鑑真は，帰国後，道路やため池をつくりながら，農民に仏教の教えを説いてまわった。

（い）遣唐使によって，養蚕やはた織りの技術や，仏教や儒教の教えがはじめて日本に伝えられた。

（う）遣唐使として中国に渡った阿倍仲麻呂は，唐の皇帝に重く用いられ，一生を中国で終えた。

（え）遣唐使によってもたらされた銅銭の和同開珎は，都の東西に設けられた市で，貨へいとして用いられた。

問5　下線部(エ)について，平安時代の文学作品について述べた次の文のうち，正しいものを1つ選びなさい。

（あ）おとぎ話の絵本として，『ものぐさ太郎』や『一寸法師』がつくられた。

（い）貴族や農民，防人などの歌を集めた『万葉集』がつくられた。

（う）天皇のきさきに仕えた清少納言が，『枕草子』とよばれる随筆を書いた。

（え）国の成り立ちを明らかにするため，『日本書紀』という歴史書がつくられた。

問6　下線部(オ)に関連して，武士としてはじめて幕府を開いた源頼朝について述べた次の文のうち，正しいものを1つ選びなさい。

（あ）武士としてはじめての法律である御成敗式目を定め，武士の裁判の基準を示した。

（い）武士の支配を安定させるため，農民から武器を取り上げて武士と農民の身分を区別した。

（う）武士ではじめて太政大臣になり，むすめを天皇のきさきにして，朝廷の重要な地位を一族で独占した。

（え）国ごとの軍事・警察の仕事をする守護や，各地の領地で年貢の取り立てをする地頭をおくことを朝廷に認めさせた。

問7　下線部(カ)に関連して，室町時代から戦国時代にかけて，町や村の人々の活動が活発になりますが，それについて述べた次の文のうち，誤っているものを1つ選びなさい。

（あ）京都では，町衆とよばれる商工業者が，戦乱で中断していた祇園祭を復興させた。

（い）村の人々は，長老を中心にして寄合を開き，用水の利用のしかたなどを相談したり，おきてをつくったりした。

（う）山城国では，武士と農民が協力して大名の軍隊を引き上げさせ，8年間にわたって自治を行った。

（え）村の人々は，五人組のしくみをつくり，みんなで協力して農作業や年貢の納入を行った。

問8　下線部(キ)について，江戸時代の産業や交通について述べた次の文のうち，誤っているものを1つ選びなさい。

（あ）瀬戸内海の沿岸を中心に，塩田を利用した塩づくりがさかんに行われた。

（い）近畿地方では，稲を刈りとったあとに麦などをつくる二毛作がはじまった。

（う）網を使ったイワシ漁がさかんになり，干したイワシが肥料として使われるようになった。

（え）北海道でとれたコンブなどの海産物が，北前船で大阪に運ばれた。

問9　下線部(ク)について，江戸時代の都市について述べた次の文のうち，誤っているものを1つ選びなさい。

（あ）参勤交代制度によって，大名は1年おきに江戸で生活をすることとされた。

（い）大阪には大名たちの蔵屋敷がおかれて各藩の年貢米が集まり，堂島の米市場で取引された。

（う）鎖国の下でも中国やオランダとの貿易が認められた長崎は，貿易都市としてさかえた。

（え）平安時代以来の都である京都を中心に，東海道をはじめとする五街道が整えられた。

問10　下線部(ケ)について，この時期の文化について述べた次の文のうち，誤っているものを1つ選びなさい。

（あ）『東海道中膝栗毛』は，主人公の2人が東海道を旅するようすをこっけいにえがいて人気を集めた。

（い）『東海道五十三次』は，歌川広重が東海道の名所風景をえがいたもので，多色刷りの版画で大量に印刷された。

（う）『学問のすゝめ』は，福沢諭吉が人間の平等や学問の必要を説いたもので，多くの人に読まれた。

（え）伊能忠敬は，天文学や測量術を学び，全国を測量して歩いて正確な日本地図をつくった。

問11　【D】の文中の空らん　X・Y　にあてはまるものを，次の中からそれぞれ1つずつ選びなさい。

（あ）井原西鶴　（い）喜多川歌麿　（う）松尾芭蕉　（え）杉田玄白　（お）葛飾北斎　（か）近松門左衛門

4　次の文は，それぞれ右の風刺画について述べたものです。これらの文を読み，後の問いに答えなさい。

【A】これは，1890年に日本ではじめて行われた衆議院議員選挙のようすをえがいたものです。それよりも以前，(ア)明治政府がさまざまな改革を行っていく中で，(イ)それに不満をもつ士族による反乱がおこったり，(ウ)国民が政治に参加することを求める運動がおこったりしました。そこで政府は1881年に，(エ)10年後に国会を開くことを約束しました。その結果，選挙が行われることになりましたが，この絵のように，警察官や役人らが集まる中で投票しなければなりませんでした。また選挙権をもつ人も限られており，国民のたった1％しかいませんでした。

問1　下線部(ア)に関連して，明治政府が行った改革について述べた文として誤っているものを，次の中から1つ選びなさい。

（あ）近代的な工業をはじめるために，国が運営する工場を開いた。

（い）職業や住む場所が自由に選べるようになった。

（う）徴兵令によって士族出身者を集め，近代的な軍隊をつくった。

問2　下線部(イ)について，士族がおこした反乱の中で，1877年に西郷隆盛が指導したものを何というか答えなさい。

問3　下線部(ウ)について述べた文として正しいものを，次の中から1つ選びなさい。
（あ）板垣退助が国会を開けという意見書を政府に提出した。
（い）平塚らいてうや市川房枝が女性の政治参加をめざした。
（う）差別に苦しむ人々が全国水平社を結成した。

問4　下線部(エ)に関連して，国会の開設に備えて，立憲改進党という政党がつくられました。この政党をつくった人物を，次の中から1人選びなさい。
（あ）大隈重信　　（い）伊藤博文　　（う）木戸孝允　　（え）板垣退助

【B】これは，19世紀末の朝鮮半島をめぐる日本と清とロシアの関係をえがいたものです。日本が朝鮮半島に勢力をのばそうとして清と対立し，(オ)1894年に日清戦争がはじまりました。その結果，(カ)日本は清に勝利して条約を結び，朝鮮半島における清の勢力を追い出しました。ロシアも朝鮮半島に勢力をのばそうとしていたため，日本はロシアと対立を深め，(キ)1904年に日露戦争がはじまりました。この戦争に勝利した日本は，(ク)朝鮮半島を勢力下におくことをロシアに認めさせました。

問5　下線部(オ)に関連して，日清戦争がはじまる以前におきたできごとを，次の中から1つ選びなさい。
（あ）米騒動　　（い）関東大震災　　（う）ノルマントン号事件

問6　下線部(カ)について，次のうち，この条約で日本が新たに獲得した地域にふくまれるものを1つ選びなさい。
（あ）台湾　　（い）樺太　　（う）香港　　（え）重慶

問7　下線部(キ)について，日露戦争に関して述べた文として正しいものを，次の中から1つ選びなさい。
（あ）日本はフランスと同盟を結び，ロシアに対抗した。
（い）ロシアは国内で革命運動がおこったために，戦争を続けることが困難になった。
（う）アメリカの仲介で，日本の下関において講和条約が結ばれた。

問8　下線部(ク)に関連して，この後，朝鮮半島に対する日本の支配は強まっていきましたが，これに対し朝鮮半島では抵抗運動がおきました。この中で，1909年に韓国の青年に暗殺された人物を，次の中から1人選びなさい。
（あ）伊藤博文　　（い）大久保利通　　（う）木戸孝允　　（え）岩倉具視

【C】これは，日本が(ケ)第2次世界大戦に敗れた後，(コ)日本を占領した連合国軍によって行われた農地改革についてえがいたものです。それまでは，重い小作料を課せられた小作農がたくさんいましたが，改革によって地主は大幅に減り，新たに自作農となる農民がたくさん生まれました。この農地改革以外にも，この時期には日本が民主主義国家として再出発するためにさまざまな戦後改革が行われました。その後日本は，1952年には独立し，(サ)1956年には国際連合への加盟が認められ，国際社会への復帰をはたしました。

問9　下線部(ケ)に関連して，次の①〜③は，第2次世界大戦中におこったできごとです。これらを古いものから年代順に正しく並べたものを，次の中から1つ選びなさい。
①ソビエト連邦が満州に攻めこんできた。
②東京大空襲がおこった。
③日本が真珠湾を攻撃した。
（あ）①→②→③　　（い）①→③→②　　（う）②→①→③
（え）②→③→①　　（お）③→①→②　　（か）③→②→①

問10　下線部(コ)に関連して，日本が連合国軍によって占領されていた時期におこったできごとについて述べた文として正しいものを，次の中から1つ選びなさい。
（あ）石油危機がおこり，経済が大きな打撃を受けた。
（い）朝鮮民主主義人民共和国と大韓民国が激しく対立し，朝鮮戦争がおこった。
（う）足尾鉱毒事件がおこり，公害が大きな社会問題となった。

問11　下線部(サ)について，日本が国際連合に加盟することが認められたのは，同じ年に，ある国との国交を回復させたことが影響しています。その国を次の中から1つ選びなさい。
（あ）中華人民共和国　　（い）ソビエト連邦　　（う）大韓民国　　（え）朝鮮民主主義人民共和国

※80点満点
（配点非公表）

【1】

(1)①	②	(2)①	②

【2】

(1)	(2)	(3)	(4)	(5)

【3】

(1)	(2)	(3)	(4)	(5)

【4】

(1)	(2)B座	C座	(3)

【5】

(1)X	Y	(2)	
(3)	(4)	(5) %	(6)
(7)			
(8)			

【6】

(1) g	(2) cm
(3)A g B g	(5)
(4) g	
(6) cm	(7)

ばねはかりを移動させた距離(cm)

10

0　　　　　50

虫が移動した距離(cm)

【7】

(1)図1	図2	図3
(2)		

受験番号（　　　　　）　名前（　　　　　　　　　　　）

2015年度 愛光中学校入学試験 解答用紙 （社会）

※小計・合計らんには記入しないこと

1

問1 | 1 | 2 |　問2 | C | D |　問3 □　問4 □

問5 □　問6 □

小計 □

2

問1 □　問2 □　問3 □　問4 | 1 | 2 |

問5 □　問6 □　問7 □

小計 □

3

問1 | 1 | 2 | 3 | 4 |　問2 □　問3 □　問4 □

問5 □　問6 □　問7 □　問8 □　問9 □　問10 □

問11 | X | Y |

小計 □

4

問1 □　問2 □　問3 □　問4 □

問5 □　問6 □　問7 □　問8 □

問9 □　問10 □　問11 □

小計 □

合計 □

| 受験番号 | | 氏名 | |

※80点満点
（配点非公表）

（60分）　　　受験番号（　　　　　）氏名（　　　　　　　　　　　　　）

1　次の各問題の □ にあてはまる数を，答のところに記入しなさい。答だけでよい。

(1)　$1.5 \div \dfrac{5}{13} - \left(2.3 - 1\dfrac{5}{6}\right) \times 1\dfrac{13}{14} = $ □

(1)の答

(2)　$\left\{ 1\dfrac{5}{6} - \left(5\dfrac{7}{8} - \boxed{}\right) \div 6.75 \right\} \times 2\dfrac{5}{8} = 2\dfrac{11}{12}$

(2)の答

(3)　父，母，兄，弟の 4 人家族がいます。兄は弟より 3 歳年上です。現在，子供 2 人と母の 3 人の年齢の和と父の年齢との比は 9：8 ですが，10 年後には 3：2 になります。父は現在 ① 歳です。また，19 年後には子供 2 人の年齢の和が母の年齢と等しくなります。兄は現在 ② 歳です。

(3)の答　| ① | ② |

(4)　右の図のように，長方形 ABCD の面積を AE, AF, AG, AH で 5 等分しました。このとき，三角形 AFH の面積は ① cm² です。また，対角線 AC と FH の交点を I とするとき，AI と IC の長さの比をもっとも簡単な整数の比で表すと ② ： ③ です。

（図：長方形 ABCD，25cm，30cm，点 B, E, F, C）

(4)の答　| ① | ② | ③ |

(5)　あるクラスの生徒にみかんを配ります。クラス全員が出席していれば，同じ個数ずつ配ってちょうどなくなります。しかし，何人か休んだため，出席していた生徒に 1 人 9 個ずつ配ると 19 個余り，11 個ずつ配ると 39 個足りません。このとき，出席していた生徒は ① 人で，みかんは ② 個あります。また，クラスの人数は 40 人未満です。このとき，クラスの人数は ③ 人です。

(5)の答　| ① | ② | ③ |

(6)　A, B 2 種類の食塩水があります。A と B を 1：2 の割合で混ぜると 12% の食塩水ができ，2：1 の割合で混ぜると 9% の食塩水ができます。このとき，A と B を同じ量ずつ混ぜると ① % の食塩水ができ，A と B を ② ： ③ の割合で混ぜると 14.4% の食塩水ができます。ただし， ② ： ③ はもっとも簡単な整数の比で答えなさい。

(6)の答　| ① | ② | ③ |

(7)　50 人があるテストを受けたところ，結果は下の表のようになりました。問題は (あ)，(い)，(う) の 3 問で，(あ) と (い) はそれぞれ 35 点，(う) は 30 点です。全体の平均点は 100 点中 51.9 点，(あ) と (い) の 2 問のみの平均点は 70 点中 39.9 点でした。このとき，(う) の正解者は ① 人，得点が 30 点の人は ② 人，得点が 0 点の人は ③ 人です。

得点	100点	70点	65点	35点	30点	0点
人数	7人	8人	10人	?	?	?

(7)の答　| ① | ② | ③ |

(8)　右の図のように，数字をある規則にしたがって並べていきます。たとえば，12 は 3 行目，4 列目にあります。このとき，9 行目，9 列目の数字は ① で，395 は ② 行目， ③ 列目の数字です。

	1列目	2列目	3列目	4列目	5列目	6列目	‥‥
1行目	1	2	9	10	25	26	‥‥
2行目	4	3	8	11	24	27	‥‥
3行目	5	6	7	12	23		‥‥
4行目	16	15	14	13	22		‥‥
5行目	17	18	19	20	21		‥‥
‥‥	‥‥	‥‥	‥‥	‥‥	‥‥		‥‥

(8)の答　| ① | ② | ③ |

(9)　下の図のような 3 行 4 列のマス目に 1 から 12 の整数をひとつずつあてはめていくと，次の (ア)～(オ) のようになりました。
　　(ア)　1 は 8 つの数に囲まれていて，囲む数はすべて 11 以下です。
　　(イ)　5 と 6 はそれぞれ 5 つの数に囲まれていて，5 は 1 の左隣にあります。
　　(ウ)　2 は 3 つの数に囲まれていて，囲む数の和は 25 です。
　　(エ)　12 は 3 つの数に囲まれていて，囲む数の和は 20 です。
　　(オ)　上から 2 行目の 4 つの数の和は 22 です。
　このとき，6 を囲む 5 つの数の和は ① です。また，1 を囲む 8 つの数の和は ② です。

（3 行 4 列のマス目の図）

(9)の答　| ① | ② |

2　A さん，母，兄，姉の 4 人がお金を出し合って，父にプレゼントを買いました。母はかかった費用の $\frac{2}{3}$ を，兄はその残りの $\frac{4}{5}$ を，A さんは兄と姉の 2 人が出した金額の $\frac{1}{12}$ を出しました。

(1) 兄と姉の 2 人が出した金額はかかった費用の何倍ですか。
　　[式と計算]

答　　　　　　　　　　

(2) A さんが出した金額はかかった費用の何倍ですか。
　　[式と計算]

答　　　　　　　　　　

(3) 姉は A さんより 300 円多く出しました。かかった費用はいくらですか。
　　[式と計算]

答　　　　　　　　　　

3　下の図のように，A 駅と B 駅と C 地点があり，A 駅から C 地点までの距離と C 地点から B 駅までの距離の比は 5：2 です。2 台のバスが A 駅と B 駅の間の往復をくり返しており，1 台は A 駅から，もう 1 台は B 駅からいつも同時に出発します。2 台のバスは，A 駅と B 駅の間を 7 分で走り，駅に着くたびに一定時間停車します。太郎君はバスが出発するのと同時に A 駅を出発し，C 地点まで 30 分かけて走りました。その途中，太郎君の横をバスが 1 回通り，太郎君がちょうど C 地点に着いたとき再び太郎君の横をバスが通りました。ただし，バスが駅で停車している時間の長さは毎回同じで，太郎君の走る速さとバスの速さは一定です。

A駅　　　　　　C地点　B駅
●━━━━━━━●━━●

(1) 太郎君の走る速さとバスの速さの比をもっとも簡単な整数の比で答えなさい。答だけでよい。

答　　　　　　　　　　

(2) バスは何分間駅に停車していますか。答だけでよい。

答　　　　　　　　　　

(3) 太郎君が C 地点でしばらく休んだあと，自転車に乗って毎分 360m の速さで A 駅までもどったところ，バスと同時に A 駅に着きました。太郎君が C 地点に到着してから A 駅にもどるまでの間に，太郎君の横をバスが通った回数は 2 回で，1 回目は太郎君が C 地点で休んでいるとき，2 回目は太郎君が A 駅から 1764m 手前を自転車で A 駅にもどっている途中でした。バスの速さは毎分何 m ですか。
　　[式と計算]

答　　　　　　　　　　

(4) (3) のとき，太郎君が C 地点で休んだ時間は何分何秒ですか。
　　[式と計算]

答　　　　　　　　　　

4　A と B のポンプを使ってプールを満水にします。A と B 両方のポンプを使うと 3 時間 36 分かかり，はじめに B だけを 4 時間使い，その後両方のポンプを使うと合計で 6 時間かかります。

(1) プールを満水にするのに B だけを使うと何時間かかりますか。
　　[式と計算]

答　　　　　　　　　　

(2) はじめに A と B 両方のポンプを使って水を入れていたところ，B が故障したため，B を直している間は A だけを使い，B が直った後は両方のポンプを使って水を入れていました。ところが，途中しばらくの間排水口が開いていたため，プールを満水にするのに合計で 5 時間かかりました。排水口が開いていた時間は B を直している時間の 2 倍でした。ただし，ポンプを使っていない状態で排水口を開けると満水のプールが 6 時間で空になります。排水口が開いていた時間は何時間何分ですか。
　　[式と計算]

答

（40分）

【１】　以下の問いに答えなさい。

　　　　右の図は，**背中側から見た**ヒトの血液じゅんかんを示しており，図の中心の灰色の部分は心臓を示している。心臓は，筋肉でできていて，ちぢんだりもどったりすることで，全身に血液を送り出している。また，心臓の中は図のように左上～右下の４つの部分に分かれていて，血液が混ざらないようになっている。図のＡの中には，小さなふくろがたくさんあり，このふくろを細い血管がとりまいていて，取り入れた空気中の酸素が血液中に取り入れられ，血液で運ばれてきた不要な二酸化炭素が出される。図のＢでは，消化液によって食べ物が消化され養分となり，内側にある無数のとっきで吸収される。

（１）　図中の心臓内部の左下の部屋の名前とＡ・Ｂの臓器名を**漢字**で書け。

（２）　文章中の下線部について，混ざらないようになっている血液について正しく説明しているものを，次の（ア）～（エ）から１つ選び，記号で答えよ。

　　　（ア）　体温と同じ温度に調節された血液と，体外の気温により温度が変化した血液

　　　（イ）　適切な水分濃度に調節された血液と，調節されていない血液

　　　（ウ）　酸素を多く含む血液と，あまり含まない血液

　　　（エ）　栄養分を多く含む血液と，あまり含まない血液

（３）　心臓中の あ ～ え の部分には弁が存在する。そのうち，い と う の弁の向きを血液じゅんかん経路から考えて最も正しく示している図を，次の（ア）～（エ）からそれぞれ１つずつ選び，記号で答えよ。必要があれば同じものを選んでもよい。

 （ア）　 （イ）　 （ウ）　 （エ）

（４）　血液じゅんかん経路から考えて，最も厚い筋肉でおおわれている心臓の部屋は，左上・右上・左下・右下のうちどれか。

（５）　次の１～４の各文章の（ア）・（イ）について，両方とも正しければ〇，（ア）のみ正しければア，（イ）のみ正しければイ，両方誤っていれば×と答えよ。

　　１　（ア）　足を流れる血液は，そこを流れている間に温度が下がることがある。
　　　　（イ）　肝臓を流れる血液は，そこを流れている間に温度が上がることがある。

　　２　（ア）　Ａに入ってきた血液とＡを出た直後の血液に含まれる二酸化炭素の量をくらべると，Ａを出た直後の血液の方が常に多い。
　　　　（イ）　Ｂに入ってきた血液とＢを出た直後の血液に含まれる二酸化炭素の量をくらべると，Ｂを出た直後の血液の方が常に多い。

　　３　（ア）　①と⑤を流れる血液に含まれる酸素の量をくらべると，①の方が常に多い。
　　　　（イ）　①と⑥を流れる血液に含まれる酸素の量をくらべると，①の方が常に多い。

　　４　（ア）　⑤と⑧を流れる血液に含まれる栄養分の量をくらべると，⑧の方が常に多い。
　　　　（イ）　⑥と⑦を流れる血液に含まれる栄養分の量をくらべると，⑦の方が常に多い。

（６）　①～⑧の血管のうち，動脈と呼ばれるものを全て選び，記号で答えよ。

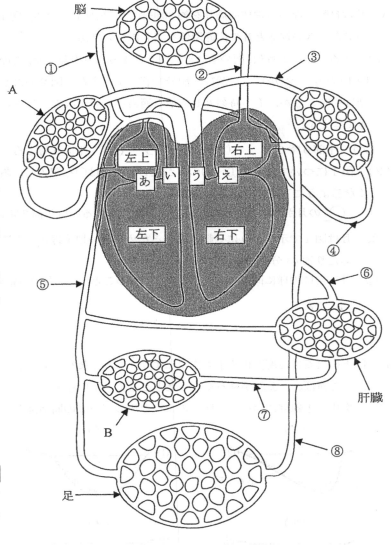

【2】　次のA，Bの問いに答えなさい。

A　月は自転しながら地球の周りを約30日かけて公転している。図1は，地球の北極側から見たときの地球と月の位置関係を表したものである。

（1）　ある日のある時刻，南の空高くに図2のような月が見えた。このときの月はどれか。図1の⑤〜⑥から1つ選び，記号で答えよ。また，図2のような月が観察された時刻は何時ごろか，その時刻として最も適当なものを次の（ア）〜（エ）から1つ選び，記号で答えよ。

　　（ア）　午前6時ごろ　　　（イ）　正午ごろ　　（ウ）　午後6時ごろ　　　（エ）　午前0時ごろ

（2）　図1について以下の①〜③の文が正しい場合は○を記入し，誤っている場合は正しくなるように下線部の語句をなおせ。

　①　　⑤　の月が西の地平線にしずむのが観測されるのは午前6時ごろである。

　②　月は図1で示すように公転しているため，東の地平線からのぼってくる時刻は1日あたり約48分ずつ早くなる。

　③　月は常に地球に同じ面をむけている。このことから，月の自転の向きは図1の⑥の　b　である。

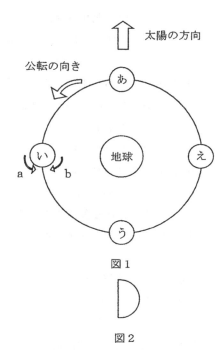

太陽の方向

公転の向き

図1

図2

B　陸上の岩石は温度変化や水の作用により，もろくなりくずれやすくなる。もろくなった岩石は水の流れによってけずられ，下流に向かって運ばれ，流れがゆるくなったところで，たい積する。

（3）　文中の下線部について，図3のような川の①－②の断面図として最も適当なものを次の（ア）〜（カ）から1つ選び，記号で答えよ。

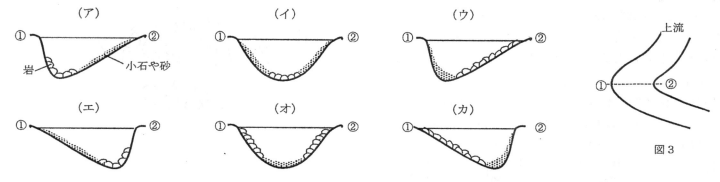

（ア）　　　　　　　　　（イ）　　　　　　　　　（ウ）

岩　　　　小石や砂

（エ）　　　　　　　　　（オ）　　　　　　　　　（カ）

上流

図3

（4）　土砂がたい積してできた岩石をたい積岩とよぶ。あるたい積岩を観察したところ，直径が5cmで丸みをもった小石が多数集まってできていた。このたい積岩の名称を答えよ。

（5）　（4）のたい積岩はどのような地点でたい積してつくられたか。最も適当なものを次の（ア）〜（エ）から1つ選び，記号で答えよ。

　　（ア）　川の上流や中流　　　　（イ）　川の下流や河口　　　　（ウ）　浅い海底　　　　（エ）　深い海底

【3】　すべて同じはたらきをする豆電球と，すべて同じはたらきをする電池をつかって，図のような回路を作った。次の問いに答えなさい。

（1）　図1の豆電球と同じ明るさの豆電球を，図2〜4のA〜Hからすべて選び，記号で答えよ。

（2）　図2〜4の豆電球A，C，Eをソケットからゆるめると，消えた。このとき，残りの豆電球B，D，F，G，Hはついているか，それとも消えるか。ついている場合は○，消える場合は×と答えよ。

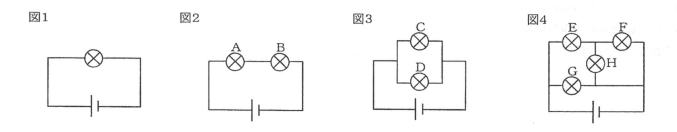

図1　　　　　図2　　　　　図3　　　　　図4

【４】　図１のように，長さ１ｍ，重さ８kgの棒（棒の重さは棒の真ん中に集中している）の右端に重さ17kgのおもりＡをつるし，支点で棒を支えた。棒を常に水平に保つものとして，次の問いに答えなさい。

（１）　支点は右端から何cmのところにあるか。

　　図２のように，おもりＡを台はかりで支えながら，支点を左に移動させる。

（２）　支点が棒の右端から20cmのところにあるとき，台はかりは何kgを示しているか。

（３）　用いた台はかりに15kgをこえる重さがかからないようにするには，支点は棒の右端から何cm以内になければならないか。

　　図３のように，支点を棒の右端から20cmのところにもどし，重さ２kgのおもりＢを棒につるす。

（４）　台はかりにかかる重さを０にするには，おもりＢは棒の**右端**から何cmのところにつるせばよいか。

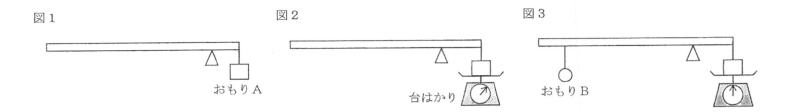

図１　　　　　　　　　　図２　　　　　　　　　　図３
おもりＡ　　　　　　　台はかり　　　おもりＢ

【５】　次の問いに答えなさい。

（１）　Ａ～Ｈのラベルがはってあるビーカーが８つあり，これらのビーカーには次の（ア）～（ク）の水溶液のどれかが入っている。しかし，どのビーカーに何が入っているかはわかっていない。そこで，８つのビーカーに入っている水溶液の性質を調べる実験をしたところ，①～⑦のことがわかった。これらの実験結果からＡ～Ｈのビーカーの中の水溶液が何であるかを決め，（ア）～（ク）の記号で答えよ。

（ア）　アンモニア水　　　　（イ）　石灰水　　　　（ウ）　うすい塩酸　　　　（エ）　さとう水
（オ）　水酸化ナトリウム水溶液　　（カ）　過酸化水素水　　（キ）　炭酸水　　　　（ク）　食塩水

　　【実験結果】
　　①　Ａ，Ｃ，Ｆ，Ｈの水溶液は，加熱蒸発させても何も残らなかった。
　　②　Ａ，Ｃの水溶液に青色リトマス紙をつけたところ，赤色に変わった。
　　③　Ｂ，Ｈの水溶液には電流が流れなかった。
　　④　Ａ，Ｇの水溶液にアルミニウム片を入れると，さかんに泡がでた。
　　⑤　Ｂ，Ｅ，Ｈの水溶液にＢＴＢ溶液を加えると，いずれも緑色になった。
　　⑥　二酸化マンガンにＨの水溶液をそそぐと，熱した鉄線を燃やす気体が発生した。
　　⑦　Ｂの水溶液は，加熱蒸発させた後も加熱を続けると，蒸発後に残っていた物が燃えた。

（２）　次の（ア）～（オ）の文章を読んで，正しいものには○を，まちがっているものには×を記入せよ。
　　（ア）　水はふつう，温度が０℃まで下がると凍り始め，100℃まで上がると蒸発を始める。
　　（イ）　雨ざらしで何年放置しておいても，まったくさびない金属がある。
　　（ウ）　ものが水に溶けている液体を水溶液といい，その水溶液はとう明である。
　　（エ）　水蒸気は目に見えない。
　　（オ）　重さの等しい氷と水と水蒸気を，体積の大きい順に並べると水蒸気，水，氷の順になる。

（40分）　　　《答えはすべて解答用紙に記入しなさい。選択問題については，記号で答えなさい。》

1　次の【A】～【C】の文はそれぞれ右の写真について述べたものです。これらの文を読み，後の問いに答えなさい。

【A】右の写真は，1871年に(ア)アメリカとヨーロッパ諸国に派遣された使節団の幹部を撮影したものです。中央の人物が［1］で，この使節団の大使でした。この使節団の目的は，(イ)条約改正のための交渉を行うことと，(ウ)欧米の国々の政治・経済や産業を見学して国内の改革にいかすことでした。この使節団が派遣される数ヶ月前，日本国内では［2］が行われました。これによって大名による支配が終わり，政府は全国に役人を派遣して地方の政治を行わせました。この改革が無事に成功をおさめたことから，政府はこの使節団を派遣することにしたのです。

【B】右の写真は，1945年8月に原子爆弾が投下された直後の，廃墟となった広島で撮影されたものです。落とされた爆弾はたった一発でしたが，(エ)原子爆弾の威力はすさまじく，一瞬のうちに焼け野原となり，約14万人の人々が命を落としました。この年は太平洋戦争の最後の年でした。(オ)この戦争では，はじめは日本軍が優勢で，太平洋やアジアに勢力をのばしました。しかし，しだいに劣勢となり，1945年4月に始まった［3］での戦いでは，日本軍の守備隊は住民をまきこんでアメリカ軍と地上戦を行い，6月には全滅してしまいました。この戦いの後，連合国から無条件降伏を勧めるポツダム宣言の通告がなされましたが，(カ)政府はそれを受け入れる決断をすぐにはできず，そのため，さらに大きな犠牲をはらうことになりました。

【C】右の写真は，(キ)1951年にサンフランシスコで開かれた講和会議において，平和条約に調印する日本政府の代表を撮影したものです。それまで，(ク)日本はアメリカ軍を中心とする連合国軍に占領されていましたが，この条約調印の結果，翌年から独立を回復することになりました。しかし，その一方で，［3］は本土とは切り離されてアメリカ軍に占領されたままになってしまい，その後［4］年になってやっと日本に返還されました。また，平和条約調印と同時に，日米安全保障条約が結ばれ，この後，両国は関係を強めていきました。

問1　文中の空らん［1］～［4］にあてはまる語句・数字を，それぞれの選択肢から1つずつ選びなさい。
［1］（あ）岩倉具視　　（い）伊藤博文　　（う）大久保利通　　（え）板垣退助
［2］（あ）版籍奉還　　（い）産業革命　　（う）廃藩置県　　（え）議会開設
［3］（あ）樺太　　　　（い）沖縄　　　　（う）対馬　　　　（え）千島
［4］（あ）1962　　　（い）1972　　　（う）1982　　　（え）1992

問2　下線部(ア)について，このときにたくさんの留学生も同行しており，そのなかには女子留学生もいました。次のうち，それにあてはまるものを1つ選びなさい。
（あ）津田梅子　　（い）与謝野晶子　　（う）樋口一葉　　（え）平塚らいてう

問3　下線部(イ)に関連して，この後日本は欧米諸国と条約改正のための交渉を続け，成果をかちとることができました。それについて述べた次の2つの文に関係する外務大臣の名前の組合せとして正しいものを，下から1つ選びなさい。

①日清戦争の直前に，イギリスとの間で，領事裁判権を廃止した条約の調印に成功した。
②日露戦争のあと，アメリカとの間で，日本の関税自主権を認めた条約の調印に成功した。

（あ）①陸奥宗光　②小村寿太郎　　　　（い）①陸奥宗光　②伊藤博文
（う）①小村寿太郎　②伊藤博文　　　　（え）①伊藤博文　②陸奥宗光

問4　下線部(ウ)に関連して，次の文のうち，使節団の派遣された年より前に行われたことを1つ選びなさい。
（あ）徴兵令をだして，20歳になった男子に対し3年間軍隊に入るよう義務付けた。
（い）明治天皇の名で五箇条の誓文を発表し，国の方針を示した。
（う）地租改正が行われ，税のしくみが大きく改められた。
（え）ドイツの憲法を参考にして，大日本帝国憲法を制定した。

問5　下線部(エ)に関連して，原子爆弾などの核兵器はその破壊力が大きいため，その保有や実験がきびしく制限されています。現在，次の国のうち，核兵器を保有していると自ら認めている国が2つありますが，その組合せとして正しいものを下から1つ選びなさい。

①中華人民共和国　②大韓民国　③朝鮮民主主義人民共和国　④日本国

（あ）①・②　　（い）①・③　　（う）①・④　　（え）②・③　　（お）②・④　　（か）③・④

問6　下線部(オ)に関連して，次のうち，太平洋戦争が始まってから日本軍が新たに占領して支配した地域が2つありますが，その組合せとして正しいものを下から1つ選びなさい。

①ハワイ　②フィリピン　③台湾　④マレー半島

（あ）①・②　　（い）①・③　　（う）①・④　　（え）②・③　　（お）②・④　　（か）③・④

問7　下線部(カ)に関連して，次の文のうち，この時期におこったできごとを1つ選びなさい。
（あ）日本軍が激しい戦いのあと，南京を占領した。
（い）東京大空襲が行われ，10万人以上の人々が亡くなった。
（う）ソビエト連邦の軍隊が突然満州にせめこんできた。
（え）旅順の要塞をめぐり，十数万の兵士の約半数が死傷する激しい戦いが行われた。

問8　下線部(キ)に関連して，この講和会議よりも後におこったできごとを次のうちから1つ選びなさい。

（あ）朝鮮戦争の開始　　（い）警察予備隊の発足　　（う）中華人民共和国の成立　　（え）日本の国際連合への加盟

問9　下線部(ク)に関連して，占領されていた時期に行われたこととして誤っているものを，次のうちから1つ選びなさい。

（あ）全国水平社が結成された。　　（い）女性に初めて参政権が認められた。

（う）日本国憲法が公布された。　　（え）働く人が団結する権利が保障された。

2　次の文【A】～【D】は，世界の4つの国（それぞれA国～D国とよぶ）の生徒が自分の国のようすについて述べたものです。これを読み，後の問いに答えなさい。

【A】私の国は(ア)人口がたいへん多く学校の数が不足しているため，午前中に授業をうけるクラスと午後から授業をうけるクラスに分かれています。私の学校は，カーニバルという大きなお祭りで世界的に有名な［1］という都市にあります。［1］は2016年のオリンピックの開催都市になっているので，みんな楽しみにしています。私の国には，世界各地から移住してきたさまざまな人種・民族の子孫がくらしていますが，学校でも子どもたちはそんなことを気にすることなく，仲良く学習したり，サッカーをして遊んだりしています。

【B】私の国では，小学校は6年間，中学校は3年間通います。学校では，とくに高学年になってくると宿題が多く出され，休みの日でも授業をすることがあります。政府は人口が10億人を超えた30年ほど前から，(イ)人口の約90%を占める民族を対象に「［2］政策」を行い，人口の増え過ぎを防いできました。首都にある私の学校でも，クラスメートはほとんどが［2］です。［2］が多いためか，子どもをとても大事にし，教育にも熱心な家庭が多いです。

【C】私の国では，イスラム教が国の宗教とされていて，学校でも(ウ)イスラム教の聖典である［3］を学びます。イスラム教では金曜日が休日となりますので，学校は土曜日から木曜日までです。また，小学校以上では，男女が別々に勉強をしています。私はイスラム教最大の聖地であるメッカにある学校に通っていますが，午後は気温が高いので，午後1時半には下校し，外出をしないで家で宿題などをしています。夜7時くらいになって涼しくなると，友だちと外でサッカーなどを楽しんでいます。

【D】私の国は今から50年ほど前まではイギリスの植民地でしたが，その後独立しました。内戦などで住む場所を失った人たちが隣国ソマリアから［4］として流入してきたり，干ばつや経済危機が起きたりするので，国の状態は安定せず，国民は貧しい人が多いです。私は首都のナイロビにある8年制の初等学校に通っていますが，中等学校に進学できる人は10人に1人しかいません。私の通っている学校や近所の病院は(エ)国連の機関や先進国の援助で建設されたものだと先生に教わりました。学校ではスワヒリ語と英語を勉強していますが，もっとがんばって勉強して，将来は国際的な仕事につくのが私の夢です。

問1　文中の空らん［1］～［4］にあてはまる語句を記入しなさい。ただし，空らん［4］には漢字2字が入ります。

問2　次の写真は，A国～D国のいずれかにおける，観光や巡礼などで世界各地から多くの人々が訪れる場所を示したものです。A国に該当するものを，（あ）～（え）のうちから1つ選びなさい。

（あ）　　　　　　　　　　（い）　　　　　　　　　　（う）　　　　　　　　　　（え）

問3　下線部(ア)に関連して，A国の人口とアメリカ合衆国および日本の人口とを比較した場合，人口が多い順に並べ替えるとどのような順番になりますか。適当なものを，下から1つ選びなさい。

（あ）アメリカ合衆国＞日本＞A国　　（い）アメリカ合衆国＞A国＞日本　　（う）日本＞アメリカ合衆国＞A国

（え）日本＞A国＞アメリカ合衆国　　（お）A国＞アメリカ合衆国＞日本　　（か）A国＞日本＞アメリカ合衆国

問4　下線部(イ)について，この民族名を答えなさい。

問5　下線部(ウ)に関連して，次の設問に答えなさい。

（1）この聖典は，C国において学校や家庭で日常的に用いられている言語と同じ言語で書かれています。この言語は何語ですか。

（2）C国の人々はイスラム教の教えにもとづいて生活しています。C国の人々の生活について述べた次の文のうち，誤っているものを1つ選びなさい。

（あ）1日5回聖地メッカに向かってお祈りをささげている。

（い）ラマダンとよばれる月には，日の出から日没まで食べ物を口にしない。

（う）成人女性は，外出時に黒いスカーフや服で頭や体をおおうのが一般的である。

（え）羊の肉を食べることが一切禁じられている。

問6　下線部(エ)に関連して，「子どもの権利条約」を活動の指針とし，貧しい国・地域の子どもたちが健康で幸せに育つために，世界中から募金を集めるなどして，保健・衛生・栄養の改善や教育などの援助を行っている国連機関があります。この国連機関名として適当なものを，下から1つ選びなさい。

（あ）UNESCO（ユネスコ）　　（い）UNICEF（ユニセフ）　　（う）WFP　　（え）WHO

③ 次の【A】～【C】の文を読み，文中の空らん［1］・［2］にあてはまる語句や数字を記入し，後の問いに答えなさい。

【A】(ア)日本の農業は，昔から平野部を中心に稲作がさかんに行われてきましたが，戦後，食生活は多様化し，米の消費量が生産量を下回るようになり，米あまりが起こるようになりました。この解決のため，1970 年ごろから米の［1］が進められていきました。その後，1990 年代からは，農産物の貿易自由化などもあって，さまざまな農産物がアメリカや中国などから輸入されるようになりました。その結果，国内産の農産物は安い輸入農産物におされて(イ)日本の食料自給率は低下を続けています。

問1　下線部(ア)に関連して，日本の農業の地域的特徴について述べた文として誤っているものを，次の中から1つ選びなさい。
（あ）山梨県や長野県では，畜産の割合が農業生産額の大部分を占めている。
（い）秋田県や新潟県では，農業生産額に占める米の割合が高い。
（う）和歌山県や青森県では，農業生産額に占める果実の割合が高い。

問2　下線部(イ)について，右の図1は日本の米，小麦，野菜，肉類の1965年から2005年の10年ごとの自給率の変化を表しています。小麦の自給率にあたるものを（あ）～（え）の中から1つ選びなさい。

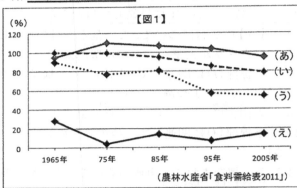

【図1】

（農林水産省「食料需給表2011」）

【B】日本の林業は山間部を中心に展開しています。かつては，木材自給率は90%をこえていましたが，1960 年代後半以降，(ウ)海外からの安い木材の輸入が増えました。その結果，国内の林業は大きな打撃を受け，自給率は低下し，それにともない，林業に従事する人もしだいに少なくなっていきました。一方で，日本は現在でも国土面積の約□割を森林が占めており，国土保全や人々の保養などの観点から，近年，里山の保全など森林の重要性を見直す動きも出てきています。

問3　下線部(ウ)について，図2のグラフは日本の木材輸入先（2011 年）を示しています。（X）にあてはまる国名を答えなさい。

問4　文中の□に当てはまる数字として正しいものを次のうちから1つ選びなさい。
（あ）3　　（い）5　　（う）7　　（え）9

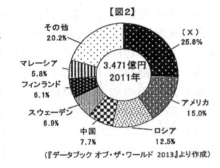

【図2】

その他 20.2%
（X）25.8%
マレーシア 5.8%
フィンランド 6.1%
スウェーデン 8.9%
中国 7.7%
ロシア 12.5%
アメリカ 15.0%
3,471億円 2011年

（『データブック オブ・ザ・ワールド 2013』より作成）

【C】日本の水産業は，かつては世界有数の漁獲量をほこっていましたが，世界的に［2］海里の経済水域の設定が進んだことや，資源量が減ったことなどにより(エ)漁獲量が減少していきました。近年は，漁業就業者数の減少や高齢化も進んでいます。こうしたなか，日本の水産業は，昔のような漁船を使ってとりに行く，いわゆる，とる漁業から，養殖業のような(オ)育てる漁業へ転換をはかる努力が各地で行われています。

問5　下線部(エ)について，右の図3は遠洋漁業，沖合漁業，沿岸漁業，養殖業の生産量の変化を表したものです。沖合漁業の生産量にあたるものを（あ）～（え）から1つ選びなさい。

問6　下線部(オ)について，育てた稚魚を放流し，自然の中で成長させてからとる漁業を何漁業というか答えなさい。

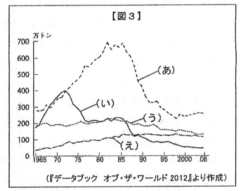

【図3】

（『データブック オブ・ザ・ワールド 2012』より作成）

④ 次の【A】～【C】の文を読み，後の問いに答えなさい。史料は分かりやすいように現代語訳したり，省略・補足したりしてあります。また出典は省略しています。

【A】(ア)6 世紀末になると，それまでの政治のあり方を改めて，天皇を中心とする国づくりが行われるようになりました。この国づくりは(イ)中国に使者や留学生などを送りながら，その後も引きつがれました。そして8 世紀には大宝律令が制定され，天皇を中心とする政治のしくみが完成しました。次の史料は，7 世紀に政府が国づくりの基本方針として発表したものです。

> ― これまでの天皇や豪族が所有していた(ウ)土地や民は，すべて国家のものとする。
> ― 都や地方の区画（国・郡）を定め，都から地方に役人を派遣して治めさせる。
> ― 戸籍をつくり，人々に田をわりあてて耕作させる。
> ― (エ)布などを納める税の制度を統一する。

【B】10 世紀ごろに生まれた武士は，その後，朝廷や貴族に仕え，大きな力を持つ者も現れました。そうして12 世紀末には鎌倉幕府が成立し，ついに自分たちの政府を持つにいたりました。(オ)鎌倉幕府はその後，14 世紀にほろびましたが，次に(カ)室町幕府が成立し，次第に朝廷の力を奪っていきました。次の史料は，室町幕府が幕府の基本方針を定める時に，ある人物が作った意見書です。

> 鎌倉にかつてのように幕府を作るべきか，他の場所にすべきか，について。
> 鎌倉は源頼朝が幕府を構えて，承久の乱後には(キ)北条氏が天下を治めた場所である。武士にとっては最も縁起のよい土地かもしれない。しかし幕府が栄えるか衰えるかは，政治の良し悪しによるものである。よい政治を行うのに重要なことを以下にかかげる。
> ― 倹約をすべきこと。
> ― (ク)諸国に置く守護は，能力のある人物を選ぶべきこと。
> ― わいろを禁止すべきこと。

【C】17世紀の初め，江戸幕府が成立しました。江戸幕府では将軍がたいへん強い力を持ち，多くの大名を従えました。また，朝廷から実質的な力を奪い，全国の支配を実現しました。こうして(ケ)江戸幕府は以後260年以上続き，19世紀後半まで幕府の支配が行われました。次の史料は，江戸時代のある(コ)将軍が出した，大名を取り締まるための法律です。

> 一　(サ)大名は，江戸に参勤すること。
> 一　城を修理する場合は，とどけ出ること。
> 一　大名は，かってに結婚してはならない。

問1　【A】の史料について，この基本方針の作成に関わったと思われる人物として正しいものを，次の中から1つ選びなさい。
（あ）ワカタケル大王　　（い）聖徳太子　　（う）中大兄皇子　　（え）蘇我馬子

問2　下線部(ア)に関連して，国づくりの様子は遺跡からもうかがえます。次の遺跡が表す時代のうち，下線部の6世紀末に最も近いものを1つ選びなさい。
（あ）大山古墳　　　　（い）吉野ヶ里遺跡　　（う）大森貝塚　　（え）板付遺跡

問3　下線部(イ)に関連して，唐の時代の日本と中国の関係について述べた文として誤っているものを，次の中から1つ選びなさい。
（あ）唐の都をまねて，東西南北にのびた道路で区切られた平城京が完成した。
（い）平清盛は朱印状を発行し，唐との貿易を積極的に行った。
（う）唐の僧侶である鑑真は，日本へやってきて唐招提寺を開き，仏教の発展に力を尽くした。
（え）正倉院には聖武天皇の持ち物などがおさめられ，その中には唐を通じて伝わったインドや西アジアのものもあった。

問4　下線部(ウ)について，このように土地や民を国家のものとする制度を何といいますか。

問5　下線部(エ)に関連して，このころの税について述べた文として正しいものを，次の中から1つ選びなさい。
（あ）庸は稲の収穫高の約3％を納めるものである。
（い）調は織物や地方の特産物を納めるものである。
（う）雑徭は都で働くか，代わりに布などを納めるものである。
（え）租は1年に60日以内，地方の役人のもとで働くものである。

問6　下線部(オ)について，鎌倉幕府がほろびた原因の一つとして，元寇があげられます。元寇に関連して述べた文として誤っているものを，次の中から1つ選びなさい。
（あ）13世紀になると，モンゴル人がアジアからヨーロッパにいたる大きな国をつくった。
（い）元は日本に従うよう使いを送ってきたが，幕府の実力者であった北条政子はこれを断った。
（う）元は高麗軍を従えて，2度にわたって日本をおそったが，武士の抵抗や暴風雨のために引き上げた。
（え）幕府は御家人に対して，ほうびの土地をあまり与えることができず，御家人の不満が高まった。

問7　下線部(カ)に関連して，室町幕府の政治について述べた文として正しいものを，次の中から1つ選びなさい。
（あ）五街道を整備して，多くの人々が行き来できるようにした。
（い）国ごとに，その国の地形や物産，伝説などをまとめた『風土記』を編纂した。
（う）京都での商人や職人の営業の自由を認め，経済を活発にしようとした。
（え）分裂していた朝廷を一つにまとめたり，明との国交を開き，貿易を始めたりした。

問8　下線部(キ)について，北条氏は将軍にはならず，幕府の重要な役職につきました。その役職とは何ですか。

問9　下線部(ク)について，鎌倉時代や室町時代の守護について述べた文として正しいものを，次の中から1つ選びなさい。
（あ）鎌倉時代の守護の仕事は，先祖から受け継いだ領地の管理や税を取り立てることである。
（い）守護は鎌倉時代から置かれ，その職には朝廷が御家人の中から任命した。
（う）室町時代になると，守護は任命された国を自分の領地のように支配し，大名とよばれるようになった。
（え）守護は太閤検地で決まった石高に応じて，家臣に奉公させることとした。

問10　下線部(ケ)に関連した，以下の設問に答えなさい。
（1）江戸幕府の安定した政治のもとで，江戸時代には新しい文化が花開きました。そのことについて述べた文として正しいものを，次の中から1つ選びなさい。
（あ）近松門左衛門が能の台本を書き，各地で人気をえた。
（い）雪舟が日本独自の浮世絵を完成させ，町人の間で広まった。
（う）伊能忠敬が蘭学を学び，オランダの医学書を翻訳して『解体新書』として出版した。
（え）本居宣長が古典の研究を行い，古くからの日本人の考え方をさぐる学問を発展させた。
（2）次の19世紀後半の出来事Ⅰ～Ⅲについて，古いものから正しく並べ替えたものを，下の中から1つ選びなさい。
Ⅰ　坂本竜馬らの努力で，薩摩藩と長州藩が幕府を倒すための同盟を結んだ。
Ⅱ　日米修好通商条約を結んだ幕府の責任者が暗殺された。
Ⅲ　幕府は全国の支配権を返すことを，朝廷に申し出た。
（あ）Ⅰ→Ⅱ→Ⅲ　　（い）Ⅰ→Ⅲ→Ⅱ　　（う）Ⅱ→Ⅰ→Ⅲ
（え）Ⅱ→Ⅲ→Ⅰ　　（お）Ⅲ→Ⅰ→Ⅱ　　（か）Ⅲ→Ⅱ→Ⅰ

問11　下線部(コ)について，将軍が大名を取り締まるために出した法律を何といいますか。

問12　下線部(サ)について，これは参勤交代の制度ですが，この制度を初めて定めた将軍は誰ですか。

平成２６年度　愛光中学校入学試験問題　理科（解答用紙）

※80点満点
（配点非公表）

【1】

(1)	左下の部屋		A		B	
(2)		(3)	い		う		(4)	
(5)	1		2		3		4		(6)	

【2】

(1)	月		時刻			
(2)	①		②		③	
(3)		(4)		(5)	

【3】

| (1) | | (2) | B | | D | | F | | G | | H | |

【4】

| (1) | cm | (2) | kg | (3) | cm | (4) | cm |

【5】

(1)	A		B		C		D		E	
	F		G		H					
(2)	(ア)		(イ)		(ウ)		(エ)		(オ)	

受験番号（　　　　　　　）　名前（　　　　　　　　　　　　　　　　）

2014年度　愛光中学校入学試験　解答用紙　（社会）

※小計・合計らんには記入しないこと

1

問1　1　　　2　　　3　　　4

問2　　　問3　　　問4　　　問5

問6　　　問7　　　問8　　　問9

小計

2

問1　1　　　　　　2

　　　3　　　　　　4

問2　　　問3　　　問4　　　　　　族

問5　（1）　　　　　　語　（2）　　　問6

小計

3

1　　　　　　2

問1　　　問2　　　問3

問4　　　問5　　　問6　　　　　　漁業

小計

4

問1　　　問2　　　問3　　　問4

問5　　　問6　　　問7　　　問8

問9　　　問10　（1）　　　（2）

問11　　　　　　問12

小計

合計

受験番号		氏名	

※80点満点
（配点非公表）

（60分）　　受験番号（　　　　）氏名（　　　　　　　　　　）

1 次の各問題の □ にあてはまる数を，答のところに記入しなさい。答だけでよい。

(1) $2 \div 1.75 \div \left(3\frac{3}{7} - 2\frac{2}{3}\right) = \square$

(1)の答

(2) $2.2 \div 0.32 - 1\frac{41}{64} \div (2.875 - \square) = 5$

(2)の答

(3) ある仕事をするのに，A，B の 2 人ですると 112 分かかり，A，C の 2 人ですると 140 分かかり，A，B，C の 3 人ですると 84 分かかります。この仕事を B が 1 人ですると ① 分かかり，A が 1 人ですると ② 分かかります。

(3)の答　| ① | ② |

(4) 1 円，5 円，10 円の 3 種類の硬貨を組み合わせて合計 20 円にするには，次の 9 通りがあります。

10円	2	1	1	1	0	0	0	0	0
5円	0	2	1	0	4	3	2	1	0
1円	0	0	5	10	0	5	10	15	20

1 円，5 円の 2 種類の硬貨を組み合わせて合計 50 円にするには ① 通りあります。また，1 円，5 円，10 円の 3 種類の硬貨を組み合わせて合計 50 円にするには ② 通りあります。

(4)の答　| ① | ② |

(5) $\frac{47}{35}$ の分母と分子から同じ整数をひいた数が整数になる場合を考えます。このときできる整数は全部で ① 個あり，そのうち，もっとも小さい整数になるのは ② をひいたときです。

(5)の答　| ① | ② |

(6) 右の図のように，直径 BD の長さが 6cm の円と 1 辺の長さが 6cm のひし形 ABCD が重なっています。外側の太線の長さは ① cm，斜線の部分の面積の和は ② cm² です。ただし，円周率は 3.14 とします。

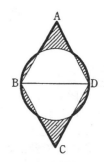

(6)の答　| ① | ② |

(7) 54 人のクラスで算数のテストをしたところ，全体の得点の平均は 76 点でした。このテストで，80 点以上の人の平均は 84 点，70 点以上 80 点未満の人の平均は 78 点，70 点未満の人の平均は 57 点でした。80 点以上の人と 70 点未満の人の人数の比は 2：1 でした。このとき，70 点未満の人は ① 人で，70 点以上 80 点未満の人は ② 人です。

(7)の答　| ① | ② |

(8) 1，2，3，4，5 を 1 回ずつ用いて 5 桁の数 $\boxed{A}\boxed{B}\boxed{C}\boxed{D}\boxed{E}$ を作りました。3 桁の数 $\boxed{A}\boxed{B}\boxed{C}$ は 4 の倍数，$\boxed{B}\boxed{C}\boxed{D}$ は 5 の倍数，$\boxed{C}\boxed{D}\boxed{E}$ は 3 の倍数です。このとき，$\boxed{D}$ は ① で，5 桁の数 $\boxed{A}\boxed{B}\boxed{C}\boxed{D}\boxed{E}$ は ② です。

(8)の答　| ① | ② |

(9) 右の図のように，長方形 ABCD を辺 AB 上の点 E と辺 DC 上の点 F を結んだ線で折り曲げました。

〔1〕角㋐の大きさが 52° のとき，角㋑の大きさは ① 度です。

〔2〕AE=4cm，EG=5cm，AG=3cm，BG=3cm，AD=16cm のとき，重なった部分の面積は ② cm² です。

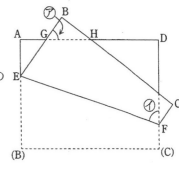

(9)の答　| ① | ② |

2　白玉と赤玉が入っている袋の中から玉を何個か取り出します。最初に入っていた白玉と赤玉の個数の比は6：5です。このとき，次の問いに答えなさい。

(1) 取り出した白玉と赤玉の個数の比が9：7のとき，袋の中に残った白玉と赤玉の個数は同じでした。このとき，取り出した白玉の個数と袋の中に残っている白玉の個数の比を，もっとも簡単な整数の比で表しなさい。
　　［式と計算］

答　　　　　　　　　　

(2) 取り出した白玉と赤玉の個数の比が14：11のとき，袋の中に残った白玉と赤玉の個数は同じであり，(1)で残ったそれぞれの個数よりも7個ずつ少なくなりました。このとき，最初の白玉の個数を求めなさい。
　　［式と計算］

答　　　　　　　　　　

3　太郎君と次郎君はそれぞれ自転車でA地点を出発し，B地点を通りC地点まで行きます。太郎君は7時にA地点を出発し，7時24分にB地点を通り，B地点からは速さを1分あたり20m遅くしたので，7時49分にC地点に到着しました。次郎君は7時10分にA地点を出発し，B地点を通り，B地点から速さを遅くしたので，7時46分にC地点に到着しました。A地点からB地点までとB地点からC地点までの距離の比が16：15，次郎君のA地点からB地点までとB地点からC地点までの速さの比が4：3のとき，次の問いに答えなさい。

(1) 太郎君のA地点からB地点までの自転車の速さは分速何mですか。
　　［式と計算］

答　　　　　　　　　　

(2) 次郎君のA地点からB地点までの自転車の速さは分速何mですか。
　　［式と計算］

答　　　　　　　　　　

(3) 次郎君が太郎君に追いついたのはA地点から何mのところですか。
　　［式と計算］

答　　　　　　　　　　

4　3, 5, 8の数字が書かれたカードがそれぞれ1枚ずつあります。この中からカードを1枚引き，出た数字を記録してから元にもどすことをくり返し，最後にそれまで記録した数字の和を計算します。例えば，3回カードを引いた結果が3, 3, 5のとき，和は11です。このとき，次の問いに答えなさい。

(1) カードを10回引いたとき，3と5のカードだけが出て，その和は36でした。5のカードを何回引きましたか。
　　［式と計算］

答　　　　　　　　　　

(2) カードを7回引いたとき，3と5と8のカードがすべて出て，その和は37でした。3のカードを何回引きましたか。
　　［式と計算］

答　　　　　　　　　　

(3) カードを9回引いて和を計算するときに，間違えてある数字を1回多く足してしまいました。その結果，和は57になりました。8のカードを何回引きましたか。考えられる回数をすべて答えなさい。
　　［式と計算］

答

（40分）

【１】　生き物に関する下の問いに答えなさい。

　　植物は，動物と同じように　１　によって　２　を取り入れて　３　を出している。また，昼間，日光の当たった植物は通常の　１　に加え，空気中の　３　を取り入れて　２　を出すはたらきもしている。そのとき，植物の葉ではでんぷんが作られ，水にとけやすい物質に変えられ茎の中の　４　を通って体全体に運ばれていく。また，植物は陸上だけでなく，水面や水中で生活するものもある。そこで，水中で生活しているカナダモの生活や成長の様子について観察した。

　　まず，図のように印をつけた長さ140mmのカナダモを５本用意する。それぞれを大きめの試験管Ａ〜Ｅに入れ，次のようにした。

　　試験管Ａ：キンギョを飼育している水そうの水を，試験管いっぱいに入れた。

　　試験管Ｂ：キンギョを飼育している水そうの水を，試験管いっぱいに入れ，ゴム栓で密閉した。

　　試験管Ｃ：水道水を試験管いっぱいに入れた。

　　試験管Ｄ：水道水を試験管いっぱいに入れ，ゴム栓で密閉した。

　　試験管Ｅ：キンギョを飼育している水そうの水を，試験管いっぱいに入れた。

　　試験管Ａ〜Ｄは日当たりの良い場所に置いた。試験管Ｅは最初の６日間は真っ暗な部屋に置き，その後，置き場を変えた。カナダモの成長は，毎日正午にものさしで測定した。その結果を，下のグラフで示した。

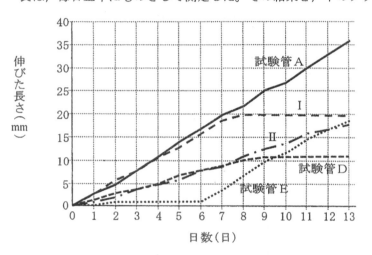

（１）　文章中の　１　〜　４　に適当な語句を書け。

（２）　下の動物のうち，　４　の中を流れるものをエサとしているものはどれか。次の（ア）〜（オ）から１つ選び，記号で答えよ。

（ア）　　（イ）　　（ウ）　　（エ）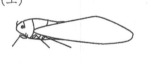　　（オ）

（３）　下線部のでんぷんがあるかどうかを確かめる方法として，正しいものを下の（ア）〜（オ）から**すべて選び**，記号で答えよ。

（ア）　植物をろ紙にはさみ，木づちでたたいてろ紙を染める。そのろ紙を，ヨウ素液中に入れて色の変わり方を調べる。

（イ）　植物をきれいに水洗いする。それに，直接ヨウ素液をスポイトでかけて色の変わり方を調べる。

（ウ）　植物をすりつぶし，ろ過して水を加えかき混ぜる。その後ろ液を10分間静かに置き，上ずみ液にヨウ素液を加えて，色の変わり方を調べる。

（エ）　（ウ）と同じ操作で沈でんを得て，乾燥させる。そこにヨウ素液を加えて色の変わり方を調べる。

（オ）　植物とエチルアルコールをビーカーに入れ，湯で温める。色素がぬけたら水洗いし，ヨウ素液中に入れて色の変わり方を調べる。

（４）　試験管Ｂの結果は，Ⅰ・Ⅱのグラフのどちらになると考えられるか。記号で答えよ。

（５）　試験管ＡとⅡで，のびた長さのちがいの主な原因は何か。次の（ア）〜（エ）から１つ選び，記号で答えよ。

（ア）　光　　　　　　　（イ）　窒素ガス　　　　　　（ウ）　温度　　　　　　（エ）　二酸化炭素

（６）　試験管ＡとⅠで，のびた長さのちがいの主な原因は何か。（５）の（ア）〜（エ）から１つ選び，記号で答えよ。

（７）　試験管Ｅで，初めの６日間に最も不足しているのは何か。（５）の（ア）〜（エ）から１つ選び，記号で答えよ。

（８）　図のカナダモでは，ｃの葉と葉の間の長さはすべて15mmであったが，ａやｂではすべて15mmより短かった。また，葉と葉の間の長さは先端へ行くほど短くなった。この事実から考えて，図のカナダモはこの後どこが成長して長くなると考えられるか。次の（ア）〜（カ）から適当なものを１つ選び，記号で答えよ。

（ア）　ａ　　　　　（イ）　ｂ　　　　　（ウ）　ｃ　　　　　（エ）　ａとｂ　　　　　（オ）　ａとｃ　　　　　（カ）　ｂとｃ

（９）　カナダモの成長点はどこにあると考えられるか。（８）の（ア）〜（カ）から適当なものを１つ選び，記号で答えよ。

（10）　成長に十分な環境で育てたところ，ｂの長さは最長何mmになると考えられるか。

（11）　成長に十分な環境で育てたところ，最終的にａ・ｂ・ｃの長さはどのようになると考えられるか。次の（ア）〜（キ）から適当なものを１つ選び，記号で答えよ。

（ア）　ａ＝ｂ＝ｃ　　　（イ）　ａ＞ｂ＞ｃ　　　（ウ）　ａ＜ｂ＜ｃ　　　（エ）　ａ＝ｂ＞ｃ　　　（オ）　ａ＝ｂ＜ｃ

（カ）　ａ＞ｂ＝ｃ　　　（キ）　ａ＜ｂ＝ｃ

【２】　太陽の高度と気温について書かれた次の文章を読み，問いに答えよ。

　　　太陽は東の空からのぼり，西の空にしずむ。これは，地球が自転しているために起こる。地球は１日に１周するため，１時間で太陽は（　①　）度ずつ動いて見える。地球は自転するとともに，太陽の周りを１年で１周する(公転)。このとき，②地球の自転のじくは23.4度かたむいた状態で公転する。そのため，③季節により，太陽が真南にきたときの高さはちがう。また，太陽は地球に熱を届けるため，④気温は昼と夜で変化する。気温は太陽から受ける熱と地球から宇宙ににげていく熱の差で決まり，⑤地球からにげていく熱が少なくなると地球が温暖化する。

（１）　文中の（　①　）に当てはまる数字を入れよ。

（２）　下線②について，図１は夏至の日と冬至の日の太陽と地球の位置関係を表したものである。この図より，北緯45度のある地点での，夏至の日と冬至の日における太陽が真南にきたときの高さをそれぞれ求めよ。

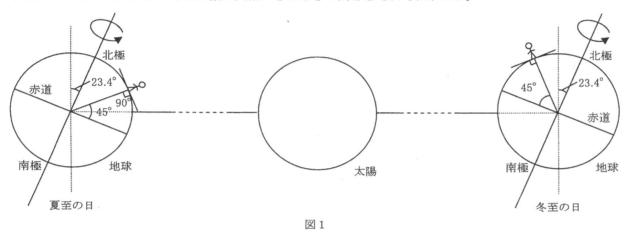

図１

（３）　下線③について，図２は松山での１年のさまざまな季節における太陽の高度変化を示している。春分の日と冬至の日の結果を示しているものを図２の(ア)～(オ)からそれぞれ１つずつ選び，記号で答えよ。

（４）　気温を測定するときには図３に示された箱の中で測定する。この箱の名称を答えよ。また，この箱について，次の(ア)～(エ)から正しい内容のものを２つ選び，記号で答えよ。

　(ア)　箱の部分は木でつくられている。

　(イ)　箱の部分は金属でつくられている。

　(ウ)　設置場所は建物に近い日かげである。

　(エ)　設置場所は建物からはなれた日なたである。

（５）　下線④について，図４は時刻と気温の関係を示している。よく晴れた日の気温変化として最も適当なものを(ア)～(オ)から１つ選び，記号で答えよ。

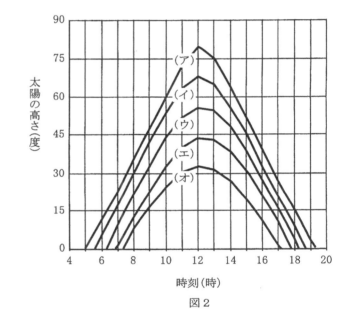

図２

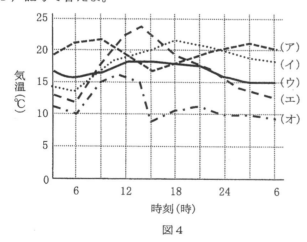

図４

図３

（６）　下線⑤について，石油やガソリンをもやしたときに出てくるある気体は，地球から宇宙ににげていく熱をとらえて地球を温暖化させる性質をもっており，そのはい出のよくせいが急がれている。この気体の名称を答えよ。

【３】　水は，地球やその上に暮らす生物にとって大切な資源である。水に関する次の問いに答えなさい。

（１）　次の地球上で起こる現象の中で，水がなくても起こる可能性があるものを次の（ア）～（オ）の中から１つ選び，記号で答えよ。
　　　（ア）　風が吹く。
　　　（イ）　台風が発生する。
　　　（ウ）　しょう乳洞ができる。
　　　（エ）　雲ができる。
　　　（オ）　温泉がわく。

（２）　水は植物の生活にも大きなえいきょうを与えている。植物が水を吸収する理由として最も適当なものを次の（ア）～（オ）の中から１つ選び，記号で答えよ。
　　　（ア）　体内でできた不要物を捨てるため。
　　　（イ）　体の温度を一定に保つため。
　　　（ウ）　いろいろなものを体内の各部に運ぶため。
　　　（エ）　酸素を取り出し呼吸するため。
　　　（オ）　太陽光を使って発電するため。

（３）　水の大切な性質の一つは，いろいろなものを溶かすことができることである。それに関する次の（ア）～（オ）の中から正しいものを１つ選び，記号で答えよ。
　　　（ア）　山のわき水は非常に澄んでいてとう明であるが，それはその中に何も溶けていないからである。
　　　（イ）　ヒトの血液は赤い色をしているが，この中にあるいろいろなものをすべて取り除いても赤い色である。
　　　（ウ）　太平洋のような大きい海には大量の塩がとけているが，海の底にはもっと大量の塩が沈殿している。
　　　（エ）　人の汗の中には，人体にとって生きていくために必要なものがふくまれている。
　　　（オ）　酸性雨と呼ばれる雨には，赤色リトマス紙を青色に変えるものが溶けている。

（４）　水に関する性質を表した次の（ア）～（オ）の中から**まちがっているもの**を１つ選び，記号で答えよ。
　　　（ア）　同じ重さの水と土を，ある温度から別のある温度へ同じだけ上昇させるのには，同じコンロを使うと土の方が短い時間ですむ。
　　　（イ）　同じコンロを使って同じ量の水を，30℃から40℃にするときと，50℃から60℃にするときとでは前者の方が長い時間がかかる。
　　　（ウ）　細長い管を水に立てると，管の中を水が上がっていく現象がある。これは，水たまりに落ちた雑誌が大量の水を吸収するのと同じ現象である。
　　　（エ）　氷は水より軽く，水の上に浮く。そのため，池や湖では表面が完全に凍ってもその下に液体の水が存在し，水中の生物が生き残ることができる。
　　　（オ）　水の中に沈めたものには浮力という浮き上がる力が働き，その力によって船が浮く。

（５）　水は温度やその他の条件によって，気体，液体，固体の状態に変化する。次の（ア）～（オ）の中から，下線部の水の状態変化の主な原因が**温度の変化とは無関係なもの**を１つ選び，記号で答えよ。
　　　（ア）　冬になり，池の水が凍る。
　　　（イ）　温暖化によって，世界各地の氷河がとけ始めている。
　　　（ウ）　ヤカンに水を入れてコンロにかけて加熱すると，しばらくしてヤカンの口から少し先のところから湯気が出てくる。
　　　（エ）　外が寒いとき，暖かい部屋の中では窓ガラスに水てきが生じる。
　　　（オ）　一日中低い気温が続く日でも，風が非常に強く吹くときは外に干した洗たく物がよくかわく。

（６）　地球上の水について，次の（ア）～（オ）の中から**まちがっているもの**を１つ選び，記号で答えよ。
　　　（ア）　水は世界各地域の気候にも大きなえいきょうを与えているため，そこで生活する人間の暮らしも大きくちがう。
　　　（イ）　降水量は，何を育て，どんな農業をするかを決める大きな要素であり，その地域の社会の在り方にも大きなえいきょうを与える。
　　　（ウ）　人が暮らすにはきれいな水が必要であり，そのためには水の循環が大切なので，現在では人が暮らしている世界中のどんな地域でも上水道や下水道が整っている。
　　　（エ）　水の使用については，農業用水，工業用水，生活用水に分けられるが，田畑の多い地域では農業用水，工場が多い地域では工業用水が多く使われている。
　　　（オ）　地球全体では，氷河や南極大陸をおおう大量の氷をふくむ陸上の水の全量より，海の水の全量の方が圧とう的に多い。

【4】図のように，太さのちがう長さ1mの内側がなめらかな円筒（とう）の中を，ビー玉が一定の
速さでころがるように左端（はし）Aと右端Bを支えた。ビー玉を左端Aからころがし始めた
ときから時間を計り始めて，右端Bから出るまでの，左端Aの支えと右端Bの支えに
加わる力と時間の関係をグラフにしたのが，右のグラフである。

（1）　ビー玉の速さは何cm/秒か。

（2）　ビー玉の重さは何gか。

（3）　円筒の重さは何gか。

（4）　円筒を1つの支えで水平に支えるためには，左端Aからから何cmを支えればよ
いか。

（5）　半分の重さのビー玉を使って同じ実験をすると，左端Aの支えに加わる力のグラ
フはどのようになるか，解答用紙のグラフ中にかけ。

（6）　右端Bの支えを左に20cm移動させて，重さを半分にする前の元のビー玉を同じ
速さでころがすと，次の①～③の時間の右端Bの支えに加わる力はそれぞれ何gに
なるか。

①　2秒後

②　6秒後

③　10秒後

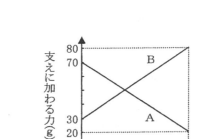

【5】　3つの電球1～3と5つのスイッチS_1～S_5および電池1個を，図のように接続した。次の（1）～（7）のようにスイッチを入れたと
き，どの電球がつくか，下の（ア）～（ク）から1つずつ選び，記号で答えよ。

（1）　S_1とS_2

（2）　S_1とS_4

（3）　S_1とS_3とS_5

（4）　S_2～S_4

（5）　S_1とS_3～S_5

（6）　S_2～S_5

（7）　S_1～S_5

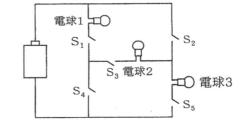

（ア）　電球1のみ　　　（イ）　電球2のみ　　　（ウ）　電球3のみ　　　（エ）　電球1と2

（オ）　電球2と3　　　（カ）　電球1と3　　　（キ）　すべてつく　　　（ク）　すべてつかない

（40分）　《答えはすべて解答用紙に記入しなさい。選択問題については，記号で答えなさい。》

1　次の【A】～【D】の文は，世界各国の中学生が「私たちの国の環境問題」というテーマで書いたレポートです。これを読み，後の問いに答えなさい。

【A】私の国では，(ア)1997年に[１]市で地球温暖化についての国際会議が開かれました。この会議以降，地球温暖化に対する興味や関心が高まったと思います。その後，地球温暖化の原因である温室効果ガスを減らすための政策をとるなど，積極的な取り組みも行われるようになってきました。しかし，この問題は私の国だけで努力しても解決するものではありません。(イ)海面上昇により国土が消滅する危機に直面している国のことなどを考えると，国際連合を中心に世界中の国々すべてが協力しなければいけない問題だと思います。

【B】私の国はインド洋と太平洋にはさまれており，南極に比かく的近い場所にあります。近年，南極上空の[２]層が破壊され，有害な紫外線が私の国にも大量にふりそそぐようになりました。その影響で皮膚がんになる危険性が増えたり，作物が育ちにくくなったりする問題などが起こってきました。また，私の国は牛肉や羊毛の生産で有名ですが，これらの家畜にも悪い影響があると言われています。生命にも関わる問題なので，世界中の国々に協力してもらって，(ウ)この問題に対処してほしいと願っています。

【C】(エ)私の国は[３]の植民地だった時代から，森林を切り開いて農地を広げ，農業を中心に発展してきました。しかし最近は，世界最大の流域面積をほこる川の周辺の，行き過ぎた森林伐採が問題となってきました。政府だけでなく(オ)民間の団体も一緒になってこの問題に取り組んでいますが，森林の面積は減少し続けています。今後も経済の発展のために森林伐採や開発は進んでいくと思いますが，自然保護とのバランスをどのようにとっていくべきかをきちんと考えたいです。

【D】私の国は，(カ)ここ最近，急激に経済が成長しました。特に東部の沿岸部を中心に工業生産が大はばに増え，「世界の工場」と呼ばれるようになりました。とりわけ，私の国で最も人口を多くかかえており最大の経済都市である[４]市の周辺は多くの工場が建てられ，さまざまな国の企業も進出しています。そのため最近では，工場から出される排煙などが大気汚染を引き起こし，さらには酸性雨の問題も発生しています。

問1　文中の空らん[１]～[４]にあてはまる語句を記入しなさい。（[３]には国名が入ります）

問2　下の表は【A】～【D】の国の2011年の面積・人口・人口密度を表したものである。組み合わせとして正しいものを，右下の（あ）～（か）の中から1つ選びなさい。

	面積 （千k㎡）	人口 （千人）	人口密度 （人/k㎡）
①	9,597	1,347,565	140.4
②	7,692	22,606	4.3
③	378	126,230	334.0
④	8,515	196,655	23.1

（『データブック・オブ・ザ・ワールド2012』より）

（あ）①【A】　②【B】　③【C】　④【D】
（い）①【B】　②【A】　③【D】　④【C】
（う）①【C】　②【B】　③【A】　④【D】
（え）①【D】　②【B】　③【A】　④【C】
（お）①【B】　②【D】　③【A】　④【C】
（か）①【D】　②【C】　③【A】　④【B】

問3　【A】～【D】の国の首都間を直行便の飛行機で移動できるとしたら，最も時間が長くかかるのは，どの国とどの国の首都間を移動したときですか。下の中から1つ選びなさい。ただし，風などの自然環境の影響は受けないものとします。
（あ）【A】⇔【C】　　（い）【B】⇔【D】　　（う）【A】⇔【D】　　（え）【B】⇔【C】

問4　下線部(ア)に関して，この会議について述べた次の文の中から正しいものを1つ選びなさい。
（あ）地球温暖化について話し合う国際的な会議は，この時以降，現在まで一度も開かれていない。
（い）この会議では，全世界のすべての国が温室効果ガスをいっせいに減らす条約は結ばれなかった。
（う）この会議で日本は2008～2012年までに1990年に出していた温室効果ガスの量に対して25%減らす約束をした。

問5　下線部(イ)について，このような危機に直面している国を下から1つ選びなさい。
（あ）マレーシア　　（い）ツバル　　（う）キューバ　　（え）スリランカ　　（お）アイスランド

問6　下線部(ウ)について，この問題の原因となっており，現在製造が禁止されている物質を下の中から1つ選びなさい。
（あ）二酸化炭素　　（い）硫黄酸化物　　（う）窒素酸化物　　（え）フロン　　（お）リン

問7　下線部(エ)について，この国での生産量が少ないと思われる農産物を1つ選びなさい。
（あ）さとうきび　　（い）コーヒー豆　　（う）茶　　（え）バナナ　　（お）大豆

問8　下線部(オ)について，たとえば植林など森林を守る活動をおこなったり，環境保護やボランティア活動などをおこなったりする民間の団体を総称して何といいますか。アルファベットで答えなさい。

問9　下線部(カ)に関して，近年急激に経済成長をとげている国をまとめてBRICsと呼ぶことがあります。下の中からBRICsにあてはまる国を1つ選びなさい。
（あ）ロシア　　（い）メキシコ　　（う）韓国　　（え）イタリア　　（お）カナダ

2 次の【A】～【D】の文は，日本各地の農業や漁業のようすについて説明したものです。これを読み，後の問いに答えなさい。

【A】ここには大きな平野があり，その西部を3本の大きな川が流れ，湾に注ぎ込んでいる。これらの川に囲まれた土地の多くは海面より低く，水害から家や田畑などを守るための堤防で集落全体が囲まれており，これを［1］と呼んでいる。ここでは用水路やはい水路などが整備され，(ア)米作りがさかんに行われている。

【B】ここでは，暖かい気候を利用してサトウキビやパイナップルが多く作られてきた。最近は，それらに加えてマンゴーや花などの栽培もさかんになってきた。花の中では特に，(イ)電灯で咲く時期を調節する［2］の栽培が有名で，それらはおもに東京や大阪などの大都市に出荷されている。

【C】ここは，沖あいを寒流である［3］海流が流れていることもあり，夏もすずしい気候である。広い平野があり，(ウ)じゃがいも・とうもろこし・てんさい・小麦などが栽培されている。ここでは，大型の機械を使ってこれらの作物を大規模に生産しており，農家一戸あたりの作付面積が大きい。

【D】ここは，アジやサバを中心とした漁業がさかんで，魚の冷凍工場や加工工場もたくさんある。ふだんは対馬海流が流れる沖あいの島付近で漁をおこなうが，季節によっては南西の［4］海まで出かけていくこともある。この海域は(エ)大陸だなが広がっており良い漁場だが，近年は(オ)経済水域の設定などで，漁がむずかしくなってきている。

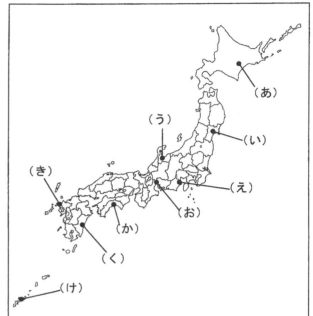

問1　文中の空らん［1］～［4］にあてはまる語句を記入しなさい。
問2　【A】～【D】で述べている地域はどの地域にあたるか，右上の地図の中からそれぞれ1つずつ記号で選びなさい。
問3　下線部(ア)について，右の表1は2010年の都道府県別の米の収穫量が多いところをしめしたものである。表中の［X］県にあてはまる県を，次の中から1つ選びなさい。
　（あ）福岡県　（い）兵庫県　（う）長野県　（え）新潟県　（お）青森県
問4　下線部(イ)について，この商品がこの地域から大都市に出荷される時に，おもに使用される輸送手段を下の中から1つ選びなさい。
　（あ）飛行機　（い）フェリー　（う）トラック　（え）貨物列車
問5　下線部(ウ)について，これらの作物は，同じ農地に年ごとに一定の順序で順番に作付けされている。このような栽培のしかたを何というか答えなさい。
問6　下線部(エ)について，大陸だなはなぜ良い漁場となるのか，次の文の中から正しいものを1つ選びなさい。
　（あ）大陸だなは，暖流と寒流がぶつかる潮目になるところなので，両方の海流から魚が集まってくるから。
　（い）大陸だなには海底火山がたくさんあり，マグマの噴出で海水の温度が高く，魚が住みやすいから。
　（う）大陸だなは，水深が浅く日光がよく当たり，魚のえさとなるプランクトンが豊富だから。
問7　下線部(オ)に関する次の文の中から，正しいものを1つ選びなさい。
　（あ）この水域は，沿岸から12海里の範囲内だけに設定されている。
　（い）この水域の設定により，日本の遠洋漁業の漁獲量が増えるようになった。
　（う）この水域内では，外国の船は沿岸国の許可がなければ漁業を行うことができない。

表1　都道府県別の米の収穫量

	都道府県名	収穫量（t）
1位	［X］県	617,800
2位	北海道	601,700
3位	秋田県	488,500
4位	福島県	445,700
5位	山形県	406,500

（農林水産省「平成22年産水陸稲の収穫量」より）

3 次の【A】～【E】の文は，それぞれ，ある建物に関連して述べたものです。これらの文を読み，後の問いに答えなさい。

【A】この建物は《a》の［1］で，①聖武天皇の持ち物や宝物などが収められていましたが，その宝物の中には(ア)インドや西アジアでつくられたものが，中国との交流を通じて伝えられたと考えられるものもあります。聖武天皇は仏教の力で不安な世の中をしずめようと考え，国ごとに国分寺と国分尼寺，都には《a》を建てさせました。

【B】この建物は藤原頼通が宇治に建てた《b》で，この世に極楽浄土をあらわしたものです。藤原頼通は3天皇の50年にわたって摂政や［2］という役について，父の②藤原道長とともに藤原氏の全盛期を築きました。

【C】この建物は《a》の南大門で，源平の争乱の時に平氏によって焼打ちされましたが，鎌倉時代に再建されました。この戦いで平氏をほろぼした③源頼朝は鎌倉に幕府を開き，［3］とよばれる多くの武士を家来として従えて，武士の政治をはじめました。

【D】この建物は足利義政が京都東山に建てた《c》で，1階の部分は，［4］という，今日の和室のもとになった建築様式になっています。義政は祖父の④足利義満のような強い将軍を目ざしましたが，しだいに政治をかえりみなくなり，文化に力を注ぐようになりました。

【E】この建物は⑤徳川家光が祖父の［5］をまつるために建てた《d》で，極彩色の彫刻でかざられた陽明門が有名です。家光は将軍就任のとき，大名を集めて「祖父や父は，もとは大名だったが，わたしは生まれながらの将軍なので，みなを家来としてあつかう。」と言いわたすと，その後(イ)大名に対する支配を強めるなど，幕府の支配をかためていきました。

問1　文中の空らん《a》～《d》にあてはまる建物の名前を，次の（あ）～（く）の中からそれぞれ選びなさい。
（あ）唐招提寺　　　（い）金閣　　　　（う）厳島神社　　　（え）法隆寺
（お）平等院鳳凰堂　（か）銀閣　　　　（き）東大寺　　　　（く）日光東照宮

問2　文中の空らん［1］～［5］にあてはまる語句を記入しなさい。

問3　文中の＿＿＿下線部①～⑤の人物に関連して述べた（あ）～（う）の文を読み，正しいものを1つずつ選びなさい。
①（あ）仏教を学ばせるために鑑真を遣唐使として派遣し，帰国後は，ひろく農民に仏教の教えを説かせた。
　（い）朝廷の役人の位を12段階に分けて，家がらではなく能力によってとり立てるようにした。
　（う）大仏づくりに農民の協力をもとめるため，農民にしたわれている行基を高い僧の位につけた。
②（あ）むすめが天皇のきさきになったことを祝って，「この世をば わが世とぞ思う もち月の 欠けたることも なしと思えば」と歌をよんだ。
　（い）国の成り立ちを明らかにするため，『古事記』と『日本書紀』という歴史書をつくらせた。
　（う）むすめの教育係であった紫式部が，かな文字を使って，宮廷の生活や自然の変化について，『枕草子』を書いた。
③（あ）朝鮮半島の高麗を服属させた元が，日本にも従うように求めてきたが，これをことわり元と戦った。
　（い）朝廷が幕府をたおそうと兵をあげると，京都をせめてこれを破り，その後，武士としてはじめての法律を定めた。
　（う）朝廷の許しを得て，家来となっていた武士を守護や地頭に任命して，全国各地に置いた。
④（あ）京都に幕府を開き，吉野に朝廷を立てた後醍醐天皇と争った。
　（い）能を芸術として完成させた観阿弥・世阿弥父子を保護した。
　（う）将軍のあとつぎ争いをきっかけとして，京都で大きな戦乱をおこした。
⑤（あ）長崎での貿易の相手国を，キリスト教の布教をしないポルトガルだけに限った。
　（い）豊臣秀吉が兵を送って以来とだえていた朝鮮との国交を回復させた。
　（う）島原・天草一揆が起こると，これをおさえ，キリスト教の取りしまりを強めた。

問4　下線部(ア)に関連して，当時の中国と，西アジアやヨーロッパを結んだ陸路を何とよびますか。

問5　下線部(イ)に関連して，家光が大名の支配を強めるため，武家諸法度に新たに加えた制度は何ですか。

4　次の写真a～cの人物は，世界的に活躍した日本人たちです。彼らの生涯や功績について述べた次の【A】～【C】の文を読み，後の問いに答えなさい。

写真a

【A】この人物は(ア)明治9(1876)年に貧しい農家に生まれました。生まれて間もないころ，彼は左手に大やけどを負ったため，農作業を行うことが難しくなりました。そこで，(イ)学問で身を立てることを目指し，21歳のときに医師になりました。(ウ)日本が清やロシアと争っていた頃，彼は(エ)欧米の学問を学ぶためにアメリカに留学し，医学の研究を行いました。さらに，南米やアフリカにもわたり，いろいろな病気の原因となる細菌を発見しました。その後，彼は，アフリカで自身が研究していた黄熱病に感染したため，昭和3(1928)年に亡くなりました。

問1　右の写真aの人物の名前を答えなさい。

問2　下線部(ア)に関連して，明治時代のはじめに，政府は農民に対してさまざまな改革を行いました。それについて述べた文として誤っているものを，次の中から1つ選びなさい。
（あ）地主の土地が安く分配され，多くの農民が自分の土地を持てるようになった。
（い）農民も，兵役につくように義務付けられた。
（う）農民も，武士だった人たちと同じように名字を名のれるようになった。

問3　下線部(イ)について，以下の設問に答えなさい。
（1）学問によって身を立てることの大切さを説いた『学問のスヽメ』を書いたのは誰ですか。次の中から1つ選びなさい。
　（あ）板垣退助　　　（い）大隈重信　　　（う）伊藤博文　　　（え）福沢諭吉
（2）明治時代の学校について述べた文として誤っているものを，次の中から1つ選びなさい。
　（あ）すべての子どもに対して9年間の義務教育を定めた。
　（い）すべての子どもに教育を受けさせるようにするため，各地の村や町に小学校を作った。
　（う）欧米の学問を早く取り入れるために，大学教師として多くの外国人が招かれた。

問4　下線部(ウ)に関連して述べた次の文を，古いものから年代順に並べなさい。

（あ）日本は，いまのソウルに役所を置き，朝鮮半島に対する支配を強めた。

（い）満州や朝鮮半島に勢力をのばそうとしていたロシアに対抗するため，日本はイギリスと同盟を結んだ。

（う）朝鮮半島で起きた農民の反乱をきっかけに，日本と清の軍隊がしょうとつした。

問5　下線部(エ)について，この頃，多くの人々が欧米に留学しました。このうち，フランスにわたって油絵の技法を学んだ人物は誰ですか。次の中から1つ選びなさい。

（あ）黒田清輝　　　（い）森鷗外　　　（う）夏目漱石　　　（え）北里柴三郎

写真 b

【B】この人物は，明治33(1900)年に生まれました。大学に入学して英語を学んでいた彼は，外務省留学生試験に合格して留学し，その能力を認められて外交官になりました。彼は外交官として(オ)満州国やリトアニアなどで活躍しました。彼がヨーロッパで仕事をしていたころ，(カ)第2次世界大戦がはじまると，(キ)ドイツではユダヤ人に対する迫害が激しくなりました。ユダヤ人の命を守るため，彼は政府の命令を無視して独断でビザを発給して多くのユダヤ人を助けました。このことがきっかけで彼は終戦後，外交官の職を失うことになりましたが，多くのユダヤ人を助けたことが高く評価され，イスラエル政府から表彰されました。

問6　下線部(オ)について，以下の設問に答えなさい。

（1）満州国を建国したころの日本の経済のようすについて述べた文として正しいものを，次の中から1つ選びなさい。

　（あ）アメリカではじまった世界的な不景気の影響により，多くの会社や工場がつぶれた。

　（い）生糸や茶などの輸出が増えて品不足が起こり，生活に必要な品物の値段が上がった。

　（う）政府は近代的な産業をおこすため，外国から機械を買い入れ，製糸場や兵器工場などの官営工場をつくった。

（2）満州国を建国したころの日本の社会のようすについて述べた文として正しいものを，次の中から1つ選びなさい。

　（あ）全国水平社の創立大会が開かれ，自分たちの力で差別をなくす運動が進められた。

　（い）軍人などによって，政治家を暗殺する事件が引き起こされた。

　（う）民主的な社会をつくるために，女性に参政権をあたえる法律がつくられた。

問7　下線部(カ)について，第2次世界大戦中の日本のようすについて述べた文として正しいものを，次の中から1つ選びなさい。

（あ）海運業が発展して，成金と呼ばれる金持ちがあらわれた。

（い）米の値段が急に上がったことに反対する主婦らを中心に，各地の米屋がおそわれる事件が続いた。

（う）中学生や女学生は兵器工場に動員され，大学生は，不足する兵力を補うために兵士として動員された。

問8　下線部(キ)について，ユダヤ人を迫害する政策をすすめたドイツの指導者は誰ですか。

写真 c

【C】この人物は，明治40(1907)年に生まれました。学者であった父の影響もあり，大学に進学すると，彼は物理学の研究を重ねました。外国の大学でも研究を続け，特に中間子理論の研究が外国の研究者からも高く評価され，彼は昭和24(1949)年に日本人として初となるノーベル物理学賞を受賞しました。彼の受賞は，敗戦国として戦後をむかえ，(ク)独立の回復を目指す日本に希望をあたえました。また，科学者として学問の発展に貢献するだけでなく，(ケ)第2次世界大戦後も各地で戦争や対立が続く中，平和な国際社会を築くための運動にも積極的に参加しました。

問9　右の写真cの人物の名前を答えなさい。

問10　下線部(ク)について，以下の設問に答えなさい。

（1）日本は1951年に平和条約を結び，翌年に独立を回復しました。この条約が結ばれた都市はどこですか。都市名を答えなさい。

（2）独立後，日本は国際社会への復帰を目指し，各国との国交を回復していきました。次の（あ）～（う）の国々を，日本が国交を回復していった順に並べなさい。

　（あ）中華人民共和国　　　（い）ソヴィエト連邦　　　（う）大韓民国

問11　下線部(ケ)について，第2次世界大戦後に朝鮮半島で朝鮮戦争がおきました。この戦争によって日本が受けた影響について述べた文として誤っているものを，次の中から1つ選びなさい。

（あ）アメリカが大量の物資を日本に注文したため，日本の産業は活気づき，経済が立ち直りはじめた。

（い）この戦争が始まると，今の自衛隊のもとになる警察予備隊がつくられた。

（う）この戦争が始まるとすぐに，日本は国際連合に加盟し，アメリカに協力した。

【1】

(1) 1		2		3		4	
(2)		(3)			(4)		
(5)		(6)		(7)		(8)	
(9)		(10)	mm	(11)			

【2】

(1)		(2) 夏至の日	度	冬至の日	度
(3) 春分の日		冬至の日			
(4) 名称		記号		(5)	
(6)					

【3】

(1)		(2)		(3)		(4)		(5)		(6)	

【4】

(1)	cm/秒	(2)	g	(3)	g
(4)	cm	(6) ①	g	②	g	③	g

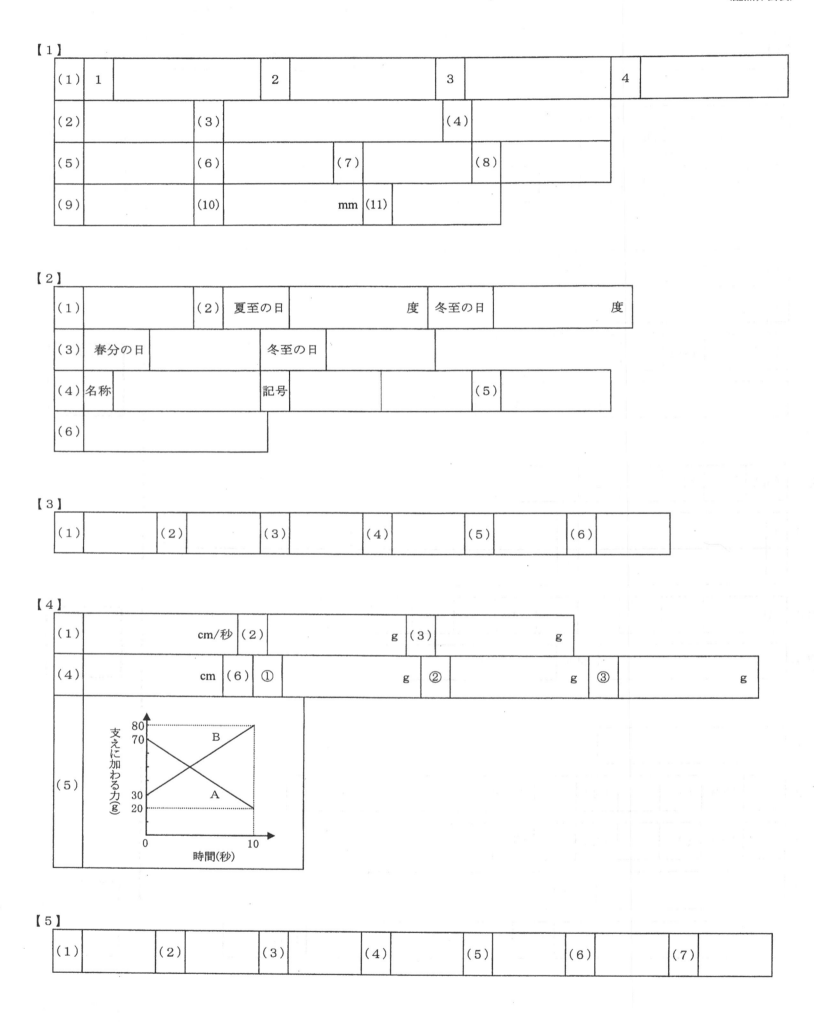

(5)

【5】

(1)		(2)		(3)		(4)		(5)		(6)		(7)	

受験番号（　　　　　）　名前（　　　　　　　　　　　　　　　）

2013年度　　愛光中学校入学試験　解答用紙　　（社会）

※小計・合計らんには記入しないこと

1

問1　1　　　　2　　　　3

　　　4

問2　□　問3　□　問4　□

問5　□　問6　□　問7　□　問8　　　　　問9　□

小計

2

問1　1　　　　2　　　　3

　　　4

問2　【A】□　【B】□　【C】□　【D】□　問3　□　問4　□

問5　　　　　問6　□　問7　□

小計

3

問1　《a》□　《b》□　《c》□　《d》□

問2　1　　　　2　　　　3

　　　4　　　　5

問3　①□　②□　③□　④□　⑤□

問4　　　　　問5

小計

4

問1

問2　□　問3　（1）　　（2）　　問4　　　→　　　→

問5　□　問6　（1）　　（2）　　問7　□

問8　　　　　問9

問10　（1）　　　　　（2）　　→　　　→　　問11　□

小計

合計

| 受験番号 | | 氏名 | |

※80点満点
（配点非公表）

4 あ, い, う, A, B, C に整数を入れ, 計算「あ × A + い × B + う × C」を
行います。次の 3 つの計算をしたところ, 〈計算1〉と〈計算3〉の結果はともに 15000 に
なりました。

〈計算1〉 い には う より 120 大きい整数を, B には 6 を, C には 30 を入れる。
〈計算2〉 〈計算1〉の B を 27, C を 9 に変え, その他の整数は〈計算1〉と同じにする。
〈計算3〉 〈計算2〉の A を x だけ小さい整数に変え, その他の整数は〈計算2〉と同じに
する。

このとき, 次の問いに答えなさい。

(1) 〈計算2〉の結果を求めなさい。
   ［式と計算］

   答＿＿＿＿＿＿＿＿＿＿

(2) 〈計算1〉の あ と う に入れた整数の比が 4：7, 〈計算3〉の x が 15 であるとき, い に入れた
   整数を求めなさい。
   ［式と計算］

   答＿＿＿＿＿＿＿＿＿＿

(3) 〈計算1〉の う に入れた整数が 70, x は 2 けたの奇数, あ に入れた整数が 2 けたであるとき,
   x, あ, A にあてはまる整数の組をすべて求め, 例のように答えなさい。
   例 x が 15, あ が 10, A が 20 のとき, $(x, あ, A) = (15, 10, 20)$ と答える。
   ［式と計算］

   答 $(x, あ, A) = $＿＿＿＿＿＿＿＿＿＿

受験番号（　　　　　）氏名（　　　　　　　　　　　）

(60分)

1 次の各問題の □ にあてはまる数や文字を，答のところに記入しなさい。答だけでよい。

(1) $\left(8.5 + 10\frac{3}{4}\right) \times 0.25 - 3.6 \div \left(3\frac{2}{5} - 2.12\right) = $ □

(1)の答

(2) $11 \div \left\{ 7 - 4\frac{17}{27} \div \left(2\frac{1}{18} - \boxed{} \right) \right\} = 3$

(2)の答

(3) ある遊園地の開園時間に200人の行列ができていて，その後も1分あたり30人の割合で増えます。1分間に ① 人ずつ入園できるゲートが5つあり，開園時間にそのうちの3つだけ開けましたが，その15分後には行列が290人に増えていました。そこですぐにすべてのゲートを開けると，開園時間から ② 分でちょうど行列がなくなりました。

(3)の答　① ｜ ②

(4) 長さ180mの列車が，ある橋を渡り始めてから渡り終わるまでに75秒かかりました。また，同じ列車が，橋の2倍の長さのトンネルを，橋を渡ったときの1.5倍の速さで走ったところ，トンネルに入り始めてから出終わるまでに90秒かかりました。このとき，橋を渡ったときの列車の速さは毎秒 ① mで，橋の長さは ② mです。

(4)の答　① ｜ ②

(5) 容積の等しい2つの水そうP，Qと3つのポンプA，B，Cがあります。1つの水そうを満水にするのにAだけで9分，Bだけで18分，Cだけで12分かかります。PにはAとBで，QにはCだけで水を同時に入れはじめ，途中でBのポンプをPからQに移したところ，PとQは同時に満水になりました。満水になったのは水を入れはじめてから ① 分後で，Bのポンプを移したのは水を入れはじめてから ② 分後です。

(5)の答　① ｜ ②

(6) $\boxed{1}$, $\boxed{2}$, $\boxed{3}$, $\boxed{4}$, $\boxed{5}$ の5種類のカードが1枚ずつあり, このカードから何枚か選んで並べ, 数を作ります。こうしてできたすべての数を小さい方から順に書いていくと, 1, 2, 3, 4, 5, 12, 13, 14, 15, 21, 23, ……, 54321 となります。このとき, 123 は小さい方から $\boxed{①}$ 番目の数で, 小さい方から 135 番目の数は $\boxed{②}$ です。

(6)の答

①	②

(7) 右の図のように, 2つの直角三角形 ABC と DEF が重なっています。このとき, 三角形 GFC の面積は $\boxed{①}$ cm² で, 三角形 AGD の面積は $\boxed{②}$ cm² です。

(7)の答

①	②

(8) 右の図のように, 1辺の長さが 42cm の正方形の内部を, PQ＝24cm, QR＝18cm, PR＝30cm の直角三角形 PQR が点 R を中心に⑦から④の位置に, その後点 P を中心に④から⑨の位置に回転します。⑦から④まで動いたとき, 三角形 PQR が通った部分の面積は $\boxed{①}$ cm² で, ⑦から⑨まで動いたとき, 三角形 PQR が通った部分の周の長さは $\boxed{②}$ cm です。ただし, 円周率は 3.14 とします。

(8)の答

①	②

(9) 整数Aから整数Bまでの整数の中で3の倍数でないものの個数を[A, B]と表します。ただし, A は B より小さい整数とします。例えば, [1, 6] ＝ 4, [17, 25] ＝ 6です。このとき, [124, 214] ＝ $\boxed{①}$ です。また, [37, [A, 533]] ＝ 61 となるとき, [A, 533] ＝ $\boxed{②}$ でAの値は $\boxed{③}$ です。

(9)の答

①	②	③

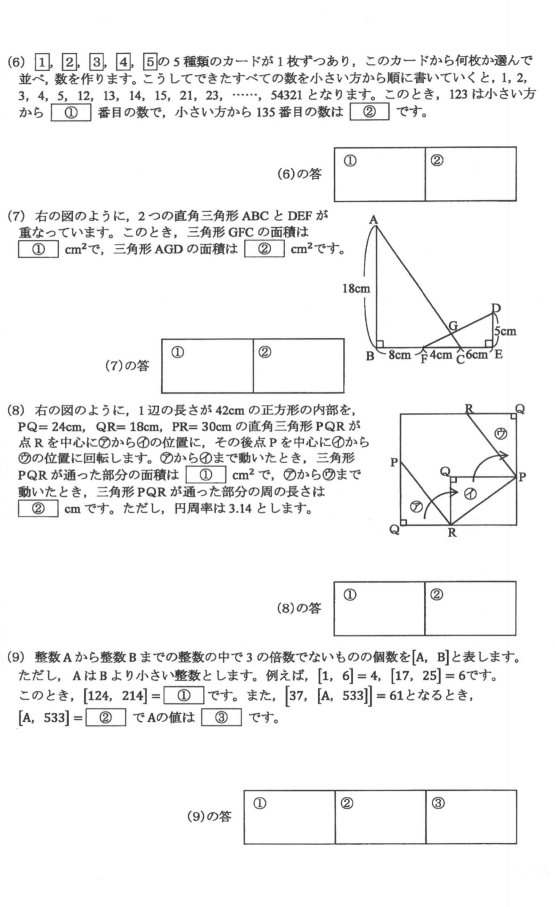

2　ある川ぞいに，A 地点とその上流に B 地点があり，その間を往復する船があります。この船が上りにかかる時間と下りにかかる時間の比は 4：3 です。ただし，川の流れの速さは毎秒 0.6m で，この船の静水での速さは一定です。

(1) この船の静水での速さは毎秒何 m ですか。
　　［式と計算］

答＿＿＿＿＿＿＿＿＿＿

(2) あるとき，上りは一定の速さで走りましたが，下りは途中の P 地点でエンジンの調子が悪くなり，船の静水での速さがもとの静水での速さの $\frac{5}{14}$ 倍になりました。その状態で A 地点まで下ったところ，上りにかかった時間と下りにかかった時間は同じでした。このとき，AP 間の距離と PB 間の距離の比を，もっとも簡単な整数の比で表しなさい。
　　［式と計算］

答　| AP | ： | PB |

3　10 円硬貨，50 円硬貨，100 円硬貨が合わせて 50 枚あり，合計金額は 2770 円です。太郎君がそれぞれの枚数を数えて合計金額を計算したところ，10 円硬貨と 50 円硬貨の枚数を入れかえて計算したので 2890 円になりました。

(1) 10 円硬貨は 50 円硬貨より何枚多いですか。
　　［式と計算］

答＿＿＿＿＿＿＿＿＿＿

(2) 10 円硬貨，50 円硬貨，100 円硬貨はそれぞれ何枚ありますか。
　　［式と計算］

答　| 10 円 | 枚，| 50 円 | 枚，| 100 円 | 枚